子どもの「居場所」を求めて
子ども集団の連帯性と規範形成

小川博久・岩田遵子　著

ななみ書房

はじめに

　本書は，筆者と岩田遵子の共同研究をまとめたものである。岩田は2005年，博士学位論文を提出し，博士（学術）学位を日本女子大学から授与された。そして，2007年，同論文は風間書房から出版された（『現代社会における「子ども文化」成立の可能性―ノリを媒介とするコミュニケーションを通して―』）。この書は，岩田が日本女子大学大学院博士課程人間発達学専攻科の学生となった2001年から出発したものであった。この間，筆者は指導教員として岩田の研究とつき合った。ここでの指導は，指導と言うより，対話であり，時として論争であり，この論争もしばしばポレミックなものであった。この論争を通して，両者とも結果として豊穣な結果を生むことに気づいた。そして，この研究上の対話は平成14年度～16年度の科学研究費助成基盤研究(B)「学校の余暇時間における校庭での遊び―児童の「居場所」を求めて―」において，筆者の児童学研究室の博士課程・修士課程の大学院生と筆者の学外・学内の同僚との共同研究へと拡大された。そして，岩田との学問的対話はこれらの共同研究と並行して，過去4回の学会発表へと発展した。本書は，これらの共同研究に基づいて製作された。

　岩田と筆者が共同研究を発足させた共通基盤は，基本的に二つある。一つは，教育現場への関心とフィールド研究への認識である。筆者は過去約30年，幼稚園の教育現場に出向くことが，年間30日～多いときは60日観察研究に参加してきて，現在も続いている。岩田も小田原女子短期大学在職時，筆者が神奈川県足柄郡の幼稚園に通っていた頃，同伴している。そして上述の学位論文は，岩田が当時勤務していた県立新潟女子短期大学の付属幼稚園のフィールドを主な研究データとしている。もう一つは，教育実践において，教師と子どもとの間で媒介される教育内容（文化）についての理論的研究である。今から，十数年以前，筆者が東京学芸大学在職時代，大学院のゼミで西村清和の『遊び

の現象学』をテキストとして取り上げたことがある。このゼミに岩田は学外からの参加を申し込んで参加し，鋭いテキスト解釈を展開したことを記憶している。当時，筆者は自分の研究仲間と『子ども不在の教育論批判』（1990年，大和書房）を上梓した。この中で小笠原喜康（現日本大学教授）は当時流行していた向山洋一の教育の「法則化運動」を批判する視点として教授活動において教師が教育内容（文化）を子どもに媒介するにあたって，教師は教育内容に関する教師自らの教材解釈論（メタ認知）を持つべきであるという主張を，向山の跳び箱の指導の分析において展開したが，この視点は，筆者が教育方法学の教官として北海道教育大学に奉職した当時，斉藤喜博の教育論や出口論争が学会の主な関心となっており，そうした論争に参加しつつ筆者が研究の中核に置いた視点であった。学園紛争や教育に対するイデオロギー論争が吹き荒れる世情の中で教育制度という官僚制を含むシステムの末端に位置する現場教師にとって，子どもと対面する教師が教授という一方向的コミュニケーションの担い手として，対話性（双方向コミュニケーション）を成立させる可能性は，教育内容（文化）に対する理論（メタ理論）を構築することによって，多義性を含む文化を子どもに媒介する役割を果たすべきこと，そしてこのことを可能にするためには，教材解釈論（メタ認知）を通じて，自らの行為のインドクトリネーション化を相対化することによってしか可能にならない，というのが筆者の研究の視座であった。

　以来，筆者の担当分野が幼児教育に移って幼児の遊びが研究対象になってからも，この視点は維持され，幼児による主体的な文化創成という視点から，岩田の博士論文において，より豊かな成果となって結実した。教師が教授する教育内容，幼児が遊びの中で媒介する文化についてのメタ認知の探求を持続する必要がある，という点で研究の中核的視点は維持された。

　筆者らのこの視座は，特に教育哲学会の場で共同研究を発表する機会を持つという形で具体化させてきた。というのも，欧米の著名な教育哲学者や哲学者についての研究が支配的であった学会において，筆者は会員の一人として教育実践や教育内容についてのメタ理論研究が少ないことに疑問を感じていた。そ

こで，教育のフィールドにデータをとり，それについての理論研究を行うというスタンスの存在意義を学会に訴える必要を痛感し，以後教育方法学会を含めて6回以上の共同研究発表を行い，それが本書の内容の一部を構成している。

　本書の出版を理由づけるには，筆者と岩田との研究上の共通基盤を指摘するだけでは十分ではない。実のところ，筆者と岩田では，研究手法の上で著しい個性的特色上の相違がある。一般に研究の上で必要とされる思考において対極的にみられる二つの思考がある。一つは，extrapolationであり，もう一つはintrapolationである。前者は既存のデータに基づいて未知のことを推理するという意味で外捜法と訳される。一方後者は，一定の仮説を具体的データを使って論証するというころであり，内捜法と言われている。勿論，学問研究である以上，双方の思考が共通に求められるが，筆者と岩田との対話の中で前者の思考を筆者がリーダーシップをとることが多いとすれば，後者の分析力において岩田の緻密さは筆者をはるかに凌ぐという事実である。こうした点での相互確認の上で対話を続けることによって，時としていかに激しいポレミックな議論であっても，より豊かな到達点に達するのではないかという思い入れで，本書が誕生したのである。

　そして，本書を出版するにあたって筆者と岩田が共有した最も重要モティーフはこうである。フーコーが指摘したような近代学校というシステムは，そこで生きている「子ども」にとって個別化，均質化，差別する場であることを超えて，イマジネールな，そしてイデアールな自己が相互に認知し合える場，つまり子どもの「居場所」たりうる余地があるのかという問いである。学校外空間が市場原理の支配する空間となり，学校空間以上にかれらを単なる消費者的存在に貶めようとしている時にこの問いは大変重要だと思うのである。

　さて，本書の構成を紹介しておこう。本書の内容は，幼稚園の保育に遊びの事例分析と小学校，小学校における教育実践の分析からなる事例の研究（岩田の分析）と，その事例研究に関する理論研究から構成されている（後者は主として小川が担当）。その意味では幼小一貫性についての試論である。

　本書では，近代学校における実態を分析し，現在，学校に子どもの「居場所」

は存在するかという問いを実例実証的にかつ理論的に追求し，もし，「居場所」が存在しないのであれば，その要因は何か明らかにしたい。そして，さらに，学校に「居場所」を構築するにはどうしたらいいかについて，具体的提案を模索してみたい。

我々がなぜこの問いを立てたかと言えば，今日本の小学校の現場は，いじめ，不登校，学習意欲の低下を招いているからであり，子どもたちの多くが学校で過ごすことを嫌っているのではないかと疑われるからである。どうすれば，子どもたちが学校で楽しく暮らしていけるのか，これが我々の素朴な問いである。

そこでまず，序章においては，「近代学校における人間形成とは何か」という題目で，近代学校はどのような場として成立したかについて論じ，そこから現代の学校教育の制度的問題に言及する。第1章では，「『居場所』論」という題目で，まず第1節で「居場所」をなぜ論ずるのかを論じ，第2節以下①で近代学校が「居場所」喪失の方向を胚胎していることを示す例を紹介し，②では「居場所」を創出していると思われる本庄富美子教諭の具体的実践例の紹介と分析，③では「居場所」を理論的に考察し，④では本庄教諭の実践を総括的に述べる。そして，最後に第3節で，「居場所」への様々なアプローチを紹介，我々のアプローチを述べたのち，住田正樹の「居場所」論を批判的に検討する。第2章は「内的秩序」論という表題で構成されている。この章は，小学校における「居場所」の構成が，小学校に就学する前の幼稚園・保育所の経験とどう結びついているかを「内的秩序」という概念に置き換えて考案する。それゆえ，第1節では，幼児の「内的秩序」感覚の形成と「居場所」性を論ずる。第2節で幼稚園の3つの実践例を分析する。①は幼児の活動が「内的秩序」を形成しえていない例である。続く②と③は「内的秩序」が形成されている例である。②は室内遊びの実践を分析の対象としており，③は外遊びの実践を分析の対象としている。第3節では，西村清和の『遊びの現象学』の批判を通して，遊びが幼児の「内的秩序」感覚の形成（規範形成）に有効性を持つことを論ずる。

第3章では，「遊び」を子どもが創造する規範と「居場所」の生成という視点から論ずる。第1節は「遊び」とは何かを〈遊動〉という概念の人間形成的

意義という視点から論ずる。第2節では，幼稚園の花一匁の実践事例を分析することで，第1節の問題を解明する。終章では，教授－学習の一方向的コミュニケーションを克服する試み－教授－学習活動と学級活動の連続性の視点から論ずる。

　本書は，子ども自身，子ども集団自体が遊びに代表される主体的活動を通して，自らの規範性を獲得していく可能性を探る研究であり，教師に代表される我々大人の関与の可能性を追求する試みである。読者の厳しい批判と叱正を乞う。

　2009年5月

小川　博久

もくじ

はじめに

序章　近代学校における基本的人間形成機能とは何か

1. 近代学校の成立　12
2. 日本の近代学校の特色　14
   1. 近代学校の発足　14
   2. 戦後教育の出発　15
3. 研究の具体的課題と対象　19

第1章　「居場所」論

第1節　「居場所」を語る必然性　26
   1. 「居場所」をなぜ論ずるか　26
第2節　小学校における「居場所」はいかにして可能か　33
   1. 近代学校が胚胎する「居場所」喪失　33
      1. 学力によって階層化される人間関係　33
      2. 近代学校システムの倫理を具現する教師の言動　39
   2. 近代学校において「居場所」を創出している実践例　45
      1. 「問題児」がクラスの中に「居場所」を獲得することによって「問題行動」が減少する実践事例
         ―本庄富美子教諭の実践から―　46
      2. 本庄教諭の日常的実践の特徴　55

　　　　❸　劇活動における実践の特徴
　　　　　　　―日常空間と劇空間の重層性―　64
　　③　近代学校において，「居場所」はいかにして構成しうるか
　　　　　　―「居場所」の理論的構成―　73
　　　　❶　「居場所」概念の再構成　73
　　　　❷　序列化とは別の規範的象徴体系の成立は，
　　　　　　どのように構想しうるか　78
　　　　❸　序列化とは別の象徴体系は、どのように構想しうるか
　　　　　　―「居場所」の構想に向けて―　82
　　④　本庄教諭の「方略」の総括　85
　　　　❶　２年Ｂ組担任としての教育実践の「方略」　85
　　　　❷　その他のクラス担任としての教育実践の「方略」
　　　　　　―言語的トポス―　86
　　　　❸　本庄教諭の体育の授業　89
　　　　❹　構造変動を起こす「方略」　95
第３節　「居場所」論批判　98
　　①　「居場所」へのさまざまなアプローチ　98
　　②　「居場所」への我々のアプローチ　105
　　③　住田正樹の「居場所」論について　109

■■　第２章　「内的秩序」論

第１節　幼児の「内的秩序」感覚の形成と「居場所」性　120
　　①　母子関係における「内的秩序」感覚の形成　120
　　②　幼稚園・保育所における「内的秩序」感覚の形成　123
　　③　保育者による幼児の「内的秩序」感覚形成のための戦略　124
　　④　人的・物的環境によって構成される「内的秩序」感覚　130

第2節　幼稚園の実践における幼児による「内的秩序」感覚の形成　136
　①　集団保育が胚胎する「居場所」喪失の方向
　　　　－H幼稚園の実践から－　137
　②　「内的秩序」感覚が形成されている保育実践例
　　　　－M幼稚園の室内遊びの実践から－　147
　　　❶　事例－子どもの「内的秩序」感覚が形成され，
　　　　　「居場所」が創出されている実践－　148
　　　❷　事例分析－前日の（あるいはいつもの）
　　　　　ノリの共同再生としての遊び－　154
　　　❸　考察－ノリの共同再生とその維持は
　　　　　どのようにして可能なのか－　157
　③　「内的秩序」感覚が形成され，「ルール」の芽生えが見られる
　　　保育実践例
　　　　－M幼稚園のリレー遊びの実践から－　162
　　　❶　「内的秩序」感覚と「ルール」形成の過程
　　　　　－遊びに内在する規範発生の基盤－　162
　　　❷　遊びの中で「内的秩序」感覚が形成されていることを示す
　　　　　事例　164
　　　❸　分　析　172
　　　❹　考察－子どもたちの「内的秩序」感覚と「ルール」の発生は
　　　　　どのようにして可能となるか－　176
第3節　遊びの「ルール」による規範形成と学級の「内的秩序」感覚の
　　　関わり　179
　①　遊びの「ルール」による規範意識の形成は，
　　　学級に「内的秩序」感覚の形成に無効か　179
　②　遊びと「学級」における「内的秩序」感覚の形成との関わり　189

■■ **第3章　遊び－子どもが創造する規範と「居場所」の生成の視点から－**

第1節　子どもにとって遊びとは何か　198
　①　遊びは教育活動になりうるか　198
　②　〈遊動〉概念の問題性　201
　③　〈遊動〉概念の再構築　203
　④　〈遊動〉に通底するものとしての大澤の
　　　「過程身体」と「抑圧身体」について　205
　⑤　大澤において遊びはどう語られうるか　208
　⑥　領域としての遊び　213
　　　❶　ごっこ遊び　213
　　　❷　伝承遊び　215
　　　❸　ゲーム　220
　⑦　仕事の中でのアドベンチャーとしての〈遊動〉　222
　⑧　規範を身体化する機会としての遊び　225
第2節　遊びが規範形成過程に及ぼす意義
　　　　－伝承遊びの構造と事例の分析を通して－　229
　①　伝承遊びに内在する〈遊動〉－花一匁を例に－　229
　　　❶　花一匁についての従来の論の問題点　229
　　　❷　大澤の論における贈与の機制　232
　　　❸　花一匁の構造　233
　　　❹　遊びの規範形成における意義
　　　　　－〈遊動〉と身体の基底的自己準拠－　242
　②　〈遊動〉を重視する援助とは何か　245
　　　❶　事　例　247
　　　❷　分　析　250
　　　❸　子どもたち自身によって〈遊動〉を生起させ，
　　　　　維持するための援助とは何か

　　　　　－規範意識形成のための援助のありよう－　255

■■ **最終章　教授－学習の一方向的コミュニケーションを克服する試み**
　　　　　－教授－学習活動と学級活動の連続性の視点から－

　第1節　教授活動における相互コミュニケーションへの
　　　　　　　　参加を促す試み　262
　　① 近代教授学の思考法　262
　　② 現代の学校における教授－学習活動　264
　　③ 現代の子どもの実態　265
　　④ 現代の学校の子どもへの対応　266
　　⑤ 現代の学級担任制の制度的矛盾　267
　　⑥ 本庄実践における学級担任の特質　270
　　⑦ 事　例　274
　　　　❶ 教授－学習活動が，教師と子ども，あるいは子ども同士の
　　　　　　応答性によって展開している事例　274
　　⑧ 事例分析　282
　　⑨ 教師の集権性を子どもが分有する「教授－学習活動」は
　　　　いかにして可能となるか　290
　　　　❶ 「集団的自由発話」による一斉教授活動の展開は
　　　　　　いかにして可能か　291
　　　　❷ 「管理型発話」における教師の集権性の一部を
　　　　　　子どもに譲渡することはいかにして可能か　293
　　⑩ 本庄実践を支えるもの　298

　おわりに

序　章

近代学校における基本的人間形成機能とは何か

1　近代学校の成立

　我々の研究目的を端的に言うとすれば，学級の中で「逸脱する」とされたり，「問題のある子」とされたりする子どもの行動を追跡することによって，現代の学校は，はたして子どもたちが快適に過ごす「居場所」となりうるであろうか，という疑問を追求することであり，その可能性の場をさがすことである。この目的を遂行するために，いくつかの小学校や幼稚園の生活や遊び場面の事例を分析するのである。しかし，その前に，次のことを明らかにしなければならない。まず第一は，近代学校とは何かということであり，第二は，わが国の近代学校が持っている特色は何かということである。

　M.フーコーは『監獄の誕生－監視と処罰－』の中で，近代学校の特色を一望監視システムとして規定した。近代社会は，権力に対して従順にして訓練された身体を養成するために，規律訓練のシステムとして一望監視システムを採用した[1]。それは「見る－見られるという一対の事態を切り離す機械仕掛け」[2]であり，一つは「権力の自動的な作用を確保する可能性への永続的な状態を閉じ込められる者に植えつけること」[3]。もう一つは，「権力を自動的なものにし，権力を没個人化する」ことである。その結果，そこに拘留されたものは，常時，「不意におそわれる危険と観察される不安意識がなおさら増すわけである」[4]。この作用のおかげで，「〈一望監視施設〉は，一種の権力の実験室として機能する。自らの観察機構のおかげで，その施設はもろもろの人間行動へと介入する能力および効力の点で成果をあげる」[5]のである。具体的には，「それは空間のなかでのさまざまな身体の定着の型であり，個々人の相互比較による配分の型，階層秩序の組織の型，権力の中心とその通路の配置の型，権力の用いる道具および介入の様式の型なのである」[6]。こうした状況の具体化として，初等教育が編成され，監視が教育的役割を兼ね備えていき，以下の三つの方式が統合される。「固有な意味の教育，つぎに教育活動の練習それ自体による知識の獲得，最後に，相互的で階層化された観察である。監視のつながりが，教育実務の中核に組み込まれている。－中略－（監視）は教育実務に内在的であり，その効果を多様

化する一機構として」⑦あるのである。フーコーの言う近代学校というシステムは教授－学習という教育活動のシステムによる最も有効な役割を果たしてきた。未成熟な世代は義務教育制度によって，このシステムに組み入れられ，それまで，地縁，血縁，様々な階層や機能のしがらみの中に位置づけられていた存在が，抽象的な存在，つまり教育制度の中でシステムに従順な身体をもち，システムの規律に従う近代人の卵として見做されるに至ったのである。つまり，「子ども」の誕生である。そしてこのシステムの中では，教授－学習という一方向的な働きかけによって教授内容を学ぶよう要請される。そしてその成果は，一人ひとりの学習結果として評価され，その評価の業績結果は，子どもの能力として序列化され，そこに新たな近代社会秩序に見合った階層として位置づけられるのである。こうした近代社会システムの一つとしての学校の機能は，現代の学校においても基底において貫ぬかれていると考えるべきであろう。

　しかし，一方で，近代学校は人間の内面をもった近代人の養成に一役を買っていることもまた事実である。フーコーによれば，近代の規律・訓練による個人化は成人よりも子どもの方がより一層個人化され，学問的＝規律・訓練的な規制への移行によって，叙事詩的，冒険的なものから，小説的なものへの移行が行われるという。それは一望監視システムによって，自らが不断に不可視な権力により監視されているという自覚が「自らの権力による強制に責任をもち，自発的にこの強制を自分自身に働かせる。しかも，そこでは自分が同時に二役を演ずる権力関係を自分に組み込んで自分自らが服従・強制の本源になる。」⑧言い換えれば，自分の中に自分に言い聞かせるもう一つの自分が生まれ，自分をコントロールするからである。近代人の内面の形成はこのようにして可能になったのである。近代学校による人間形成が，近代社会の秩序に従順に従う身体と精神を養成する一方で，近代人の中に自らを統制する自我＝内面の形成にも寄与したというのはこのことであり，その内面は時として，時代の秩序を拒否したり反逆したりする内面へ反転する可能性をも生んだのである。そして近代学校は，教育の目的として，自立した個人の形成を建て前としており，内面を持った近代人の養成が現代公教育の目的として称揚されている。しかし，近

代の社会システムの一つとしての学校はフーコーの指摘する側面をもっているので，この二面性は，まさに近代学校の葛藤する性格として捉えるべきであろう。

2　日本の近代学校の特色

1　近代学校の発足

　日本の近代学校は明治5年の学制により発足したが，それはヨーロッパの近代学校と共通に，それまでの旧社会の諸階級・生産関係共同体に具体的に属していた子どもを抽象的・均質的なものとして引き抜くこと，言い換えれば，近代的人間，子ども（児童）を生みだすことになったのである[9]。それは，「それまで諸階級・諸生産様式に所轄していた人間に，集団的規律と機能的在り方を教育する」[10]という意味で「徴兵令公布」による軍隊の育成に通ずるものであった。この点では日本の近代教育制度の成立も欧米のそれと共通のものであったといえる。しかし，明治維新が薩長という雄藩連合による立憲君主制に近い政治改革であったことを受けて，そこには，古典主義的伝統を残存させた近代学校であったといえよう。このことは，家族国家観に基づく教育勅語が教育制度の基本理念となり，そこに含まれている前近代的イデオロギーによる人間形成が行われることになったのである[11]。そして，学校組織においても，また学校がほとんど前近代的な生産関係におかれていた地域の民衆に受け入れられるための工夫が生まれた。明治11年に全国的に波及した学校焼打事件は近代学校が地域に根づくための制度的工夫を生み出すきっかけとなった。明治10年代から教育勅語の発布を経て展開した近代国家制度上の工夫は，運動会，小学唱歌，学校農園の設置，学級の編成などに表れている。運動会にみられる欧米の運動競技会と村祭りの融合，わが国の伝統音楽（民謡）のヨナ抜き音階による小学唱歌の創造，農民の師弟が日常的に行っていた農作業ができる学校農園の創設，現代にまで，伝統として受け継がれてきた学級中心のクラス編成と教室の創設等は近代国家による近代的人間の創成という学校の基本的役割に対して，日本的修

正を付加する要素となっていった。特に，学級中心の学校経営，学級経営の理念は，大正期に生まれ戦後教育において発展した特色と言ってよい。現代においても，壮年層，老年層を中心に盛んに行われている同級会や同窓会は，戦後においても卒業生にとって学校生活の心のハイマートであることを示すものとなっている。

2　戦後教育の出発

　第2次大戦の敗北によって，日本は戦前の教育制度の根本的な変革を余儀なくされた。アメリカ教育使節団による教育改革は戦前の軍国主義的イデオロギーを根絶させ，民主主義原理による新たな教育原則を根づかせたかに見えた。伝統的な学校制度の学級というシステムは，人間の平等を謳いあげ，それを実現する人間平等の集団であるかのように変貌したかに見えた。しかし，現実には，封建制の残存する地域や学校をめぐる体制への山びこ学校の実践における無着成恭らの告発は，日本社会の基底に前近代的性格が残存することを物語るものであった[12]。つまり，学級は，地域共同体的なつながりを基盤に構成されてきたのである。当時現場の実践家で著名な小西健二郎は『学級革命』という著書の中で，「学級」の望ましい人間関係（ヨコの人間関係）を形成するには，遊び集団のガキ大将のリーダーシップを利用することを進めている[13]。

　いずれにせよ，戦後の教育改革の中で民主主義的人間関係を構築することを建て前として学級経営をする教師たちは，急速に発展する高度経済成長の中で，それ以前までは地域社会で展開されていた遊びや，放課後の遊びを体験する子どもや農業休暇で手伝いに借り出される子どもを対象にクラス（学級経営）をすることになった。そのため，一方で学業による能力の序列化という厳然たる人間の差異化を是認しつつ，遊びにおけるガキ大将の存在，家事労働における有力な働き手という多様な差異を認めつつ，かろうじて，同一年令の構成である学級の平等な人間関係と連帯を作り出そうと努力してきた[14]。

　しかし，高度経済成長の発展とともに，国民の生活水準が向上し，それが労働賃金の高さと比例することを知った国民は，義務教育制度を経済的地位や社

会的地位獲得の手段として認知しはじめ，六三三制という平等な競争原理を実現する教育制度を利用し，向上心を発揮することとなった。近代学校システムは学力向上の機会となり，さらに学校周辺に学習塾といった私的学習機関を生み出すことになり，子どもたちの生活の中から，野外で遊ぶという子どもの集団も時間も喪失し，子どもは学校生活と塾通い，あるいはテレビ視聴という生活が定着するようになってきた[15]。

　高度経済成長と共に発展した国策によるインフラ整備の発展は，都市化を促進し，生産活動の機械化を生み，家庭生活の電化による省力化を生みだした。こうした経済の発展は，子どもと自然との交流（モノとのかかわり），子ども同士のインターパーソナルな身体的交流を断つ方向に環境を変化させ，やがて情報化社会の出現とともに子どもたちは五感を駆使しなければ行動できない生活から，情報で処理される空間の中で暮らすことになるのである。

　筆者は，東京オリンピックの前年（1964年）の夏1人で九州一周旅行に行った。各駅停車に乗り，列車の窓から駅弁を買い，電車に乗り合わせた人と対話し，見知らぬ人に頼んで写真をとってもらった。車窓からはふんどしで海に飛び込む少年たちの群れ，さわやかな風は窓から外気を導き入れ，夜の旅館では，蚊帳がつられ，うちわで涼をとることができた。鹿児島のバスに乗ったとき，土地の人々がかわす方言は東京育ちの私には理解不能であり，かろうじて人の名前から日本語だと了解された。10年後の夏（1974）家族を伴って九州旅行を試みた。交通手段は新幹線，全車冷房という外気からは遮断された空間に閉じこめられ，新幹線からバスへバスからホテルへ，いずれも，夏の暑さは体感せずとも旅が可能であり，わずかに交通手段のつなぎ目だけが外気にふれる機会であった。言い換えれば，それはカプセルからカプセルへの移動であった。灼熱の九州の夏を味わいたいと考えた私はわざわざ，ギラギラ照りつける佐賀の町を歩いたほどである。もはや窓の外には，夏の盛りに海に飛び込んでたわむれる子どもの姿はない（学校にプールができたので）。鹿児島に着くと，駅の広告に郷土料理屋があり，駅を歩く人々の会話は私にもわかる標準語であった。

　この二つの経験の差は，子どもたちが体験する環境の相違でもある。

この社会的変化は、ほとんど消費経済によって我々の生活がコントロールされる現代まで及んでいる。パソコン、携帯電話の普及は、大人だけではなく子どもの人間関係にまで波及してきている。「お互いに本音を言ったり、子ども同士が対立的意見を戦わせたりせず、また余計なことを聞いたり詮索したりせず、ごく表面的にその場をやり過ごせればいいといった感じのつきあい」[16]を加速させている。こうした周辺環境の変化の中で、学校は様々な問題を生み出してきた。対教師暴力、いじめ、不登校、そして学級崩壊といった現象が日常化してきている。この現象に対し、「学級」というのは、日本の教育理念が抱え込んできた幻想であるに過ぎない、日本教育の歴史が「学級」というものに前近代的共同体幻想を持ち込んだものに過ぎず、現代においては、それ自体、農協主催のパックツアーのようなものであって、こうした学校に対する共同体幻想を廃棄する必要がある[17]という研究者もいる。たしかに、既に平成12年の段階で、文部省「学校基本調査報告」(平成12年)同じく文部省「学校教員統計調査報告」からのデータにおいて、学級崩壊の有無は教員からのデータによれば、32.4％であり、校長のデータでは、26.0％である。ということは、全国の学校の1／3は、崩壊を経験している。また学校をとりまく環境の変化が子どもの成長や人間関係に及ぼす影響もマスコミ紙上をにぎわすようになっている。例えば、母親の子どもに対する意識も、「子どもといると楽しいか」の問いに、1981年で「イライラすることが多い」10.8％が2000年には、30.1％に増え、「子どもといると楽しい」が46.8％から、2000年には25.8％に低下している。また、児童相談所における児童虐待相談処理件数も、平成2年1,101件であったものが平成13，14年度は、23,274、23,738件と増加の一途をたどっている。一方、休みや放課後や休みの日によく遊ぶ場所も「家の中」70％「友達」65.5％で遊び集団の規模も1人(20.7％)2人(26.5％)と半数近くを占め、3人(15.5％)を入れると、62.7％にもなる。さらに子どもたちの生活は次第に自然とのふれあいも少なくなり、蝶やトンボを捕まえたことのある子が全体の14.8％、自分の身長より高い木に登ったことのある子は27.4％に過ぎない。一方、幼児のテレビ視聴時間をみると、「ほとんど毎日見ている」が「96.1％」あり、1～3歳児では、

3時間を越えており，4〜6歳で2時間46分，2時間58分，2時間58分と3時間に近い。この間，周囲に大人や友達がいたとしても，テレビと向き合う子どもは原則として，孤立化しているのである。この状況は近年においても変更されていない。

　こうした状況において，物理的に子どもたちが他者と出会う場は，今や幼稚園や保育所，子育て支援センター，学童保育所といった場所しかないのである。しかも，こうした場所も，大人が管理統制するシステムの中にあって，子ども同士のあるいは，教師（保育者）と子どもとの相互関係性の中に置かれているとは言えない。それは，前述の子どもの実態についてのデータにもあらわれている。こうした施設が教育的機能を自覚するかぎり，そこではフーコーの言う規律・訓練型の働きかけが優先するであろうし，個別化，序列化する論理は，（幼稚園や保育所を含めて）学校システムにおいて働くだろう。しかし，それにもかかわらず，子どもたちが同じ空間で同じ時間を過す場所として幼稚園・保育所そして小学校を無視することはできず，そこに集団生活があり，そこに子どもたちの遊びや自由な活動が展開されれば，条件次第では，唯一そこに子どもたちの個と集団をつなぐ「居場所」を見つけられる可能性もあるのではないか。学校外空間において，大人のまなざしの中に，子どもたちの集団と個の現われる姿を見いだすことは困難であり，暴走族のように仮に学校外にそうした子どもたちの横のつながりや集団を見つけることができたとしても，少なくともこれまでのデータを見るかぎり，それは大人からみて否定すべき対象であったり，関与できない集団であったりして，大人がかれらと関係する手がかりが求められないのである。今や親とても，大人の自己のくらしの多忙さを理由に，日常的に子どもとかかわることを二の次にしている実態があるのである。したがって，「居場所」の可能性がいかに小さいものであっても，学校や教育施設における大人がいかに管理的な役割を果していようと，大人が子どもたちの生活とかかわりうるのは，教育的，福祉的施設の場でしかないのである。

3　研究の具体的課題と対象

　この研究においては普遍的知見を求めることは，第一の目的ではない。あくまでも，教育実践者の目に近い立場で現場の事例研究を志している。言い換えれば，ある実践の分析を通して新たな実践を開くための知見を見つけることである。我々は，子どもたちの「居場所」を構築するための戦略的知見をこの研究から探したいのである。学級の中で「逸脱する子」とか「問題のある子」を対象として，その子にとって学級や学校は「居場所」となっているかどうかを問わねばならない。同時に，この問題は学級における「個と集団」の問題だということができる。この問題は，学級におけるすべての児童にみられる現象ではあるけれども，「問題のある子」と学級との関係は，まさにその典型である。つまり，「問題のある子」という個とその他の児童との関係は互いにぶつかり合うとか相互に距離ができてしまうというかたちで「問題児」を集団から切り離された存在として考えてしまう。つまり，両者を根源的な時間的・空間的ズレとして現象させてしまう。あるいは，「問題児」をその個人の資質の問題に還元してしまう。しかし，そのようなものとして，考えていいのだろうか。

　この問いを追求するには，まず「学校における個と集団」のあり方という文言の概念の再検討からはじめなければならないのである。なぜなら，これまでのこの種の研究においては，「個と集団」のあり方という場合のこの概念の意味に一定のバイアスがあると思わざるをえないからである。すなわち，従来，個の研究という場合，常に「個」と「集団」は現象として切り離されたものとしてみられ，「個」の場合，常にデカルト的自己同一的自我を対象に研究が行われてきた。心理学はそうした自我を対象とする学問であった。現在も保育や教育の分野では，「問題児」や「障害児」をクラスの他者との関係を前提にせず，観察の対象にし，その結果から知見をひきだして，現場の処方としてきた。現在でも，各学校にカウンセラーを設置して，「問題児」対策にするというのは，同じ手法である。

　一方，では「集団」はどうとらえられてきたか。教育現場では，実証科学的

に「集団」をとらえる研究手法は，個々人の自己同一性に基づく自我の集合から集団をとらえるサイコメトリックスや，集団の関係の力学ととらえるグループダイナミックスの方法がとらえられてきた。しかし，この手法が事実関係把握の仕方として妥当であるかどうか，これまで問われ直されたことはなかった。教育現場は，実践的必要性から，学級集団や学習集団をどのように育てるかという規範的研究が支配的であった。この研究は教育理念を先行させ，教師が「集団」にどう働きかけ，教師にとって望ましい「集団関係」を作るかという経験的主観的研究であった。しかし，近年，エスノグラフィーの手法によって集団を対象にする研究も生まれてきた。例えば，結城の研究は幼稚園の「学級」や教師の指導上の理由から，作られる「フォーマル・グループ」の動きを追ったものである[18]。しかし，ここでは「個」は教師のフォーマル・グループを構成する一単位でしかなく，「個と集団」の関係を見る視点が欠落している。

我々は，「個と集団」の関係をそもそも対立的関係があるとか，全く別のものとは考えない。和辻哲郎の『倫理学』の思想について解釈をした坂部恵の考え方に従い，次のように考える[19]。「〈人〉を〈人〉たらしめるもの，〈人間〉を〈人間〉たらしめるものは，その総体がときに〈世間〉〈世の中〉などと呼ばれる人と人との〈間〉ないしは，〈間柄〉にほかならない。言い換えれば，「〈間柄〉をして〈間柄〉たらしめるものも，間柄にほかならない」つまり，まずは，「関係」があるのであって，この「関係」言い換えれば「間柄の束」の総体の方に目を向ければ，「集団」という言葉が生まれ，この関係の一端に結節点に目を向ければ，「個」という言葉が生まれると考えたい。それゆえ，それら二つの用語は本来トートロジー（同語反復）と言えるのである。そして，この関係を坂部は和辻にならって「行為連関」であると述べる。一方，その「行為連関」を成立させる関係の結び目であるペルソナこそ「個」に他ならない。「身体とりわけ，顔目は，この〈関係〉の束ないしは，〈間の束〉において要となる位置をしめるインデックスとして，それ自体としてはイデアールで不可視な間柄を可視的たらしめ，〈柄の束〉としての〈役柄〉〈人柄〉を，それぞれのコンテクストの中で，その示差的特徴において表示し，具体化される場所に他ならない。」[20]と考えるべきである。我々は，一人ひ

とりが示すインデックスとしての顔を「個」ととらえ，それが自己同一性の理念に基づいて，その身体の中に「自我」を内在させているがゆえに，それを「個性」とよぶという従来の考え方をとると，「集団」の構成単位として「個」をとらえるとしても，その関係を問う必然性が失われ，外側から統制される「集団」を考えがちになる。これが従来の実証的科学研究の思考法の狭路であった。

　前述の〈間柄〉の束の結節点としての，「個」と「個」たらしめているのは，この〈間柄〉を表示する言語の差異構造，つまり我，汝，彼といった表現なのである。それゆえ，一人ひとりの素顔というものは，生まれながらの身体性が現前したというものではなく，「それは，つねに，あらかじめ，象徴的，差異化体系としての間柄の分節の方向に，他者性の方向へと関係づけられ，位置づけられ，述語的他者性による規定を受けとったものとして以外には，形どりとあらわれの場所をもつことがない」[21]例えば，「君はとても能力のある良い生徒だ」というある子に対する教師のまなざし（他者性）は，子どもにも受け入れられるまなざしであり，ここにその子にとっても『自己規定』が成立する。しかし，一度その子が学校で「非行」とみなされる行為をしたり，「成績」がテストで下ったりすると，その結果としての他者（教師を含めて）のまなざしは前述のまなざしとは，全く異なるものとなる。ところが，子どもは「能力のある良い子」という自己規定を相変わらずもっていて，自分はちっとも変らないと思っていると，そこに相互理解は成り立たなくなる。そのとき，その子は「自分を持つ」ことが困難になってしまう。坂部は，「わたしたち」の正常な関係は「身体意識をふくめて，共同的な，いわゆる〈対象世界〉〈客観的世界〉といわれるものが，〈他者〉ないし〈人間〉として，よく構成された〈わたし〉や〈あなた〉によって共有される一つの想像的・象徴的世界に他ならない」[22]と述べており，我々もそこに「集団」の正常な関係を見いだしたい。とすれば，我々のテーマは，フーコーのいう訓練的・序列化という構造を刻印されて発生した学校システムにおいて，また司牧者的権力のもとで統制され，「生活共同体的」事前制御を課された学級という歴史性をもったシステムの中で[23]上述の意味での「集団」はどこまで可能なのかを現場の事例をとりあげて分析することで教育実践への示唆を得ること

に他ならない。

　それは言い換えれば，子ども一人ひとりが自分の「居場所」を見つけることに他ならない。ここで，「居場所」という概念を「子ども一人ひとりが心身共に安定できる場を見つけること」と一応定義しておこう。そこで，「居場所」について坂部が和辻を使って考察した存在という言葉の意味について考えてみよう。

　坂部は和辻の論を敷行してこういう。「"存"の本来の意味は主体的の自己保持である」[24]という。それに対し，「在」の本来の意味は「主体」がある場所にいることである」[25]そこにこの主体のいる場所は「社会的場所」である。従って，在は「主体的に行動するものが何らかの人間関係のなかを去来しつつその関係においてあることに他ならない。」[26]つまり，「存在とは人間の行為連関である」[27]という。

　子ども一人ひとりが自分の「居場所」をみつけるということは，自分は自分であるという感覚をもつということであるが，この感覚は常に他者とのかかわり（行為連関）の中で，自分が自分らしいという感覚を他者がそう思ってくれているという感覚（想像力）に支えられているということであり，そういう形で自分の目の前にある世界も他者が見ている世界と同じものであってゆるぎのないものであると感覚されることである。それゆえ，自分はここにいると感じられる安定した空間があり，そこで他者との間に一定の安定した場がここにあると身体感覚的に感じられることである。それゆえ，例えば，ある幼児がロッカーの中に自分のお尻を入れることを常にやるということは，その場所がその幼児にとっての心の逃げ場となっていると言うことができる。しかし，その場合，その幼児と他児とは，関係や行為連関が断たれており，それは真の意味で，「居場所」ではない。「居場所」は集団の中での相互の行為連関や相互性が継続的に成立する場であると言うことができる。こうした視点から「問題児」のクラスの中での姿を見ていこうと思う。

（小川博久）

【注】
① ミシェル・フーコー著　田村俶訳『監獄の誕生』新潮社　1977　198 － 228 頁
② 前掲書　203 頁
③ 同上書　204 頁
④ 同上書　204 頁
⑤ 同上書　206 頁
⑥ 同上書　207 頁
⑦ 同上書　180 頁
⑧ 同上書　205 頁
⑨ 柄谷行人『日本近代文学の起源』講談社　文芸文庫　1988　182 頁
⑩ 同上　182 頁
⑪ 石田雄『明治政治思想史研究』勁草書房　1954　参照
⑫ 無着成恭編『山びこ学校』青銅社　1949　参照
⑬ 小西健二郎『学級革命』牧書店　1955　参照
⑭ 拙稿「『特別活動』の必要性を改めて問い直そう」『特別活動』14 巻 10 号　日本文化社　1981　46 － 48 頁　参照
⑮ 拙稿「子どもの遊び環境の変化」1998 環境情報科学センター編『環境情報科学』27 の 3　1998.8　20 － 24 頁
⑯ 門脇厚司『子どもの社会力』岩波新書　1999　28 頁
⑰ 柳治男『〈学級〉の歴史学』2005　201 － 212 頁
⑱ 結城恵『幼稚園で子どもはどう育つか－集団教育のエスノグラフィー』有信堂高文社　1998 参照
⑲ 坂部恵『仮面の解釈学』東京大学出版会　1976　79 頁
⑳ 前掲書　80 頁
㉑ 前掲書　82 頁
㉒ 前掲書　93 頁
㉓ 柳治男　前掲書　第 6 章参照
㉔ 坂部恵　前掲書　55 頁
㉕ 同上書　55 頁
㉖ 同上書　55 頁
㉗ 同上書　56 頁

第1章

「居場所」論

第1節　「居場所」を語る必然性

1　「居場所」をなぜ論ずるか

　この著書では，現在，教育界で問題になっている子どもの「居場所」についての議論が，教育研究や実践を新たに切り開くための「理論」となり得ているかを検討しつつ，現在の学校に子どもの「居場所」があるかどうかを論じていきたい。結論から言えば，「居場所」という概念は，近代社会における近代化システムとしての学校が，子どもの意志と無関係に子どもを学校や学級というシステムに囲い込み，学校という時空間に生活する子どもたちを抑圧し，自己喪失を発生させているという事実に対して生まれた言葉であると思われる。現在，その近代学校システムの矛盾が明らかになり，それにもかかわらず，子どもたちはその場に居ることを余儀なくさせられている。しかし，一方で，近代学校の思想は，システムとしては個別化し，平均化し，差異化し，序列化し価値づけるという機能を果たしつつ，他方で，自由，平等な主体的人間であるべきことをスローガンとしてうたいあげる。このダブルバインド状況の中で，子どもたちはその学校の中で，他者や教師と闘争したり，自己喪失に陥ったりする子も増えている。

　しかし，著者の一人（小川）は，戦争による災害の跡が全国各地に残存していた時代に学校教育を受けた世代である。食料不足，青空教室，正規教員の不足等，多くの悪条件の中で義務教育を受けた。にもかかわらず，美化された記憶の影響をさし引いても，義務教育段階での学校経験は楽しかった（……）の一語に尽きる。

　いったい，この事実の相違はなぜ生じたのだろうか。近代学校が本来，上述のような本質を持っていたら，同じ事態が生じていたかもしれないのである。偶然に筆者が経験した学校体験がそうだとしか言えないとも言える。しかし，

我々の同世代の小学校体験などを訊いたり，同窓会文化が古い世代ほど盛んであるという事実を顧みるとき，長き記憶が過去を美化するという働きを差し引いてもなお，今より子どもたちがつらい体験をしていたとは言えないのではないかと考えられる。

　これに対する推論としては次のことが言えよう。昭和30年代の前半，つまり高度経済成長が日本全体に波及し，日本列島改造という名のインフラ整備が，都会対僻地という構図を過密対過疎という構図に変化させてしまう以前までは，日本の学校は多様な人間評価を含む文化があったと思われる。学校の中で，一番評価が高いのは，学校成績であることは現在と変わらない。言い換えれば，学業の文化（教授活動による学力評価による序列）が中心であった。しかし，子どもたちには学校外生活，つまり遊びの文化が活発であり，そこでの力のある人物つまりガキ大将が幅をきかせており，その影響は学校の休み時間，放課後などにも及んでおり，教師の側も学級経営の秩序維持にガキ大将の助力をとりつけることもあったのである。さらに，地方の第一次生産活動の盛んなところでは，農繁休暇もあり，学力の低い子どもでも有力な働き手となっている高学年クラスでは，その点での評価を顧慮する教師もいたのである。加えて，日本の小学校教育が，学級担任制による学級経営によって，学級当番制などの民主的な人間関係によってクラス文化という伝統を作り上げてきたこともあげられよう。言い換えれば，近代学校が学力によって個々人を平均化し，序列化する本質を持っていたとしても，こうした人間評価の多様性が子どもたちのつながりを生み，子どもたちの居心地のいい空間を作りあげていたのである。

　しかし，消費経済の振興と発展により，家電商品の普及と共に省力化が進行するにつれて，子どもの家事労働の参加もなくなり，子どもの戸外遊びも少なくなり，学校生活では，学業文化（教授活動による学力評価の文化）の学校文化全体に占める割合が大きくなり，学校内の遊び文化は矮小化することになり，休み時間でも校庭で遊ばない子も増えてきたのである。一方，学校生活では，学業の文化の延長として学習塾が肥大化し，スポーツ系のクラブや芸術系のおけいこが遊びに代わって登場した。しかし，これも大人が教師となって子ども

に教授するという形を考えれば，教科活動の延長という意味をもち，その点では学業の文化の肥大化と言えるものであった。そして唯一，子どもの主導権として発揮されたのがマスコミ文化やファミコンなどのメディア文化であった。ただしこれとても，大人のプログラミングの内にあると考えれば，遊びとは異なるものであった。学習塾と少年野球クラブ，バレー教室，ピアノ教室など，それらは，各々目的が異なり，子どもの趣味や関心に基づいた多様性に色づけられているように見える。しかし，いずれもが教授主導であり，一方向的であり，長期的に見れば才能があると見なされた子どもだけが選別され，年齢と共に能力の低いとされる子が淘汰されていく傾向性を見ることができる。そして塾通いを選択する際にも，自己の自発的動機という名目の背景に皆が通うからとか，放課後遊ぶ相手が不在になるからというような選びつつ選ばされている背景が窺われる。しかも，現実には子どもの生活時間が学校時間と併せて，拘束性が拡大していくシステムに呪縛されている現実に出合う。こうした事実から判断すれば，学校だけではなく，学校文化の肥大化は，規律訓練システムの拡大でありその徹底化とみなすこともできる。もちろん，このシステムの中で，自分の学習意欲や参加意欲を高めている子がいないと言うつもりは全くない。ただ，筆者の小学校時代と比べた場合，著しい物質的な教育条件の改善にも関わらず，現代の子どもたちの生活の中に，不幸の影を深く感ずるのはなぜだろうか。新聞やメディア報道がそうした面を強調しすぎるからだろうか。いや，いじめや不登校の客観的データをみでも，上述の印象を全く誤りだと払拭できないであろう。大人社会において貧富の格差が云々されるように，近代学校がもつ規律訓練型の秩序が学力テストという基準によって学力格差を象徴的に表現しているだけではなく，能力格差，人間の差別化をも表しかねない現実を顕著にしているのではないだろうか。

　しかし，一方現代の学校が民主主義を標榜する民族国家の一つのシステムであるとすれば，「豊かな人間形成」の理念の中に，その総合の理念として「思いやり」「親切」「優しさ」といった人間の連帯や平等な人権に関する理念を徳目として含めたり，道徳教育の内容とすることも盛り込まざるをえないのであ

る。しかし，こうした倫理的観念は実感を伴わない空虚なスローガンや試験のための知識として記憶される徳目にすぎないものになってしまっていないだろうか。なぜなら，日常的学校空間がその徳目とは裏腹なものになっている可能性が大きいからである。しかし，それにもかかわらず，この徳目を建前として生きなければならない時空間が学校生活である。しかも，ここから子どもは逃亡することは，もっと大きな負債を負うことになることは明らかである。それは登校拒否から自らを立て直してフリースクールなどに通い出すのに多くの困難を伴う事例が教えてくれる。同世代の他者のいる学校は自己の存在理由を見い出すための他者存在と時空間を共有する可能性が大きい場なのである。しかし，その場が上述のように建前と実態が引き裂かれた状況にあるという事実が学校から楽しさを喪失させているという印象を与える最大の要因ではないだろうか。

　上述のような現状は，近代学校がその本質として抱える矛盾であって，乗り越え不可能なものなのだろうか。たとえ，近代学校がいかなる矛盾を抱えているとしても，近代学校の存在を無視して子どもの「居場所」を問題にするわけにはいかない。なぜなら，今や，学校生活は家庭生活と並んで子どもの一日の中で，最も多くの割合を占めている。睡眠時間を除くと，家庭に居る時間よりも質的に重要な時間とも言えるからである。

　子どもの成長の過程において，子どもの「居場所」として最初に現れるのは，家庭である。たしかに自己を肯定的にとらえる自己認知の起源は親や家族による愛情にあると言える。なぜなら，愛情のまなざしは，自分が存在することへの許容，すなわち無条件の肯定的自己承認につながるからである。しかし，一望監視型社会の生み出した他者のまなざしは，社会規範を内面化した自分ともうひとつの自分とを向き合わせることになった。それゆえ，自我形成の目芽える児童期になれば，同世代と時空間を共有する学校教育において，他者による自己存在の認知が子どもの生き方に決定的に影響するのである。そして，そうした自己の存在理由に他者のまなざしが求められる時期に子どもたちは学校というシステムに強制的に参加せざるを得ないのである。そして前述のように，

子どもたちは個別化され,序列化されるまなざしを浴びているように思われる。そしてそのことが今の学校のいじめや不登校という現象として現れているのではないだろうか。「ゆとり」教育批判後の学校は,全国学力テストの施行と共に,学校生活の中でも休み時間も昼食後の一時間程度で,私の小学校時代と比べて比較にならないくらい多忙の中にいる。にもかかわらず,国の方針は学力テストの平均値が国際的に上昇することに主な関心を寄せている。先日の新聞では,2008年はその平均値が僅かに上昇したという記事が出た。しかし,毎日新聞の余録は,平均値の微増よりも学習意欲が低いことの方が重大であると指摘している。そして数日後の新聞では,この学力テストの高い国ほど学習意欲が低いという結果が報道されていた。

　我々もまた,多くのマスメディアの関心とは逆に,年々子どものいじめが増加しているという報道の方が気になるのである。つまり,今の学校は子どもたちにとって居心地の悪い場所ではないか,そのことを放置していていいのか,ということである。言い換えれば,現在の学校は子どもたちの「居場所」になっていないのではないか,という問いである。子どもたちが一番多くの時間を過ごす学校が子どもの「居場所」にならなくていいのかというのが我々の問いである。そして,「居場所」としての学校のあり方を問う議論もまたそうした書物も近年発刊されてはいる。しかし,筆者があとで批判するように,それらの議論は,「居場所」概念が曖昧であるために,深まった議論となりえていない。そこで,我々は,「居場所」という概念そのものを問うことから議論を始めなければならない。

　さしあたって,我々の問いは,こうした「居場所」論が新たな実践や研究をひらく論としての生産性を見いだすことができるかどうか,ということである。以下,後の第3節で詳しく検討するが,現在散見しうる「居場所」論の多くを参照する限り,我々はこうした「居場所」論に否定的見解を述べざるを得ない。その最大の理由は,まず第一に,「居場所」概念の検討が不十分なために,「居場所」という用語が日常語として無自覚に使用され,結果として論として構成されていないことが多い。第二に,「居場所」を構成概念として構想すること

がないため,「居場所」が経験記述的概念として使われることが多いため,事実認定と価値判断が分離せず明確な認識が構成されない。第三に,子どもたちの「居場所」が不在であることの要因は,かくかくしかじかであるといった分析によって「居場所」が不在であることを提示するといった議論も多く見られる。しかし,その場合,「居場所」という概念使用が曖昧なため,「居場所」概念とそれを成立させる要因とは因果的に構成される概念にはならない。こうした要因の記述は,たかだか現状に対する極めて常識的な批判に終始することになる。第四に,逆に「居場所」が見いだされるという場合,その状況性を示唆する条件として,特定された場所が示されることが多い。「今のところあの子たちにとって養護教諭の部屋は,この子どもの『居場所』になっている」というように。そのために,こうした論じ方は,時空的条件が「居場所」づくりの基本だという言い方になり,環境決定論的な議論を招来してしまう。

　我々は,この「居場所」論を構成的に構築することによって「居場所」をこれからどう構築すべきか,といった実践に連なる思考のあり方を構築したいと思うのである。言い換えれば,現場のよい実践を見ることによって,そこに「居場所」があるという言明が教師にとって単なる"癒し"に終わってしまわないように,教師と子どもの関係性に対する相互の働きかけによって,よき関係性を構築できる戦略性を探すことができるようにしたい。

　それには,自己と他者との関係についての関係の枠組みをまず設定することが大切である。坂部によれば,自分が想像する自己像(イマジネールな自己)が,自分のあるべき自分(イデアールな自己)として,他者によって承認されることが,「自分らしくあること」と等価であると感じられるとき,そこでの自己と他者との間柄は良き関係ということになろう。こうした関係が人間関係的に成立する場が子どもの「居場所」成立の場であるということになる。また前述のように坂部は和述哲郎の説を引いて,人間存在の「在」は主体的行動するものが他者との行為連関を成立させる場を意味するという。このことから,「居場所」はイデアール(理想的)でかつイマジネール(想像上の)な自己が,他者によって自分らしくある(他者からみれば,あなたらしくある)という認

知が成立するような，行為連関が成立する場であるということになろう。

　そこで，子どもの「居場所」の概念を今後の思考展開を大まかに方向付ける意味で，次のように定義しておきたい。「居場所」とは，子ども一人ひとりが対教師やクラスメイトとの関係性において，現在の自分を自己肯定できるような存在として自己のアイデンティティを感じており，他者に対して開いた関係をとることに安定感を持つ時，その子どもや他者にとって，彼等が過ごす時空間を，他の空間とは独自な状況性を持つという共通感覚を持てるようになること，また，この状況の過去への回帰が未来的展望へとつながるような時空間としても成立すること（ふるさと性）としたい。

　以下，次節で児童が「居場所」を喪失した現状にある学校の実践例をあげ，分析し，続いて，それとは対照的に，「居場所」を創出し得ている実践事例とその分析を紹介したい。そこで，我々の立場を明らかにした上で，現在の「居場所」論のいくつかの論を検討し，批判することとしたい。

（小川博久）

第2節　小学校における「居場所」はいかにして可能か

1　近代学校が胚胎する「居場所」喪失

　ここで示すのは，近代学校教育制度そのものが子どもたちの「居場所」を喪失させる方向性を胚胎しているのではないか，ということである。
　フーコーによれば，近代学校は，子どもたちを5つの操作（比較，差異化，階層秩序化，同質化，排除）によって規格化するという。すなわち，子どもたちの個別の行動，成績，行状を比較し，差異化し，それらを個人の能力・水準・性質に還元して量として測定して階層秩序化し，それによって個人の行動や成績を同質化し，そこからはみ出るものを排除するのだ，というのである[①]。学校教育においては，この5つの操作が一斉教授形態を中心にした教育活動の総体の中で行われる。例えば，生徒の発言に対する教師のコメントや表情（「そうだね」「それはどうかな」等。また，発言にはコメントせずに「他には？」などと言う場合）は，ある種の評価として子どもたちには受け取られ，それによって誰が教師の望む発言をし，誰が教師の望まない発言をしているかがクラス全体の前で顕わにされてゆく。こうして，個々の子どもの学習到達の程度が比較され，できる子とできない子とに差異化され，それはその子の能力に還元されて階層秩序化され，その能力を持つことが存在価値のあることになり，その能力に特に突出して劣る者は，いわゆる「問題児」として排除されることになる。そうだとすれば，「問題児」とされるような，学業において劣る子どもにとって，学校は居心地の悪い場所となってしまうことになる。

1　学力によって階層化される人間関係

　例えば，筆者等が観察した公立I小学校は，校庭を芝生にすることによって，学校内に「癒し」の場ができるように環境を構成しているにもかかわらず，ク

ラスにおける人間関係が学力差を反映していた。そのことを木村学の報告[2]と我々の観察したことをもとに簡単に示そう。

　この小学校の4年a組に学習指導補助員として日常的に関わっていた木村学によれば，このクラスは同学年の他のクラスと比較して「非常に活気があり，賑やかなクラスであり」，まとまりがよく，男子と女子が一緒のグループで校庭で遊び，そのグループは放課後に一旦帰宅後，学校の門で待ち合わせて校庭で一緒にドッジボールや鬼ごっこをして遊ぶことも多く，一見とても仲が良さそうに見えた。しかし，クラス内にあるいくつかの遊び集団のメンバー構成や子ども同士の関係をよく観察してみると，「仲がよくまとまっている」とは言い切れない面があがってきた。というのは，クラスのメンバー31名は，いつも一緒に遊ぶグループ（男女10人くらい。R子が中心）と，そのグループに入ったり入らなかったりする子ども（13人）と，そこには全く入らない子どもたち（9人くらい）とに別れており，それが固定化されていたからである。

　このようなインフォーマル集団形成が，学業の優劣と関わりがあるのではないかと考えた木村は，子どもたちの成績と授業中の挙手の回数を調べ，グラフを作成した（図1）。グラフの縦軸は，1学期の通知表にあるA（最も優秀な成績評価）の数，横軸は，1学期のある1週間の授業中において教師の発問に対する子どもの挙手の回数である。子どもたちの名前を囲む○はR子を中心とする集団遊びへの参加回数（○一つは2回を示す。○が多ければ多いほど頻繁に集団遊びに参加していることを表す。▲を付してある子どもは1度も参加しなかった子どもである）を示している。例えば，一番右上に位置するR子は学業成績も良く，授業への参加度も高く（挙手の回数が多い），集団遊びにも頻繁に参加しているが，それに対して左下にいるU男は，成績も低迷し授業への参加度も低く，集団遊びに入ることは一度も無いのである。真ん中の下の方にいるN男，R男は成績も芳しくなく（Aがほとんどない），木村の観察によれば，授業中には私語が多く，課題提出も不十分なために，担任から注意をされることが多いのだと言う（この意味では，この二人は，挙手の回数こそそれほど少なくはないが，授業への参加度という点では，低い方に位置すると考え

図1

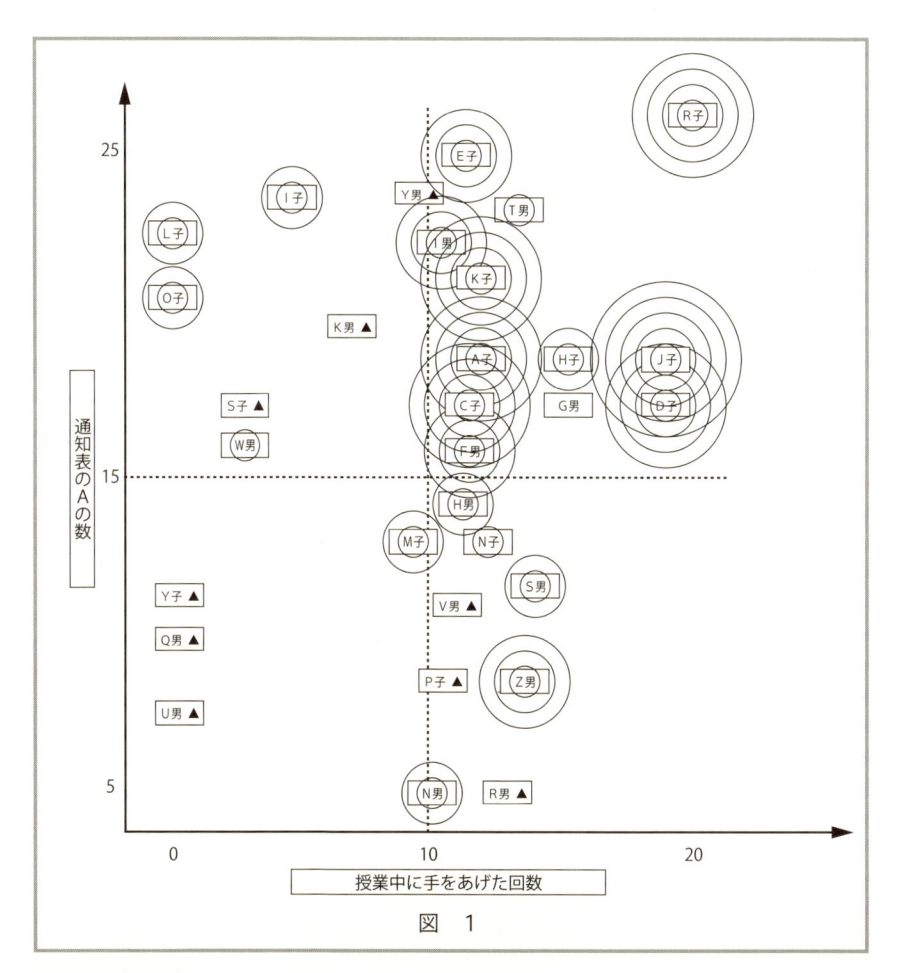

てよいだろう）。

　グラフを見て気づかされるのは，常時集団遊びのメンバーとなっている子どもたち（○の多い子ども）は右上の方に集中していて（R子，E子，I男，K子，F男，D子，C子など），左下の方には全くいないことであり，それに対して，集団遊びに一度もあるいはほとんど入っていない（▲が付されている）子どもは，左側あるいは下方に位置しているということである。つまり，R子（最も成績が良く，授業への参加も最も積極的である）を中心とする集団遊びのメン

バーとなる子どもは，成績がよく，授業中も積極的に教師の発問に答えようとする，いわゆる「できのよい」子どもたちであり，その遊びのメンバーとならない子どもは，成績が思わしくないか，授業への参加度が低い，「あまりできのよくない」子どもなのである。「できのよい」子どもは，「できのよい」子どもとは一緒に遊ぶが，「あまりできのよくない」子どもとは一緒には遊んではいない。すなわち，このグラフが示しているのは，学業における優劣がクラス集団における仲間関係を階層化している，という事実である。

　木村はさらに，興味深い記録を提示している。教室における位置取りが，この人間関係を反映している，というのである。このクラスの場合，毎月席替えがあり，席は子どもたちが自由に選ぶことができるようになっている。木村は，R子を中心とするインフォーマルグループの遊びに一度も参加したことの無い子ども（図1で▲の付された子ども）が，後方の席を選ぶ傾向にあるという。例えば，7月の席順は図2のようなものであった。▲の子どもたちが後方の席を選択しているのが分かる。

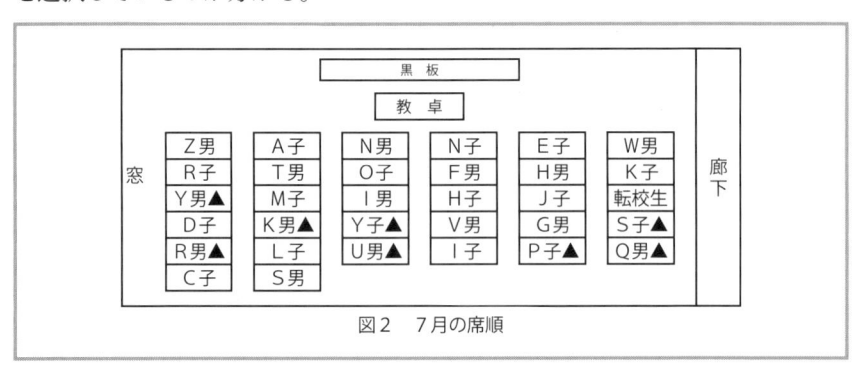

	黒板				
	教卓				
窓	Z男	A子	N男	N子	E子	W男	廊下
	R子	T子	O子	F子	H子	K子	
	Y男▲	M子	I子	H子	J子	転校生	
	D子	K男▲	Y子▲	V男	G男	S子▲	
	R男▲	L子	U男▲	I子	P子▲	Q男▲	
	C子	S男					

図2　7月の席順

　「できのよい」インフォーマル集団の中心的存在であるR子と，その集団に入って遊ぶことのないK男の5月から11月までの席を比べてみても，R子が比較的前方の席を選ぶ傾向にあるのに対して（図3），K男は，後方を選んでいるのが分かる（図4）。

図3 R子の座席の変化

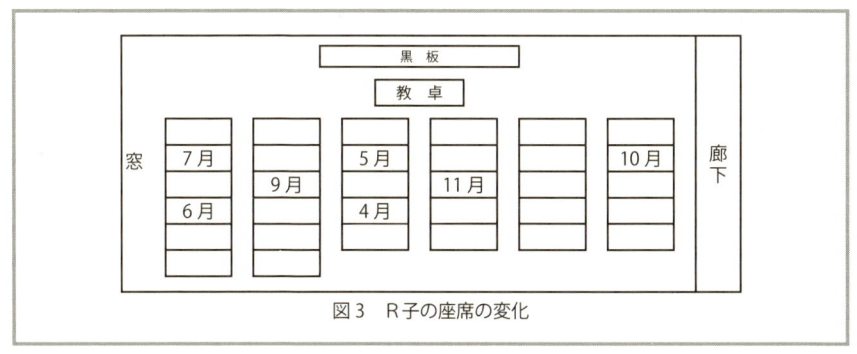

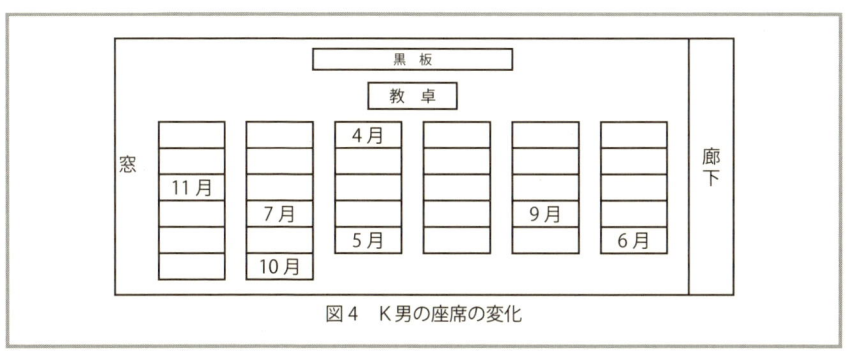

図4 K男の座席の変化

　このような位置取りは，校庭の遊びにおいても類似した場面が観察された。R子を中心とするインフォーマル集団は，校庭の真ん中で鬼ごっこやボール遊びをすることが多いが，そこに入らない子どもたちは，校庭の周縁をうろうろと歩いたり，隅にある小高い丘やビオトープでたむろしていることが多かった。
　また，学業に劣る子どもは，授業中に成績上位の子どもから無視される場面もあった。例えば，体育の授業でポートボールを行う際，チームリーダーが一人ずつ役割を割り振っているときに，K男には「何でもいい」と役割を割り振らなかったり（事例1-1），「開戦ドン」を行っているとき，動きが敏捷ではなく運動の苦手なK男は，対戦相手となるべき相手が身体をかわして，素通りしてしまう場面が観察された（事例1-2）。これらの場面が示しているのは，K男がクラス集団から排除される傾向にある，ということである。

【事例1-1】 役割は何でもいい

　体育の授業で「リングリングボール」（このクラスの担任の考案した移動式のポートボールで，ゴールマンが順番に交替する）を行うことになり，6人ずつのチームに分かれ，チームごとにゼッケンをつける。K男はT男（R子のグループの一員）をリーダーとする赤チームのメンバーである。各チームでパスを回す練習をしたあと，チーム対抗の練習試合をすることになり，赤チームと黄色チームが試合をすることになる。リーダーのT男は張り切って「俺中に入る！」と言って飛び跳ね，メンバーを一人ひとり指さしながら「（お前も）中に入る」,「（お前も）中に入る」,「（お前は）カット」,「（お前も）カット」と役割を割り振ってゆく。K男が割り振られる番になると，「あ‥」と振り上げた手を止めて困ったように一瞬口ごもり，K男から視線を外して「（お前の役割は）何でもいい」と言って指さしかけた手を即座に引っ込める。体育がどちらかというと苦手と思われるK男は動きが敏捷ではなく（どちらかというとトロトロと走る），チームの動きにやっとついて行っているような感じだった。チームのパス回しと2度の練習試合が行われたが，その間K男にパスが回ってきたのは僅かに2度だけだった。

【事例1-2】 対戦相手と出会えない

　体育の時間に開戦ドンを行ったときのこと。開戦の合図と同時に勢いよく走り出す子や，比較的ゆっくり走る子どもなど，さまざまである。K男は小走りでゆっくり前進すると，K男の真向かいからA子が走ってくる。このまま進めば，A子がK男の対戦相手となり，二人がドンと手を合わせてジャンケンをすることになるはずである。しかし，二人の距離が1メートルくらいに近づいたところで，A子はすっと脇へ逸れて，K男の対戦相手とはならず，横の方にいた子の対戦相手となった。その後，F男がK男の反対側からまっすぐ走ってくるが，K男を避けて，別の子どもと手を合わせてジャンケンをする。K男はゆっくり前進しているので何人かの子どもたちが対戦相手とな

る可能性は少なからずあるはずなのだが，相手側の子どもたちがＫ男の側に来ると他の方向に走っていってしまう。Ｋ男は，対戦相手と出会えないまま反対側に着いてしまった。

　このように，人間関係が学力によって階層化され，成績上位の者と下位の者との関係が疎遠になり，前者が後者を排除していくような現象が生じてしまうのは，近代学校教育制度が生徒を比較して差異化し，階層秩序化するという序列化の論理によって，そこからはみ出るものを排除する，というシステムだからだと考える。
　このクラスの担任教師は，このような近代学校システムの論理を忠実に具現化している。そのことを示そう。

２　近代学校システムの論理を具現する教師の言動

　次に示すのは，２学期のある日の体育の授業開始の場面である。芝生の校庭で，「リングリングボール」（移動するポートボールで，）をする導入で，クラス全員が並んでいる前で教師がゲームのやり方について説明する場面である。

【事例１－３】　体育の授業　「リングリングボール」の導入

時間	教師（Ｔ）の言動	子どもたちの様子
11:02	グループごとに準備運動をするように指示。	グループごとに準備運動をする（柔軟運動をしたりして準備運動をしているグループが３グループ。他のグループは，ボールをパスし合って準備運動をしているとは言えない状態）
11:09	「ピピー」（笛を吹く）「はい，用意。５分間やってみるよ。芝生の淵（スタート位置）！芝生の淵！違う！芝生の淵で。用意！Ｋ君！芝生の淵で用意！」❶「まだ，できていない人がいるよ！」❷	ガヤガヤと騒ぎながらスタート位置の芝生の淵に並ぶが，グループによってはモタモタしている❶

時刻		
11:09	「用意！5分間で。用意，ピー（笛）」	スタート位置に全員がだいたい並ぶ❶ 笛の合図と共にスタートし，「リングリングボール*」をする。 全てのリングを一巡したグループからTのいる所に戻ってきてグループごとに並ぶ。ある男子が「1班！」と言って手を挙げるとその後ろにメンバー（赤チーム）が並び始め，そこから少し離れた右側でR子が「4班！」と先頭で手を挙げると，その後ろにメンバー（黄色チーム）が並ぶ。❷ 緑チーム，青チームも戻ってきて，赤チームの隣に並ぼうとする。❸
11:11	並び始めた子どもたちを見て即座に「違う！今度，（赤は黄色の）近くに座って！」と赤チームを見ながらR子達のすぐ左隣を指す。「近くに座って」❸ 「緑！緑ここ！緑と青が一緒」と緑グループと青グループの並ぶ位置を指示する。❹	赤チームの子ども「え？」 黄色チームは赤チームの隣に移動して座る。❷ 青チームは緑チームの隣。❸ 座ってそれぞれ近くに座った者同士がガヤガヤ喋っている。 縞チームが来て立っている。❹
11:12	立っている縞チームを見ながら「はい，座る！」❺	縞チームが座る。❹
	「はい，次。だんだん変わります。できるかどうか，試してみる。 ごめん（強い口調で），あそこ（後ろの方の子どもを指さし）見てない。F男さん！ちゃんと見てて」❻ 「じゃあ，今度は，敵と味方がいます。いい？なので，今，順番にきました。 （女児が喋っているのを聞いて）かわいそうじゃないよ，自分たちで選んだチームじゃない！（強い口調で言い放つ）。❼ 黄色，赤，緑，青，オレンジ，トラ，いい？どうやってやるか言うよ！，， まだ，（うるさくて）駄目！，，ごめん（強く）！❽	ガヤガヤと喋っている。❺ F男たちが喋るのを止める❺ 「よし！」「やった〜！」 ある女児が隣の子に「4人と6人のグループ，かわいそうじゃない？」❻と言う。 口々に大きな声でそれぞれ喋っている。❼ 少し静かになる❻（相変わらず喋っている子どもたちが多い）。
11:13	リーダーがジャンケンをします。そうしたら，勝った方がボールをもらい，先攻チームだけど，パスをカットしたら自分たちのボールになるから味方に渡す。なので，エンドレス。延々と続きます。10点なんてもんじゃない。どんどんどんどん点数が取れたらいいわけ。ただし，時間は5分で切ります。	

11:14	自分達で点数は数える。ちょっとやってみるよ。はい，黄色と赤で（グループを指さす）。 はい，用意。並んで。(他のグループに向かって) 見ててね。(芝生の真ん中の方に行きかけた子どもがいるのに対して) <u>用意だよ！用意はいつもここ！</u>❾	黄色，赤チームのメンバーが立ち上がり，芝生の真ん中の方に行きかける。❽ 黄色，赤チームはスタート位置（芝生の淵）に並び❼，メンバーは，芝生の淵に並びながら役割（カット，ディフェンス等）を決める
	(青，緑チームに向かって) <u>ピー（笛）！違う！まだ，やらない。座って見てて！</u>❿	座っていた緑，青チームの子どもたちが立ち上がって役割を決め始める。❾ 立ち上がった子どもたちが座る。❽ 赤，黄色チームは役割を決めたりして話している。❿
	行くよ！,,,, 用意！,,,,,,,, <u>用意！</u>⓫ピー（笛）」	赤，黄色チームの子どもたちがスタート位置につく。❾ 赤，黄色がゲームをスタートする。他のグループの子どもたちは「頑張れ〜」「頑張れ〜」と口々に言う

　この事例における下線❶〜⓫の教師の言動は，子どもの身構えを否定し，教師の方向性へと修正するものである。

　事例の中でTは，「違う」「駄目」など，子どもたちのふるまいに対する否定的な言明を数回行っており（下線❶❸❽❿），同時にどうすべきかを指示している。例えば，下線❶は，なかなかスタート位置に揃わない子どもたちのふるまい（波線❶）を否定し（「違う」），芝生の淵でスタートの準備をするように指示する（「芝生の淵で」）ものである。

　また，子どもの考えを強い口調で否定する場合（下線❼：4人や6人のグループは（人数が少ないので）かわいそうだ，という女児の意見に対して強い口調で「かわいそうじゃないよ。自分たちで選んだチームじゃない」と言い放つ）は，子どもの考えそのものを否定するだけでなく，そう考えるというふるまい自体を否定することになる。

　このように教師が否定的言明を行う場合だけでなく，指示や認知的言明も，文脈によっては子どもの身構えを否定するコノテーションを持つことがある。例えば，「(並んでいる) 列が曲がっている」というのは，状況に対する認知的

言明だが，これは，「曲がっていては駄目だ。まっすぐに並びなさい」という否定的言明と指示を含意する。「まだ，できていない人がいる」（下線❷）という認知的言明は，子どもたちがモタモタしている状態（波線❶）に対する否定を含意している。また，指示的言明（例「静かにしなさい」）も，その言葉が発せられるときの子どものふるまいを否定する（「うるさくしていては駄目だ」）コノテーションを持つことがある。立っている縞グループの子どもたち（波線❹）に対して「はい，座る！」（下線❺）という発話や，なかなかスタート位置に揃わない子どもたちに対して繰り返される「用意！」という指示（下線⓫）がそれに相当する。ふるまいの規則を明示する発話も同様である。「終わったら片づけるのです」というような，規則の明言が終わっても片づけようとしない子どもに対して発せられる言葉の場合は，その子どものふるまいを否定するコノテーションを持つ。「スタートはいつもここ（芝生の淵）」（下線❾）という発話は，その例である。

　以上をまとめたのが表1である。この事例場面の僅か10数分の間に，教師は，子どもの身構えを否定し自分の意図に合うように修正するよう命令する言動を9回（下線❶と❷，❸と❹を1回と数える）も行っているのが分かる。

　これらの教師の発話は，教師の方向性を基準として，子どものふるまいをその基準と比較し，そこから逸脱する者を差異化し，基準に適合しない者をチェックし，それに対する否定的評価を言明し，基準に適合するように子どものふるまいを命令によって修正して同質化へと向かわせる。このような否定的言明と命令とが連続して教師から発せられることは，子どもの自発的な行為を抑圧する方向に働くだろう。また，下線❶や下線❻のように，集団メンバーの前で，ある子どもを特定して否定的評価を言明することは，教師による比較，差異化をより具体的なものとして現前させる行為であり，序列化を具体的に顕在化させるものである。

　以上のような教師Tの言動は，この授業に限ったことではない。木村は，このような教師の言動が，他の授業でも日常的に見られることを指摘し，一例として次のような場面を記録している。この場面では，教師の発話（ゴチック部

表 1

事例中の教師の具体的言動	教師の子どもへの関与のあり方	具体的事象
下線❶❷	子どもの身構えを**否定**し，教師の意図に沿うように**修**正する。	スタート位置につかない子どもたち（破線❶）に対して，スタート位置を指示し，指示に従っていない子どもに「違う」と言い，行動の遅い子どもに対してせかすように何度も命令し（下線❶），子どもたちをチェックする（下線❷）。子どもたちは，命令に従って位置につく（点線❶）。
下線❸❹	子どもの身構えを**否定**し，教師の意図に沿うように**修**正する。	子どもたちの並ぶ位置が教師の意図とは異なる（波線❷❸）ので，「違う」と言って，教師の意図している位置を命令によって指示する（下線❸❹）。子どもたちはそれに従って，教師の指示する位置につく（点線❷❸）
下線❺	子どもの身構えを**否定**し，教師の意図に沿うように**修**正する。	立っている縞チームの子どもたち（破線❹）に座るように命令する（下線❺）。子どもたちはそれに従う（点線❹）。
下線❻	子どもの身構えを**否定**し，教師の意図に沿うように**修**正する。	教師の方を見ずに喋っているF男（波線❺）を指名し，見るように命令する（下線❻）と，F男たちが喋るのを止める（点線❺）。
下線❼	子どもの身構えを**否定**し，教師の意図に沿うように**修**正する。	チームの人数が同じでないので人数の少ないチームはかわいそうだという女児の発言（波線❻）に対して，それを否定し，人数の不平等の責任は子どもの側にあると言う（下線❼）。
下線❽	子どもの身構えを**否定**し，教師の意図に沿うように**修**正する。	教師の説明中に子どもたちが喋っている（波線❼）のを「駄目」だと言い，教師の方に強く注意を促す（下線❽）。それによって子どもたちは少し静かになる（点線❻）。
下線❾	子どもの身構えを**否定**し，教師の意図に沿うように**修**正する。	芝生の真ん中に移動する子どもたち（波線❽）に対して，スタート位置はそこではなく芝生の淵であることを指示命令する（下線❾）。子どもたちはそれに従って芝生の淵に並ぶ（点線❼）。
下線❿	子どもの身構えを**否定**し，教師の意図に沿うように**修**正する。	教師の意図に反して，ゲームを見ている子どもたちが自分たちも役割を決めようと立って決め始める（波線❾）と，それに対して笛を吹いて注意を促して，座って見ているように言う（下線❿）。子どもたちはそれに従い，座る（点線❽）。
下線⓫	子どもの身構えを**否定**し，教師の意図に沿うように**修**正する。	役割を決めるなど話していて，なかなかスタート位置に立たない子どもたち（波線❿）に対して，スタート位置に立つことをせかすように「用意！」という命令を繰り返す（下線⓫）。子どもたちはせかされてスタート位置につく（点線❾）。

分）は9箇所あるが，そのうち6箇所（下線部分）が子どもの身構えを否定して教師の方向性へと修正するものであり，6箇所のうち3箇所は，逸脱児を特定して否定的評価を言明している。序列化の論理を具体的に顕在化させている場面である。

【事例1-4】 社会の時間における教師の否定的発話[3]（事例中の「キム」は木村のこと）

　みんな静かにプリントをやっている。教室に入ってきた筆者（木村）に気付いてR男が「よう，キム！」と叫ぶ。担任教師T先生がすぐさま注意をする。「うるさい，テストのつもりでやってるはずです。」A先生が終わって何もしていない児童に注意をする。「もうまとめ終わったんですか。それっぽっちしかないんですか，F男さん，L子さん。」Z男が校庭の様子を見るために，出歩いて窓の外を見る。T先生がすぐさま注意をする。「外を気にしていてはいけません。」T先生が全員に向かって話しかける。「20分ちゃんとできたかな。ノートに名前があるかチェックしなさい。」そのとき机に突っ伏していたN男に，T先生が注意をする。「その態度はおかしいです。」T先生が全員に向かって話しかける。「さあ，机の上を空っぽにしてください。」T先生が友達とふざけているR男に注意をする。「ね～え，次がはじまってるのよ。R男さん。」T先生がプリントを返しながら，全員に向かって話しかける。「着席。それぞれの先生からです。よくがんばったね。」
　T先生がまわりを見回している。授業中にやっていたプリントを再びやろうとしている児童に注意をする。「今頃やろうとするから遅れるんです，しまいましょう，N子さん，しまう，V男さん，そのくせやめようといいました，しまう，R男さん，しまう，まだあとは，G男さん，あとは，J子さん。」

　以上のように，教師の指導の方向性から逸脱したり，教師の期待する評価に到達できない子どもに対する否定的評価を貫徹していくことによって教師と子どもの関係性が築かれていけば，評価の低い子どもには一定の圧力がかかることになり，このことは人間関係の階層性を生み出すことに繋がるだろう。成績の良くない子どもが休み時間における成績の良いグループの遊びに入っていな

いこと，教室内における席も周縁を選択している[4]という前述の現象は，教師が序列化の論理を具現化することによって，彼らには一定の圧力がかかり，教師の評価の高低によって人間関係の階層性が生まれていると考えられる。つまり，彼らが学校空間において周縁を選択するのは，選ばされているのであり，集団から排除される方向にあるということである。彼らにとって，学校には「居場所」がない。たとえ校庭が芝生化されて，居心地の良い癒し空間となるような物的環境が構成されていたとしても，序列化の論理は教師がそれを具現化していれば強固に働いてしまうからである。

2 近代学校において「居場所」を創出している実践例

①で述べたように，近代学校教育制度は，子どもたちの「居場所」喪失の方向性を胚胎している。学校においては教師の設定する活動内容や目標に，どの程度取り組み到達できるかが評価の尺度になり，この評価が極端に低い場合，すなわち，教師の設定する活動に取り組むことができず，他の子どもたちに比べて目標レベルへの到達度が並外れて低い場合，その子どもは排除されてゆく危険性が高いのである。言い換えれば，学力の低い子どもにとって，学校は居心地の良い場所ではないので，「居場所」を見つけることは難しいだろう。

しかし，このような近代学校教育制度内にありながら，学力的に劣る子どもを含めてクラスの全ての子どもたちの「居場所」を保障しているような教育実践がある。それは，本庄富美子教諭の実践[5]である。本庄教諭のクラスでは，学力的に劣っていたり，問題行動が見られるような子どももクラスの中に「居場所」を見い出し，学級が子どもたちにとって居心地の良い場となっていると思われるのである。例えば，H小学校2年b組のG男の場合，年度当初の4月は，クラス集団での活動が困難であり，能力的にも劣る「問題児」として排除される傾向にあった。しかし，本庄教諭のもとでの学級生活が展開されていくうちに，G男は「問題児」ではなくなっていった。2月のある日，劇「スーホーの白い馬」の練習場面では，他の子どもたちと一緒に活動ができないとか，ク

ラスの子どもたちから排除されているという場面はいっさい見られなかった。練習が始まる前，G男はS男と仲良くしゃべり，台詞も大きな声で言っており，クラスの皆から皆から信頼されている姿すら見られたのである。つまり，年度当初には「問題児」としてクラスから排除されていたG男は，次第に「問題行動」が見られなくなり，それと同時にクラス集団の中に溶け込むようになったのである。言い換えれば，G男の「居場所」は，4月にはクラスの中に無かったが，2月には「居場所」があるような状態になったのだと言える。

このようなG男の変化は，いかにして可能となったのか。それは，本庄教諭の実践が，子どもを序列化する近代学校システムそのものを問い直し，序列化を極力拒否することによって「問題児」を生み出しそれを排除するシステムとは別のシステムを生み出していることによって可能となっていると考える。

1 「問題児」がクラスの中に「居場所」を獲得することによって「問題行動」が減少する実践事例－本庄富美子教諭の実践から－

このことを論じるために，まず，本庄教諭による実践報告を示そう。

G男は，本庄教諭が担任する前は「自閉傾向」があり，情緒不安定，授業中に座っていられずにフラフラと歩き回り，片づけは全くできず，無理にさせようとすると暴れ出し金切り声を上げる，と1年生の担任から伝達されたという。子どもたちは，G男が教師に叱られる姿しか見たことが無く，そのためにG男は「できない子」「駄目な子」「喋らない子」と思われていた。しかし，本庄教諭が担任するようになり半年を過ぎた頃から，G男の暴れる姿があまり見られなくなり，2月の劇の練習時には，ほとんど「問題行動」らしきものは認められず，G男は弓矢を遠くまで飛ばすのが上手だと皆から認められ，<u>劇の練習中に「家来」が弓を射る場面で矢が壊れたとき，「やっぱり，Gの言うとったとおりや～」と弓矢についての知見が皆から信頼されていた</u>❶。また，劇の台詞を大きな声で言ったり（台詞を言うようになったのは2月に入ってからだという）して，授業開始前は仲の良いS男と「あっち向けホイ」をして遊んだりしてよくおしゃべりをするなど，クラスの子どもたちから受け入れられている様

子が見られた。本庄教諭は、3学期の劇活動の際のG男の様子を次のように報告している（科研費報告書より本庄教諭の報告から抜粋）。

●はじめに

　文科省の幼・小連携に関する総合的調査研究を受け、幼稚園と小学校との連携の在り方を模索する中で気づいたことの一つに、<u>小学校における負の要因（授業についていけない。集団行動がとりにくい）を抱えた児童がいつしか集団の外に置かれがちになる</u>❷。また、<u>外に置かれがちになった子どもたちは、常に朝から、ことあるごとに、負の雨（早くしなさい。まだできていないの。話を聞いていないね。など集団について行けない現状をつつかれる）を降らされ、いつしか、自信を失いやる気を無くしている</u>❸ことに気づく。それは、また、<u>集団についていけない子として保護者にも精神的負担をかけ、子育てに自信をなくさせている現状がある</u>❹。

　そこで、活動を中心として環境を構成していく幼稚園教育のあり方に学び、個に焦点をあて、個の良さを十分生かすこと、各教科を独立させすぎず、各教科のねらいを持ち、環境を整えてやること、そして、各教科の時間を十分使うことで、子どもたちの発達に寄り添った形で授業を構成し、集団になじめない子を集団の力で、無理なく自然な形で集団の一員である喜びを味わわせ、人間関係をつくる喜びを味わわせることができると考える。

〜〜〜〜（中略）〜〜〜〜〜

●「スーホの白い馬」の劇に寄せる思い

1. 幼稚園、1年生、今までに学んだことが生かせる喜びを感じられる劇にしていく。
   - 制作活動では、素材（段ボール、シーツなど廃材の利用、自然物等の利用と工夫、活動内容（競馬の場面では、ペープサート、情景場面では、バック音楽や効果音など）の工夫
2. 劇を通して、人間関係が広がり深まる喜びを感じる。特に、孤立しがちなG男が集団の中に入る喜びが味わえるようにする。
3. 個々の持ち味を十分生かす。国語科、生活科、図工科、音楽科のねらい

を踏まえ，関連を図り，個の得意な分野で十分に力が発揮できるようにする。
4．新しい体験をいくつか入れることによって経験を増やす場にする。昔を思い出す場面では，影絵を取り入れる。これは，3年生の光の学習につながる豊かな経験としてつなぐ。
5．活動と思考を繰り返し，子どもたち同士お互いに学び合いながら体得する。
6．モンゴルの情景を身近に感じることのできる状況をつくる。（人材を生かす）
（モンゴルからの留学生に，モンゴルの自然や文化についてビデオを見たりや話を聞いたりする。）
・広い草原　　・美しい歌声　　・馬頭琴という楽器

● G男とはどんな子なのか
　集団になじめず，情緒不安定，授業中言われたことをしないでふらふらして，教室からよく飛び出す，友達のいやがることをする，片づけがまったくできない。（一年生からの伝達事項）
　<u>周りの子はしかられている姿ばかりしかみていないので，G男はできない子，だめな子，しゃべらない子と評価されてしまって</u>❺，そこから抜け出られない苦しみを背負うことになる。

● シナリオをどう作るか
⑴　ひとりひとりが主役になれる台本にする。
⑵　場面理解や，せりふなどの表現方法は子どもたちの話し合いによって作り高めていく。
　物語を4場面に分け，クラス35名が，各場面でナレーターや配役で何回か登場できるようにした。教科書に書かれた一文を基本とし，せりふは，教科書に書かれたせりふや内容から読み取ったものをできるだけ，近い状態に練り上げる作業をみんなでした。また，自分が言うところは，自分の思いをみんなに聞いてもらったりアドバイスをもらったりしながら考えていった。

この共同作業が，一つのことを作り上げる連帯意識を高めたと言える。それは，個の不完全さを周りが応援することで，失敗が共通のものとなり支え合いが生まれ，全体としての高まりになっていった。

● 配役をどうするか。
　いよいよ，自分がどの場所のせりふや配役になるかを決める場面である。どの場面にも登場すること。配役はなりたい子を優先すること，誰もないときは，その場面に適役と思う子をみんなで出し合い，本人が承諾すれば決定することになった。自己表現の強い子は，どこにも登場しようとする。しかし，G男は自分から言うわけではない❻。１の場面で，せりふと他の役（楽器の演奏，歌う人，情景の様子を表すもの，登場するたくさんの子どもたち）に登場したかどうかをたずねたとき，G男がもれていることに気づきF男が指摘する。特に，落ち着きがなくてよく注意を受けるF男は，G男と気が合い一緒に活動することも多く声をよくかけている。G男に「ここ，読んだら？」と促すが，返事はしない❼。そこで，みんなで相談し，G男の読むところを決め，みんなは台本にG男の名前を書き込んだ❽。

● 劇の練習が始まる
　台本の読み合わせが始まった。G男の場所に来ると読まないので，止まってしまいみんな困ってしまう❾。G男が読む気になるまで，みんなが練習しておこうと，G男の場所をみんなで読んで進むようにしていった❿。一方で，G男の読む場所を家の人に伝えたり一日の生活で心に止まったよいことをたくさんほめ，家庭へ連絡したりした⓫。家では，自分の場所を大きな声で練習していることがわかった⓬。みんなといっしょにやりたいのである⓭。しかし，G男はしゃべらない子と集団の中でつくられた固定観念にしばられ苦しんでいたのである⓮。
　練習が始まって五日目（２月９日），「次，G男の場所やで」と言われると，大きな声で読んだのである。
　読み終わるとすぐ，一斉に大きな拍手がおき，「先生，Gくんって，ええ声で読むんやな。うまいな。」と，あちこちから聞こえてくる。真っ赤になっ

てうれしそうにほほえんでいるＧ男の姿があった。学習中にあんなにうれしそうな顔を見たのは初めてだった⓯。

　それからは，常にＧ男の声がかならず聞けるようになった。言うことに慣れてきたようである。

●小道具作りとその練習をする

　それぞれ自分の役と関係している部分の小道具を作ることになった。段ボールを使って工夫して作っている。どの子も自分の思い入れが強く材料にもこだわりが見られる。小道具が必要でない子もそれぞれ自然な形で適当に仲間入りし，協力して作っている。小道具ができたことで，劇の練習がいっそう生き生きとしたものになっていくことを実感しながら練習している。Ｇ男は，第三の場面では数人の家来の役になったため，弓矢を作ることになった。セイタカアワダチソウの茎を使った弓，竹を使った弓，特に，矢の部分では，割り箸をくっつけ長くしたもの，竹，太い棒，など，個々の子どもたちが，家の人に聞いたり近所のお年寄りに教えてもらったりして作ってきた。作ってきた弓矢は，劇の練習はもちろんのこと，一斉に放ち白馬にあてるには何度となく練習が必要で，Ｇ男は休憩時ほぼ毎日矢を射る練習を教室の黒板にカーテンを引いてしていた⓰。中でも，Ｇ男の弓矢は一番よく飛び，みんなから「すごい」と言われていた⓱。お父さんと一緒に作った弓矢は格別なものとして大切に扱っていた。また，毎日の練習でどうするとうまく飛ぶか体得していたのである。

　２月19日，教室で第３の場面を練習していたときのことである。一斉に弓矢を放った瞬間，Ｇ男の射た矢が，黒板の上に飾っていたＳ男の作品，小物入れを直撃し作品の一部がこわれたのである⓲。クラス全員がびっくりし，すぐさま，なぜそうなったのかを話し合った。そのとき得た結論は，それぞれがもっと腕をみがくということだった⓳。だから，なおいっそう練習に力が入った⓴。しかし，Ｇ男だけは，この日を境に弓矢をさわらなくなってしまった㉑。毎日休憩時進んで練習していたＧ男が，なぜやめてしまったのか，その原因をつきとめるのに何日かかかったのである。作品をこわしてしまったことがたいへんなショックになっていたのである。作品はボンドでくっつ

け元のように戻ったので，心配していないと思っていたが，G男にとっては，心を閉ざす出来事だったのである㉒。1年生からの伝達事項を見てもわかるように，G男は負の言葉をたくさんあびせられ続けていることで，何か良くない出来事に対して敏感になっていたと言える㉓。一番よく飛ぶ弓矢のG男が，劇に必要であることをみんなから言う㉔一方，いくら飛ばしても安心してできる場を設定してやることで，解決していこうと考えた。

　2月22日，今日は3の場面の情景をみんなで作り上げる練習である。当然弓矢が必要な場面であるが，G男は持ってきていない。その状態で授業は始まった。弓矢を飛ばす場面では，「いっせいに追いかけました」「いっせいに矢をはなちました」と"いっせいに"という言葉が立て続けに出てくる。特に，せりふを言う子と家来の8人が心を合わせる作業がむずかしい。しかし，みんなに見守られアドバイスを受けながらの練習の繰り返しで，「いっせいに」という言葉と行為が結びつくようになる。心を合わせた感動は周りの子にも広がっていった。そのとき，一人の子の弓が折れたのである㉕。その瞬間，G男が「弓の竹を削りすぎて薄いから折れたんや」と，原因をつぶやいたのである㉖。G男は，弓矢の仲間入りをして走らなかった㉗が，心は弓矢のことでいっぱいであり㉘，苦労して作ったり練習したりしているから壊れた原因がすぐわかったのである。

　その日の帰りの会で，「G男くんの矢が飛ばないと，"いっせいに"というところと，次の言葉である"うなりを立てて飛びました"のところがうまくできにくいので，G男くん，いっしょにやってくれへんか。」と弓矢の友達から言われたのである㉙。その言葉は，彼の心を動かすことにつながっていった㉚。改めて，教師のかかわり以上に子ども同士が学び合うすごさを痛感する。と同時に，子ども同士学び合う場を常に設定し，教師の価値観で決定するのではなく，子どもに投げ返し，子供同士で高め合う感動を感じさせる授業構成が大切である。

● G男の変化を知る

　3学期は，G男をもっと観察すること，そして，この子がしようとしていることを実現させること，プラスの発言しかしない状態を多く作るよう心が

けた㉛。そうすると，落ち着いて物事に取り組むことが多くなり，その成果を家庭に返すことが増えてきた[7]㉜。2月21日，G男の最近の学校生活の様子（せりふを大きな声で言えるようになっていること，弓矢を旨く作ったり飛ばしたりするのがじょうずで，友達にアドバイスできること）を家庭へ知らせた。次の日の連絡帳に次のようなことが書いてあった。

「劇するんやろ。おばあちゃんも行っていい？」，G男は恥ずかしそうに「見に来てもいいでー」㉝。今まで参観日は，「来たらあかん」だったのにとびっくりしている。楽しみで遠足の前日のような気持ちという返事をいただいた。2月27日，劇当日，家族そろって参観に来られた。恥ずかしそうにしていたが，せりふも上手に言え，お父さんと作った弓矢も見事に飛んだのである。家に帰ってからたくさんほめてもらい自信を取り戻すきっかけになった㉞。今までの参観日では，じっと座れてしかられないための苦しいがんばりから，自分の力を発揮できたがんばりに変わった快感を味わったのである㉟。

● **幼稚園児，1．2．6年生に向かって公演する**

練習の途中では，6年生が見て，2年生のがんばりをほめてくれたこと，たくさんのアドバイスをもらったことが，もっといい劇にしなくてはと，はりきるエネルギーになった。また，幼稚園児と教えてもらった教師，保護者の前では，2年生であるという自信に満ちあふれた様子が伺えた。特に，同学年の他のクラスに見せたとき，G男はできにくい子，話さない子というイメージを持っていた友達が，G男の活躍する姿から大きく見方を変えたこと（先生，G男って，しゃべるんやな。それに，大きくてきれいな声やなあ。）は，嬉しいことであった。

本庄教諭の報告は，1年生のとき「問題児」としてクラスから排除され，クラスの中に「居場所」の無かったG男が，2年生の1年間，特に3学期の「スーホの白い馬」の劇活動の過程を通して，次第に「問題児」ではなくなっていき，クラスの中に「居場所」を持つようになっていった様子を担任教師の立場から記したものである。すなわち，1年生時には「集団になじめず，情緒不安定，授業中言われたことをしないでふらふらして，教室からよく飛び出す，友達の

いやがることをする，片づけがまったくできな」かったが，2年生の3学期には，そのような姿はほとんど見られなくなり，自分の読む台本の場所を大きな声で読むようになり，「矢を作るのがうまいG男」になり，G男と一緒に矢を飛ばしたいと友達に言われるようになる，というように，クラスの子どもたちから肯定的に評価され，クラスにとって必要な存在となり，ある側面では尊敬されるような存在になっている。

　このようなG男の変化，つまり，「問題行動」が著しくクラス集団から完全に逸脱し，排除されていた状態から，「問題行動」があまり見られなくなり集団に位置づいて「居場所」を持つ状態になる，という変化は，いかにして可能となったのだろうか。

　ここで注意すべきことは，G男の変化が，単にG男の「問題行動」が改善されたというような，G男個人の変化として捉えられるべきものでは決してないことである。

　坂部は，〈役柄〉を〈役柄〉たらしめるのは〈間柄〉であり，同様にして〈人柄〉を〈人柄〉たらしめるのは〈間柄〉であり，「身体，とりわけ顔面は，この〈関係の束〉ないしは〈柄の束〉においてかなめとなる位置を占めるインデックスとして，それ自体としてはイデエルで不可視な間柄を可視的たらしめ，〈柄の束〉としての〈役柄〉〈人柄〉をそれぞれのコンテクストのなかで，その示唆的特徴において表示し，具体化される場所にほかならない」と言う。そして，身体あるいは顔面は，「たんなる即自的・自己同一的・主語的な直接性をこえて，一個の象徴体系としての何らかの間柄の分節の中に置かれ，ある〈役柄〉としての述語へといわばみずからを超え出て，その表示であり，あらわれである場所となった，顔面さらには身体一般こそ〈ペルソナ〉〈身〉にほかならない」と言っている[8]。

　こう考えるなら「問題児」という〈役柄〉は，クラス集団の築き上げた〈間柄〉の系列，システムとしての象徴体系によるものである。つまり，G男の「問題行動」とは，G男の生理的，物理的身体の表示などではなく，G男とクラスのメンバーとの〈間柄〉をG男が自らの身体に刻印し表示させたものに他な

らない⁽⁹⁾。そうだとすれば,「問題児」が「問題児」でなくなるのは, G男が「問題行動」をなくしていったというG男のみの変化としてとらえられるべきではない。クラス集団の象徴体系（〈間柄〉の系列），すなわち，教師と子どもたち，子ども同士の〈間柄〉が変化してゆき，その中でG男も変化していったのだと考えるべきである。G男の「問題行動」が改善されたからクラスに受け入れられたのではないのである。

　ここでは，このクラスの象徴体系の変化を次のように考えたい。本庄教諭は，一望監視型システムという規律・訓練型システムにおける学習到達度の序列化の論理（「問題児」という〈ペルソナ〉を生み出す象徴体系）を拒否し，変容を試みる。それによって，集団の象徴体系が，人の存在価値は学習到達度の程度によって測れるものではないという象徴体系へと変化することによって，ある側面ではG男が皆から憧れられる魅力的な存在になったと解釈できる。そうだとすれば, B組の象徴体系は，いかにして変化したのだろうか。

　大澤真幸によれば象徴体系は，身体的同調⁽¹⁰⁾を発生の基盤としている⁽¹¹⁾。そうだとすれば，身体的同調を喚起することは，新しい象徴体系への組み替え可能性を開くことになる。結論から言えば，本庄教諭のクラスの象徴体系の変容は，本庄教諭が授業方法と身体的行為によって示す学習到達度の序列化の論理が人間評価へと普遍化することへの拒否と，一望監視型システムにおいては排除されている身体的同調（教師と子ども間および子ども同士の間）の復権によってであると考える。以下，そのことを，本庄氏の報告及び実践についての本庄教諭の話，我々研究グループが観察した場面の考察をもとに論じたい。本庄氏の実践報告はクラスでの「スーホの白い馬」の劇活動への取り組みについてのものだが，以上のような象徴体系変容への試みは，この活動に入る以前から行われていたと考えられるので，まず，日常的な実践における序列化論理の拒否と身体的同調について述べ，続いて劇活動について述べることにする。

2　本庄教諭の日常的実践の特徴

1　序列化の論理の否定

　先述したように，フーコーによれば近代学校は，子どもたちを5つの操作（比較，差異化，階層秩序化，同質化，排除）によって規格化する。この5つの操作が一斉教授形態を中心にした教育活動の総体の中で行われる。そこでは，個々の子どもの学習到達の程度が比較され，できる子とできない子とに差異化され，それはその子の能力に還元されて階層秩序化され，その能力を持つことが存在価値のあることになり，その能力に特に突出して劣る者は，いわゆる「問題児」として排除されることになる。

　子どもたちの行動や成績，行状の比較，差異化，階層秩序化は，教師だけが一方的にこの役割を担うのではない。一斉授業形態は，このような比較，差異化，階層秩序化が，担任教師だけでなく教師集団や子どもたち全員にも共有されるような形態である。すなわち，子どもは教師の発問に対する答えを皆の前で発表し，その答えを皆のまえで教師が評価する（「それで，合っているよ」「それは，間違っているよ」「よくできました」「もう少し頑張ろう」）という授業形態は，子どもの発言を比較し，差異化するものである。このような授業形態が続けば，クラスの中で正答することが多いのは誰で，誤答しやすいのは誰で，あまり挙手せず，指名されても答えられないのは誰かということがクラスの皆に分かるまでにそう時間を必要とはしないだろう。子どもたちの解答能力が階層秩序化され，それが皆に共有されていき，そこからはみ出るもの（能力の序列が特に著しく低い者）は「問題児」として排除されることになる。

　本庄教諭は，このような序列化を極力拒否している。それは，授業形態と本庄教諭の身体的行為にあらわれている。

●授業形態 ― 個別学習

　我々が参観した算数と体育の授業は，徹底した個別化が行われ，学習到達の程度が子ども相互には明確には分からないようになっていた。例えば，算数は

個別のプリント学習で，1枚のプリントを解いたら次のプリントへと進む。当然，どんどん先に進む子とそうでない子の格差が生じることになる。けれども，誰が何枚目のプリントの問題を解いているか，ということは，皆にはほとんど分からない（全員の机を回って比較すれば別である）。しかも，プリントを先に進むこと，すなわち，学習の進度が速いことは，必ずしも良いこととされてはいない。プリントに記入する文字が乱暴であれば，叱られるし，丁寧に記入してあれば，進度に関係なく褒められる（特に自分の名前を丁寧に書くことは大事にされている）。

　体育も同様である。例えば，ある日の体育の授業では，35人の子どもたちが4箇所（バスケット，リング，登り縄，跳び箱）に分かれ，1箇所で10分活動すると笛が鳴り，次の場所に移動してそこでの活動を行う，というものであった。バスケットは，それぞれが思い思いにドリブルとシュートをしたり，パスをし合ったりしており，リングは，あるグループは床に並べてケンパーをしていたが，他のグループはフラフープのように身体にリングを巻き付けて回しており，その両方が混在しているグループもあった。

　算数と体育の個別学習に共通することは，計算能力や運動能力や技術を子どもたちそれぞれが高めて行くことは保障されているのだが，一般によく行われる方法とは異なって，その能力が比較され差異化されることによって競争心を煽ることを通して行われているのではなく，比較され差異化されることはできる限り避けられている，ということである。つまり，能力の序列化の論理を極力排除する姿勢が貫かれているのである。

●本庄教諭の身体的行為の発するメッセージ

　本庄教諭は，近代学校教育制度が子どもを規格化し，規格からはみ出る者を排除するシステムである（先述）ということと同じ意味のことを，実践報告の「はじめに」の中で，彼女自身の言葉で語っている。すなわち，規格からはみ出る子どもは「負の要因」（授業についていけない。集団行動がとりにくい）を持つものとみなされ，「いつしか集団の外に置かれがちにな」（下線❷）り，その

ようにして排除される子どもは,「常に朝から,ことあるごとに,負の雨(早くしなさい。まだできていないの。話を聞いていないね。など集団について行けない現状をつつかれる)を降らされ,いつしか,自信を失いやる気を無くし」(下線❸),そのことは「集団についていけない子として保護者にも精神的負担をかけ,子育てに自信をなくさせている現状がある」(下線❹),というのである。2年b組の場合,年度当初排除されていたのはG男である。G男は,常に「負の要因(授業についていけない。集団行動がとりにくい)を抱えた子どもとして見られ,「負の雨(早くしなさい。まだできていないの。話を聞いていないね。など集団について行けない現状をつつかれる)」を降らされてきた子どもであると言うのである。そして,本庄教諭は,我々との話の中で,「ある時[12]から,G男に対する『負の雨』を一切排除した」と述べている。

　本庄教諭の言う「負の要因」「負の雨」という言葉は,学校の規律訓練型システムに馴致することを「正」として肯定することに対して用いられている。つまり,この言葉をあてがわれる子どもは,規律訓練型システムに馴致されえず,従順でない身体を持った者なのであり,言い換えれば,序列化の論理からはみ出たものとして排除される者である。本庄教諭がこの言葉をG男の回りから一切排除する,ということは,本庄教諭が序列化の論理を身体的行為によって極力拒否する,ということを意味する。

　それは例えば,教諭の次のような話からも伺える。

> 「グループ学習で,ある子がその課題の苦手な子と一緒にやるのは嫌だと言ったんです。そのとき私はその子に,『そんなん根性ババ色や!人間ていうのは,苦手なことを助けてあげることが大事なんよ。どれだけ助けてあげられるかが,その人の価値なんよ!』て言うたんです」(本庄教諭の話から)

　つまり,本庄教諭は,人としての価値は学習の到達度によって計測されるものではない,と言うのである。

　また,一般的には,生徒は授業中,教師の監視する教室空間にいることが求められ,監視空間から脱出する行為は認められていない。教室から出て行くには,教師の許可が必要である。しかし,本庄教諭は,この意味での従順な身体

を要求していない。それは，次のような場面から明らかである。

【事例1－5】 劇練習を抜け出して矢を忘れた子のために矢をとってくる

　劇の練習場面で，家来役の子どもたちが矢を放つ場面を皆の前で演じている。途中でＦ男が自分の弓矢を置いて部屋から外に出て，しばらくして別の弓矢を持ってきて，忘れて持っていないＫ男に渡そうとして，Ｋ男の足元に置き，自分の位置に戻る。

　本庄教諭が「どないとこ行っとったん？」と訊くと誰かが「トイレ！」と言う。本庄教諭は「違うな」と言って再び「どないとこ行っとったん？」とＦ男に訊く。Ｆ男が「（弓矢が）二つあったから取ってきた」とＫ男の方を指差す。本庄教諭は驚いて「ちょっと座って！」と家来役の子どもたちの演技を止めて座らせ，Ｆ男の手を引いて二人でＫ男の方を向き，「今のな，分かるか？Ｆ男君がな，これ持ってない（とＫ男の方を指差し）ということは，心を一つにできんことやから僕はとってくるんやとア。トイレなんかと違うで～。分かった？その心分かるか？Ｆ男君の心分かる？」とＫ男に向かって言う。Ｋ男は黙って頷く。本庄教諭は続けて「Ｋ男君が持ってなかったら，そらそうや（心を一つにできない）なあ。イ」とＦ男の頭を撫で，「偉かったなあ，，，凄い！ウ」と言って「はい！じゃあいこう。今度は揃ったからできるわ」と言って，再び演技の練習に戻る。

　劇の練習の山場にさしかかっているとき，一人の子どもが黙って勝手に練習を抜け出して，弓矢を持っていない子どものために弓矢を取って来る，という行為は，教師の監視する空間から抜け出る行為である。それゆえ，普通なら，黙って抜け出したＦ男を注意するだろう。しかし，本庄教諭は，Ｆ男を注意するどころか，山場に差し掛かっている練習の流れを一旦中断して，Ｆ男の行為はこの劇をよりよくするためのものであると意味づけ（下線アイ），それを讃えている（下線ウ）。ここに見られるのは，子どもの行為が，教師の監視の目から逃れる行為であっても，劇を良いものにしたいという子どもたちの気持ちの共有によるものであれば，十分に意義のあることとして認めようと姿勢である。

② ノリの共有（身体的同調）の復権

　一望監視型装置（パノプティコン）においては，視線は監視者から被監視者への一方向的なものであり，一対の〈見る＝見られる〉関係は切り離されている。つまり，監視者と被監視者間のノリの共有（身体的同調）は排除されているのであり，そこには応答的な相互関係が成立する余地は無い。教師の発する「発問」は，このような一方向性を表すものである。「発問」は「質問」とは異なり，問いを発する側が正答を持っている。解答者は正答にどれだけ近づけるかで評価されるのであり，質問とそれへの応答という対等な相互関係ではなく，一方向的な関係しか存在しない。

　このような一方向的な教師－子ども関係に対して，本庄教諭による劇練習の授業は教師と子どもとの対等な相互性が成立している。その例を示そう。

【事例１－６】　本庄教諭とＩ男の対等なやりとり

　家来達が弓矢を一斉に放つ場面で，語り手役のＨ男の語りと家来達，家来同士の間での弓矢を放つタイミングがなかなか合わないので，その場面を何度も練習している。本庄教諭は語り手の語るリズムに注意を払っており，Ｈ男の語りを「あかん！引き絞り，で間をおくんや」「ちょっと待って，『一斉に』で止まらな（止まらないといけない）」などと厳しい口調で指示を出して，「家来達は弓を引き絞り,,（間）,,,一斉に矢を放ちました」という語りの間の取り方，「一斉に」の言葉の言い方を注意したりしながらこの場面を繰り返し行っている。

　だんだんタイミングが合うようになってきて，再び語り手が本庄教諭に言われたような間の取り方で「家来たちは，弓を引き絞り,,,,一斉に，矢を放ちました」と語ると，家来達が矢を放つ。しかし，Ｉ男は弓矢の準備が上手くいかずに矢を放ち損ねてしまう。

　Ｉ男：(少し大きな声で文句を言うように強い口調で)「ちょっと失敗した。もうちょっと（語り手と本庄教諭に向かって指差しながら）遅くしてよ」エ

　本庄教諭：「どこ？どこを？」

　Ｉ男：「一旦,（矢を）引っ掛けたんだけど, ちょっとはずれてしもたん（だ

> から遅れてしまった)」，本庄教諭「(微笑みながら) 分かった，,,,。『引き絞り』で止まったらええんか？」オ
>   I男：「うん,,,,, もうちょい止まってよ」
>   本庄教諭：「『引き絞り,,』で止まるん？」
>   I男：「うん」
>   本庄教諭：「分かった。(語り手の方を向いて) ええか？」(語り手，頷く)
>   家来達が自分の弓矢を準備し始める。本庄教諭「(準備は) ええか？」と，家来達に訊く。

　この場面では，劇の練習が本庄教諭のみの判断で進むのではなく，本庄教諭とI男が意見を交換しながら進められている。最初のうち，本庄教諭は語り手の語り方を指導しながら，「家来」達に，この場面の演技を何度も命じている。そこでI男が本庄教諭（と語り手）に対して文句を言い（「もうちょっと，遅くしてよ」：下線エ），本庄教諭がそれに応じてどこを遅くすれば良いかを尋ねる（下線オ）。ここでは，本庄教諭とI男の間に対等な相互関係が成立しているのである。

　先述のように，本来的に教師と子ども間の相互性が排除されているシステムである一望監視型装置において，このように教師と子どもの対等な相互性が成立するのは，いかにして可能なのだろうか。

　事例で注目すべきなのは，I男の「文句」が，本庄教諭の指導に熱が入り，厳しく強い口調で語りと演技の指導が続いた直後に出てきていることである。近代学校が教師から生徒への一方向性という原理によるシステムである以上，教師の主導性が強ければ，その分だけ生徒は従順であることを強いられる。それゆえ，教師が生徒を口やかましく指導し何度もやり直しをさせれば，生徒の側から教師に対等な相互性を成立させるような言動が出てくる可能性は低くなる。事例がそうはなっていないのは，次のように考えるべきである。本庄教諭のH男に対する指導に熱が入って何度もやり直させることが，本庄教諭から子どもへの一方向性として働いているのではないということである。本庄教諭の「演出家」のような演技指導は〈かたり〉の時制の行為であり，教室空間を〈か

たり〉の時制へと変換させる。H男やI男は，本庄教諭の〈かたり〉の時制の身構えを共有し，真剣に演技する「俳優」のように振舞う。こうして本庄教諭と子どもたちがノリの共有を深め，それによって劇を良いものにしたいという目的が共有され，そこに応答的な役割関係があるがゆえに，対等な相互のやりとりが成立するのである。

　それでは，一望監視型装置は監視者と被監視者との間のノリの共有（身体的同調）を本来的に排除しているにもかかわらず，本庄クラスにおいて教師と子どもたちがノリを共有するという関係が成立するのは，いかにして可能なのだろうか。

　それは，本庄教諭と子どもたちが，日常的にノリを共有しているからに他ならない。本庄教諭の実践において，ノリの共有が復権される場面としては，次の４つをあげることができる。

　一つめにあげられるのは，教室の机と椅子の配置である。一般の教室は，生徒全員が教卓と黒板に対して対峙するように並べられている。このような配置の仕方が意味するのは，教師から全ての生徒の顔が見える必要があるが，生徒同士は互いに顔を見合う必要はないということである。そこでは，生徒同士のコミュニケーションは前提とされていない。これは，フーコーが言う監獄の構造と同様であり，囚人は個室に入れられ，相互の関係を排除されているのである。

　それに対して，本庄クラスの机は，日常的には生徒の机が教卓を中心として弧を描くように配置されており，グループ活動をする場合はグループのメンバーが内側を向いて座る。つまり，常時子どもたち同士が顔を見合うことができるようになっているのであり，教室空間における子ども同士のコミュニケーションが前提とされている。

　二つめは，授業中になされたある子どもの発言の根拠を問うとき，それをその発言した子どもに還元せずに，皆の意見として考えていくことである。例えば，教師がクラスの子どもたち全員に「ここのところは，どういうふうにしたらええか，分かる人？」と訊くと，数名の子が手を挙げ，指名されて（例えば

C子）意見を言う。すると教師が「Cさんが，なぜそのように考えたのか分かる人？」と皆に訊き，子どもたちはCの意見の根拠を考えて手を挙げるのである。一般に，ある発言の根拠は，その発言者にあるものとして還元される。本庄教諭のように他の子どもたちに尋ねる，というのは，一つの考えをその個人に還元するのではなく，皆の意見として共有する構えをつくり出す。C子の意見の根拠を考える，ということは，C子の身になって考える，ということであり，C子の身構えを共有し，同調する（ノリを共有する）ことだからである。

　三つめは，本庄教諭が子どものノリにノルことが非常に多いことである。一般に，授業中に子どもたちが発言する場合，他の子どもの発言と内容的に全く同じである場合，その子どもの発言は，尊重されないことが多く，無意味なものとして扱われる場合もある。多くの場合教師は，その発言が他の子と同じであることを指摘し他の子どもたちの方を向いて（この行為は，その子どもの発言に対して意味が無いというメッセージ性を持つ），「他に違う意見のある人は？」と問いかけるに違いない。しかしながら，本庄教諭の授業では多くの子どもたちが，他の発言者と内容的に同じ意見を，次から次へと発言することが非常に多い。「私も○○さんと同じで，○×△○だと思います」「僕も△△さんと同じで，○×△○だと思います」というような発言が延々と連鎖することもある。そのような場面で本庄教諭は常に，その発言一つ一つに相槌を打ちながら耳を傾けているのである。この行為は，子ども一人ひとりと教師との間に身体的同調を成立させる行為である。つまり，本庄教諭が受け止めているのは，発言の意味内容だけではない（意味的にはこのような発言は冗長である）。その子どもの発話行為の生み出すノリ（主にシニフィアンによって生み出される）にノルのである。

　このように本庄教諭が子どものノリにノルのは，授業中の子どもの発言だけではない。例えば，上述の事例1－6の直後の場面（次の事例1－7）では，本庄教諭が子どもにノル場面がある。

【事例1−7】 本庄教諭がⅠ男の身構えを共有する

　本庄教諭が家来達に「（準備は）ええか？」と訊くと，突然，演技を見ていたＳ男が嬉しそうに跳びはねながら，「<u>な～んか，先生，もう一回して～。凄くかっこよかった～」</u>**カ**と言う。
　本庄教諭：「ああ，そう（笑）。どこをしたいんや。走るんから？」
　Ｓ男：「いいや。あ，うん。どっちでもええ」（跳びはねながら）
　本庄教諭：「ここ（この場面）？」
　Ｓ男：「いいや，どっちでもええ」
　Ｇ子：（Ｓ男の隣にいる）「これが（家来が弓を構えている様子を指して）かっこよかった」
　Ｓ男：「うん（笑う）」（跳びはねながら）
　本庄教諭：「そうかあ。よかったなあ。かっこよかったんやて」**キ**
　Ⅰ男がかっこよく弓を引いて構えている。それを見た<u>本庄教諭が，Ⅰ男の横に並ぶようにして，「そうや。こんな感じやろなあ</u>**ク**。<u>こうして（弓を構える〈ふり〉をする），カーッと構えるんやろなあ」</u>**ケ**，<u>Ｄ男もその横で腰を入れて弓矢を引く</u>**コ**。本庄教諭が「上手いなあ。Ⅰ君」と呟いて語り手の方に引っ込む。

　この場面で，本庄教諭がＳ男の発言（「もう一回して」：下線**カ**）を受け止めた後の発言「そうかあ，よかったなあ，かっこよかったんやて」（下線**キ**）は，本庄教諭が「家来」達と心情を共有して代弁しているものである。それだけでなく，実際にⅠ男の〈ふり〉を共有して同じ〈ふり〉を体現し，その行為を言語的に指示しつつ（「こんな感じやろなあ」：下線**ク**）リズムを音声化する（「カーッと」：下線**ケ**）。この身体行為は，Ⅰ男のノリにノリ，それを増幅させるものである。本庄教諭がノリを増幅させることによってＤ男がそれにノリ，弓矢を引く構えをしている（下線**コ**）。こうして教師が子どものノリにノリ，そのノリに他の子どもがノルというように，教師と子どもが相互にノリ合うのである。

　教師が子どものノリにノル場面は，先に挙げた事例１−５においても見ら

れる。下線**ア**は，本庄教諭が弓を取ってきたF男の気持ちの代弁であり，下線**イ**はもう一度それをなぞって共感を示す発話である。いずれも，教師が子どもの身構えを共有するもの，すなわち，教師が子どものノリにノルものである。

このように教師が子どもの身構えを共有することは，教師が子どもとの間に教師－子どもという一方向的な関係ではない関係（〈間柄〉）を作り出すものであるが，そのようなものとして四つめに注目すべきなのは，本庄教諭が子どもを褒めたり叱ったりする際の演技性（メタファー）である。本庄教諭は，子どもを叱るとき「あかん！」という言葉も用いるが「根性ババ色」という言葉もよく用いる。また，褒めるとき事例のように「凄いな」ということも多いが，「天井を突き抜ける凄さや」と言うことが多い。「根性ババ色」「天井を突き抜ける凄さ」という隠喩は，ヤコブソンによれば詩的言語であり，坂部はそれを〈かたり〉だと言っている。〈かたり〉の言葉とは「ノリ」を内在化するものであり[13]，その言葉が発せられることはノリの共有を喚起することになるだろう。例えば，筆者の観察した場面では，本庄教諭が子どもの作った劇の小道具の細やかさを褒めて「それ，凄いわ」と言ったとき，子どもがいたずらっぽく「天井突き抜けるくらい？」と言うと，本庄教諭が「そうや。天井突き抜けるくらい（天井を指差して少し飛び上がる風にしながら）凄いわ」と微笑みながら言うと，子どもが笑い，教師と子どもとが笑いを共有（同調）している，ということがあった。

以上のように，本庄教諭は，近代学校という一望監視型装置が本来排除しているノリの共有を復権させ，同時に，近代学校の原理である序列化の論理が教室を支配することを極力拒否することによって，皆で学び合うことは楽しいことだという象徴体系へと組み換えていったのだと推察できる。

3　劇活動における実践の特徴－日常空間と劇空間の重層性－

このような象徴体系の組み換えは，徐々に進行していったと考えられるが，それが最も劇的な形で顕在化するのは，「スーホの白い馬」の劇創作過程においてであろう。

1 劇活動の意味
A ノリの共有

　一般に，幼稚園を含めた近代学校教育における劇活動や劇遊びは，教師が台本を用意し，子どもはそこに書いてある台詞を覚え，覚えられない場合には，プロンプターがセリフを小声で教えることもある。そこでは，覚えた台詞を正確に再生することに重点がおかれることになる。

　しかし，本庄教諭のクラスの劇活動は，これとは全く異なっている。実践報告（「シナリオをどう作るか」参照）にあるように，台本は子どもたちが話し合って作る。本庄教諭の話によれば，練習をする度に，劇の筋は変わらないが，台詞の細かいところは変化しているのだという。これは台本の台詞を覚えてその通りに言うことよりも，子ども同士のノリの応答的共有（応答的同調）を成立させることが優先されているからである。我々が観察した場面では，誰かが自分の役の台詞を言っているとき，他の役の子どもたちがその台詞を口の中で唱和していることが多かった。これは，子どもたちが自分の役以外の役のノリにもノリ，劇の全ての役のノリを皆が共有していることを示している。言わば，劇中の各台詞はコロス性[14]を持っているのである。また，本庄教諭は言葉の意味や状況を実際の身振りによってイメージさせることを意識的に行っており（例えば，「振り切って」という台詞があると，「振り切って，とはどういうことか」と皆に問い，全員に身振りをさせてみる），その際には，身振りが同調する様子が見られた。このこともコロス性へと向かう活動である。「振り切って」という言葉のある台詞を発する役を演じる子どもは一人だが，それが発せられる際には，クラスの皆がそのときの身振りを潜在的に想起しつつ共有することになるだろうから。

B 日常空間と劇空間の重層性による象徴体系の変容

　このように本庄クラスの劇は，ノリの共有を喚起する装置であるだけではない。象徴体系を組み替える装置としても重要な役割を担うと考える。一般に，私たちは，日常生活をリアルな現実ととらえ，劇世界を非現実ととらえている。しかし，それに対して，坂部は，〈かたり〉の時制（劇世界）と〈はなし〉の

時制（日常生活）のどちらが現実でどちらが現実でないかということを判断する絶対的な基準があるわけではない，と言う。というのは，我々が，一個の存在としてあるのは，その時代や社会の象徴体系によって分節化されるからだが，そのこと自体が一つの〈憑依〉にほかならないからである。この現実世界における自分の存在は何者にも憑かれているのではないと考えるのではなく，「一個の〈ひと〉として，〈正気〉の〈ひと〉として，〈わたし〉を形成することは，総じてその時代その社会によって承認された想像的・象徴的体系（ひろい意味での〈形而上学〉を含めて）に〈憑かれる〉ことなので」ある。メタフォル（隠喩，変身）は単なるレトリックの一つとして閉じ込められるべきではないというのである[15]。

　こう考えるなら，〈はなし〉の時制から〈かたり〉の時制へとメタフォルする劇空間は，日常の象徴体系を組み換える可能性を持つ。〈かたり〉の時制での出来事は〈はなし〉の時制のそれとは明確に区別されえないし，〈かたり〉の時制での〈間柄〉が〈はなし〉の時制の〈間柄〉へと侵入することもあるし，その逆もあることになるからである。例えば，演劇やテレビドラマにおける役割関係（兄弟や親子，恋人）が，公演や撮影期間が終了してからの俳優同士の付き合いとして続けられることは少なくない[16]。劇世界における〈間柄〉あるいはその系列（象徴体系）が日常生活の〈間柄〉あるいはその系列に浸透し，日常生活における関係性を組み換えるのである。そのことは，学校生活においても同様と思われる。日常の学校生活においてはほとんど関わり合いのない者同士が劇の中では相手役となり，ノリを応答的に共有する経験が積み重なれば，そのふたりは劇場面以外の日常場面においても仲良しになる可能性が高い。劇活動は学校生活における象徴体系を組み換える可能性が非常に高い活動だと言えるだろう。

　以上のことは，本庄教諭の実践報告からも読み取ることができる。そのことを以下に示そう。

　本庄教諭の実践報告からは，子どもたちが劇空間と日常空間を交差させた重層的な空間で活動している様子が窺える。例えば，2月19日に第三の場面を

練習していたときに，家来達が矢を放った際，G男の矢が黒板の上に飾ってあったS男の小物入れを直撃して壊れてしまい，そのことについてクラスの皆で話し合うと，そこで「それぞれがもっと腕をみがく」ことが必要であるという考えに達する。そして，「だから，なおいっそう練習に力が入った」，という。ここでは「家来」達が馬に弓矢を放つという劇空間（〈かたり〉の時制）と，教室に飾ってあるS児の作品が壊れるという日常の空間（〈はなし〉の時制）が重層的にとらえられ，教室の物を壊したり傷つけたりしないという日常性の注意が，弓矢を射る腕前を上げるという劇空間の行為に重ね合わされている。

　このことは，G男をめぐる象徴体系の組み換えに関しても同様である。象徴体系の組み換えは，〈はなし〉の時制と〈かたり〉の時制の重層性において現象していると考えられるのである。そのことを説明しよう。

　実践報告によれば，配役を決める際に，G男は台詞を言う場所を自ら申し出ることも，他児の助言に応えることも無く（下線❻❼），皆がG男の台詞を決める（下線❽）ものの，台本の読み合わせの際，最初のうちG男はその場面になっても声を出さない（下線❾）。G男には劇に参加する意識がまるでないかのようである。しかし，そうではなかった。家族の話から，G男が「家では，自分の場所を大きな声で練習していることがわか」る（下線⓬）。本庄教諭は，G男が劇に参加したくないのではなく，本当はみんなと一緒にやりたい（下線⓭）のだが，「G男はしゃべらない子と集団の中でつくられた固定観念にしばられ苦しんでいたの」だということに気づく（下線⓮）。

　このG男の様子は，G男への劇活動への参加が，〈かたり〉の時制と〈はなし〉の時制という二重性を帯びていることを表している。「しゃべらない子」という否定的「記号」は，それまでの学校生活空間（〈はなし〉の時制）においてG男に付与されていたもの（下線❺）である。しかし，G男のイデアールな自己像は，それとは一致していない。「家では大きな声で練習している」という事実は，G男が劇世界の役柄に〈憑依〉することを望んでいることと同時に，G男のイデアールな自己像が「声を出して話す」姿であることを示している。G男が〈かたり〉の時制の〈役柄〉に〈憑依〉し，そのパフォーマンスを

行うことは，同時に，〈はなし〉の時制におけるイデアールな自己像に〈憑依〉することでもあり，ここにおいてG男の〈憑依〉は二重の構造を持っている。それゆえ，〈はなし〉の時制における否定的「記号」の刻印がG男の内部に深く根を下ろしていればいるほど，〈かたり〉の時制への〈憑依〉を妨げることになる。G男が，家ではナレーターに〈憑依〉できるのに，学校ではできない，という事実は，学校生活空間の否定的「記号」の刻印が，それだけ深いことを示している。G男が「苦しんでい」るのは，それゆえである。

このようなG男に対して，クラスの皆は，G男が「声を出して話す」姿を信じて待つ（下線⓾）。G男が「声を出して話す」姿を信じて待つという姿勢は，クラスの象徴体系が，G男に対して「しゃべらない子」という否定的な「記号」を付与するものから「声を出して話す子」という肯定的「記号」を付与するものへと変換されていることを示している。そして，それゆえに，G男は実際に声を出してナレーターのセリフを言うようになる。〈はなし〉の時制の象徴体系が「新しい」ものへと組み換わったことが，G男のナレーター（〈かたり〉の時制）への〈憑依〉を可能にしたのである。

このようにG男の〈憑依〉が二重性を帯びているがゆえに，G男の〈憑依〉が成功した際のG男とクラスの皆の喜び（下線⓯）も二重のものである。それはまず，〈かたり〉の時制における〈間柄〉（象徴体系）の成立に対する喜びであり，G男が劇に参加することによってクラス全員が劇世界を共有することへの喜びである。そしてさらに，クラスの〈はなし〉の時制における「新しい」象徴体系を，G男とクラスの皆が共有できたことを確認する喜びである。こうしてG男とクラスの皆の間における〈かたり〉の時制の象徴体系の成立は，〈はなし〉の時制における「新しい」象徴体系を両者が共有することによって可能となるのである。

しかし，10日後に起きたある「事件」によって，G男と皆の間における象徴体系の共有は，揺らいでしまう。G男は，家で父親と一緒に作った弓矢を跳ばすのが上手く，そのことを皆からも認められており（下線⓱），学校での休み時間には，いつも矢を射る練習をしていた（下線⓰）。このようにG男が「家来」

に〈憑依〉することに前向きであるのは、「新しい」象徴体系がG男を含めたクラスの皆に共有されているからである。しかし、ある日（2月19日）、劇の練習の際に「家来」達が一斉に矢を放ったとき、G男の放った矢が教室に飾ってあったS男の作品（小物入れ）に当たって壊れてしまい（下線⓲）、この「事件」以後、G男は一切弓矢に触ろうとしなくなってしまう（下線㉑）。G男は「家来」への〈憑依〉を止めてしまうのである。

　G男が「家来」への〈憑依〉を止めてしまうのは、かつての〈はなし〉の時制における否定的「記号」を身体的に想起してしまうからである。G男の〈憑依〉は二重性を帯びているがゆえに、〈はなし〉の時制の否定的「記号」に呪縛されると、〈かたり〉の時制への〈憑依〉を妨害するのである。「事件」におけるG男をめぐる関係性は、かつての象徴体系の背景にある関係性、すなわちG男の行動が否定的に捉えられる関係性と同様のものである。「事件」は当事者に対する否定的評価を生む可能性が高い（「壊した当事者のミスである」というように）からである。こうして、かつてと同様の状況に置かれたG男の身体は、その当時学校生活空間（〈はなし〉の時制）で付与されていた「できない子」「駄目な子」（下線❺）という「記号」を想起してしまい「心を閉ざしてしまう」（下線㉒）。G男の否定的「記号」の刻印は長期に渡っていために、それだけ深いものとなっており、G男はそれに呪縛されてしまっているのである（「負の言葉をたくさんあびせられ続けていることで、何か良くない出来事に対して敏感になっていた」：下線㉓）。しかし、「呪縛」がG男の内面にまでは及んでいないことが、数日後（22日）の練習場面で明らかとなる。G男は、他の「家来」の弓矢が折れたしまった（下線㉕）ことに対して意見を口にしている（下線㉖）のである。つまり、G男は、パフォーマンスこそ「家来」としてのそれを行わない（下線㉗）が、「心は弓矢のことでいっぱいであ」り（下線㉘）、内面的には「家来」への〈憑依〉の志向性を持ち続けているのである。

　このようなG男に対して、クラスの皆はG男に二重の象徴体系の成立を思い起こさせようとする。それは、いずれも、G男とクラスメンバーとが、別個な存在ではなく、G男の問題はクラスの問題であり、クラスの問題はG男の問題

であるという,相互に問題を共有し浸透し合う関係であり,G男がクラスにとって大きな存在であることを,クラスの子どもたちが示すことによって行われる。子どもたちが考えた「事件」への対応策は,「それぞれがもっと腕をみがく」(下線⓳)というものであることから分かるように,子どもたちは,「事件」を「家来」全員の問題として共有し,当事者であるG男一人の責任としては捉えていない。ここには既に,G男に否定的「記号」を付与して排除する関係性は無いことが示される。また,弓矢についてG男が持っている知見に対して示される賞賛と信頼の言葉(「やっぱり,G男の言う通りや～」:下線❶)は,G男が弓矢に関してクラスにとって大きな存在であることを示している。さらに,「家来」全員のパフォーマンスは,G男の「家来」としてのパフォーマンスなくしては成り立たない,と,G男に対して「家来」への〈憑依〉を要請する言葉(下線㉔㉕)は,G男の〈憑依〉が,もはやG男一人の個別な問題ではなく,クラスの子どもたちの〈憑依〉の問題であり,劇世界の成立にとってG男の存在がいかに大きなものであるかが示されている。

　以上のような子どもたちの関与によって,G男は再び「家来」のパフォーマンスができるようになる。ここで注目すべきことは,劇活動が佳境に入ってきたこの時期においては,劇活動に入ったばかりの読み合わせの時とは逆に,〈かたり〉の時制への〈憑依〉によって,〈はなし〉の時制におけるイデアールな自己像への〈憑依〉が可能となっていることである。「家来」として参加できるようになることによって,劇の参観日に祖母が来ることを歓迎し(下線㉝),そのことは,G男に自分の力を発揮できた快感を味わわせ,自信を取り戻させるきっかけとなったという(下線㉞)。ここにはもはや,「駄目な子」「できない子」「しゃべらない子」という否定的「記号」に呪縛されたG男の姿はない。G男は「家来」に〈憑依〉することを通して,イデアールな自己像(「あることが上手にできる」など)を実現しえたのである。こうして,G男とクラスの皆の間で,〈かたり〉の時制における象徴体系が共有されることによって,〈はなし〉の時制の「新しい」象徴体系が再び共有されたのである。

　これが注目すべきであるのは,象徴体系の変換における劇活動の意味が端的

に表れているからである。G男とクラスの皆が「新しい」象徴体系を共有し，G男を含めたそれぞれがその〈間柄〉を身体に刻印し表示することが，学級生活（〈はなし〉の時制）における「新しい」象徴体系の真の意味での確立だとするなら，それが可能となったのは，このクラスの場合，劇世界の象徴体系が学級生活の象徴体系に浸透することによってである。劇活動が佳境に入ってきた2月中旬は，他の教科の授業ももちろん行われていたが，劇の練習や大道具・小道具の製作等に費やされる時間が多く，1日の生活が「スーホの白い馬」を中心に展開していた。子どもたちの〈はなし〉の時制に〈かたり〉の時制が浸透し，子どもたち一人ひとりが〈はなし〉の時制における学級のメンバー（生徒）として存在していると同時に，それぞれが「スーホ」の〈役柄〉として存在していたと考えられる。子どもたちが考えた「事件」に対する対応策の発言（「もっと腕をみがく」下線⓳）は，子どもたちが「事件」について「家来」として思考していることを表しているだろう。

このように「スーホの白い馬」の劇活動は，〈はなし〉の時制と〈かたり〉の時制は重なり合いながら進行し，序列化を余儀なくされている学校生活空間という〈はなし〉の時制に，劇世界という〈かたり〉の時制が浸出することによって，序列化の論理による象徴体系が〈かたり〉の時制の象徴体系を媒介としつつ「新しい」象徴体系へと変換されて行くのである。

② 象徴体系を体現する担任教師の身体的パフォーマンス

なお，このような劇空間と日常空間の象徴体系の重層性によって，日常空間の象徴体系が変容していく過程において，本庄教諭の果たした役割は見逃せない。それは，これまで述べてきた劇活動の構成の仕方（ノリの共有を豊かに喚起する）だけでない。本庄教諭は序列化の論理に対する拒否を日常的に身体的メッセージとして表示してきたことを先述したが，実践報告から窺えるのは，それがより積極的に行われていることである。本庄教諭は日常空間においてG男を肯定的に捉える象徴体系がクラスの皆に共有されるような身体的パフォーマンスを行い，また，それが家族における象徴体系の変容へとつながるように

していると思われる。というのは，年度当初，G男の家族はG男に否定的な「記号」を付与していると考えられる（両親は「できないことは強制して徹底的にやらせるようにして欲しい」と本庄教諭に要望している。注⑫参照）のだが，本庄教諭はG男に否定的な言葉をかけることを排除するのみでなく，G男に対して「プラスの発言しかしない状態を多く作るように心がけた」（下線㉛）。すると，G男は「落ち着いて物事に取り組むことが多くなりその成果を家庭に返すことが増えてきた」（下線㉜）。つまり，本庄教諭は，G男に対して肯定的な言葉をかけると同時に，G男の良い面を家庭に積極的に伝えたのである（G男が，声を出してセリフが言えない時期にも同様の関与が見られる：下線⑪）。この行為は，クラス集団と家庭におけるG男を否定的にとらえる象徴体系を肯定的なものに変容させることに大きく貢献しているはずである。まず，担任教師は，クラスの象徴体系を最も体現する存在であり，そのような存在である本庄教諭のG男に対する評価を，クラスの子どもたちが目の当たりにすることになる。クラスの子どもたちと本庄教諭がノリの共有によって関係性を築いているとすれば，本庄教諭のそのような身構えは子どもたちにも共有され，そのことによって，クラスの象徴体系はG男を肯定的に捉えるものへと変容する方向へと向かうだろう。また，本庄教諭が，G男の良い面を家庭に連絡することによって，家族の持つG男像を否定的なものから肯定的なものへと変容することにつながったと思われる。それゆえにこそ，G男は「家では，自分の場所を大きな声で練習してい」た（下線⑫）のである。

　以上に示したように，本庄教諭の実践においては，日常的に教師と子ども，子ども同士がノリを共有し，また，象徴体系の体現者としての担任（本庄教諭）が，近代学校が本来的に持つ序列化の論理を否定することによって，G男を否定的に位置づける象徴体系が徐々に変化し，そして，3学期の劇活動において，劇空間と日常空間の重層的な時空間と担任によるG男を肯定的に位置づける身体的行為の積極的表示によって，G男を肯定的に分節する象徴体系へと劇的に変容し，それにG男が〈憑依〉していったと考えることができる。つまり，こ

のような過程において，G男は「問題行動」が減少し，「問題児」ではなくなっていったのだと解釈できるのである。

なお，ここに挙げた事例は，G男の劇的な変容が，今後の学校生活において定着することを保障するものではない。近代学校は，本質的に序列化の論理と身体的同調の排除を原理としているからである。しかし，ここに示したような事例は，教師自身の努力によって，象徴体系が変容し，それによって子どもが変容することを可能にするという一つの例であり，近代学校における教育実践に対して一つの光を投げかけるものである。

3 近代学校において，「居場所」はいかにして構成しうるか －「居場所」の理論的構成－

②に見たように，本庄教諭の実践は，近代学校教育システムが制度上排除している教師と子ども間あるいは子ども間の身体的同調を復権させている。そして，そのことがクラスの象徴体系を組み換えることに繋がっていると考えられることを指摘した。ここで問題となるのは，身体的同調が，いかにしてクラスの象徴体系を組み変えてゆくことになるのか，ということである。③ではその問題について論じよう。

1 「居場所」概念の再構成

第1節において，我々は「居場所」を次のように規定した。子ども一人ひとりが対教師や対クラスメイトとの関係性において，現在の自分を自己肯定できるような存在として自己のアイデンティティを感じており，他者に対して開いて関係をとることに安定感を持つ時，その子どもや他者にとって彼等が過ごす時空間を他の空間とは独自な状況性を持つという共通感覚を持てるようになること，また，この状況への過去的回帰は未来的回帰を願望するような時空間としても成立すること（ふるさと性）を，「居場所」あるいは「居場所」があること，と呼んだのである。

しかし，このような「居場所」の定義の仕方は，当事者的な立場からの，いわば主観的な視点によるものであるので，「居場所」をどのようにすれば「構成する」ことが可能か，を論じるためには不充分である。そこで，「居場所」を，その外側にいる者と当事者との間主観的な概念として再構成したい。そのためには，子ども一人ひとりが他者との間に拓かれた関係を構築し，自己肯定感を獲得する相互コミュニケーションはいかにして可能なのか，またそのためには子どもたちの過ごす時空間の状況性がどのようなものに変化することが必要なのか，この二つの関係性を追求することが必要である。

　坂部恵は，ワロンやメルロ＝ポンティ，ラカンの思想に準拠しつつ，わたしが自らを1個の〈ひと〉として構成するには，「即自的・内受容的な，自他の区別のない身体意識から，自己の身体の鏡像をふくめた他者へと，いいかえれば〈自我の理想〉としてのイマジネールなものへと超え出て行くこと，ひとつの想像的・象徴的なシステムのなかにみずからを位置づけること」が不可欠であり，自身の持つイデアールでイマジネールな自己像（鏡像）＝〈役柄〉と，他者がその人物に期待し，そうみなす「像」＝〈役柄〉とが一致しないときには，自分があるという感覚を持つことができない，と述べている。例えば，親が子どもに期待する〈役柄〉と，その子ども自身が望む「像」が一致しないとき，また，世間一般がその人に対して期待する〈役柄〉とその人自身がそうありたいと望む〈役柄〉が一致不可能なとき，わたしは1個の主体として定立することはできず，極端な場合には，木村敏があげるような離人症のような状態（〈わたし〉がある，ということを感じられない）に陥るというのである[17]。[2]であげた本庄クラスのG男の場合も同様に説明ができるだろう。つまり，G男は，かつて「しゃべらない子」「駄目な子」「できない子」という否定的「記号」を付与されており，そのことを彼自身受け入れているかに見えた。だから，かつて，そして初めのうちは，しゃべらなかったし，自分の力を発揮する場面もなかった。しかし，このような「記号」は，彼自身のイデアールな自己像とは，一致していなかった。それゆえに，情緒不安定などの「症状」が見られた。しかし，本庄教諭がG男に対する否定的な評価を一切排除し，肯定的な評価のみ

を与えるようにすることによって、そのような見方をクラスの皆が共有していくと、それまでG男に付与されていた否定的な「記号」（「駄目な子、できない子、しゃべらない子」）が次第に払拭され、G男に肯定的な「記号」が付与されるようになり、それはクラスの皆の態度に表れる。例えば、台本の読み合わせの時、G男が声に出して読まなくても、クラスの皆は「G男が声に出して読む」姿（「像」）を信じている。それはG男のイデアールな自己像と一致するがゆえに、G男は〈わたし〉があるという感覚を持つことができるに違いない。G男が声に出して読むことによって、クラスの皆のG男に対する肯定的評価を一層強め、肯定的「記号」が刻印される。するとG男はそのことによって、弓矢を作ったり射ったりすることに関して自分の力を発揮してゆき、それに対して一層肯定的な「記号」（「弓矢が上手いG男」）が刻印されてゆく。こうして、G男に付与される「記号」とG男のイデアールでイマジネールな自己像とが、少しずつ一致していくにつれて、G男は次第に落ちついて物事に取り組むようになり、「症状」は次第に見られなくなる。G男が本庄クラスにおいて、このように自信を取り戻していき、力を発揮できるようになるのは、クラスの象徴体系が組み換わることによって、〈わたし〉があるという感覚を持つことができるようになったことの表れだと解釈できるだろう。

　坂部の述べる「〈わたし〉があるという自覚を持つ」ための不可欠な条件とは、「居場所」性のことでもある。現在の自分を自己肯定できるような存在としての自己のアイデンティティを感じることができるためには（〈わたし〉があるという自覚を持てるためには）、その社会や集団が期待する自己像と自分自身のイデアールでイマジネールな自己像が一致することが必要なのである。

　こう考えるとき、学級が「居場所」性を持つということ、すなわち子ども一人ひとりにとって「居場所」があるということは、子どもたちの持つ自分自身のイデアールでイマジネールな〈役柄〉と教師を含めたクラス集団の期待する〈役柄〉が一致することだと言うことができる。本庄クラスの例で言えば、G男にとって、1年生のとき、あるいは2年生の年度当初までは、学校やクラスはG男にとって「居場所」があるものではなかった。しかし、G男のイデアー

ルでイマジネールな〈役柄〉と本庄教師を含めたクラスの皆がG男に期待する〈役柄〉が一致して行くことによって，G男の「居場所」があるようになったのである。

　このような二つの〈役柄〉の一致は，高度経済成長期以前には可能であった。小川は，高度経済成長期以前には，学校の中に大きく分けて学業，遊び，仕事という3つの文化的価値体系が存在していたと言っている[18]。つまり，算数や国語ができなくても，メンコや鬼ごっこは強い，というようなガキ大将がいたり，勉強はできなくても仕事の手伝いや年少児の面倒をよくみる「よい子」がいたりしたのである。高度経済成長期前までは前近代性が残存していたために，学習面においては「問題児」というレッテルが貼られたとしても，遊び仲間においてはそのようなレッテルから解放され，仲間からも自己の存在を肯定的にとらえられ，そのような〈役柄〉が自身のイデアールでイマジネールな自己像と一致する可能性が残されていたのである。しかし，高度経済成長期以降，前近代性が解体していくとともに前近代的な遊び集団（異年齢集団）が解体し，クラスの人間関係が学業成績という唯一の基準で計られる集団へと組み換えられ，学校外でも塾やおけいこごとによって学業分化が肥大化することによって，子どもたちは遊び場面でもクラス内の成績序列から解放されるときが無くなっていくことになる。学習面において能力の突出して劣る者（仮にXとする）が，「問題児」というレッテルを貼られる（〈役柄〉を刻印される）と，Xは学習面のみならず，放課後も遊びが校庭空間で展開されるような場合は遊び場面においても「問題児」という〈役柄〉を刻印され，集団から排除される可能性が高くなるのである。こうなると，Xは自分自身を肯定的にとらえる〈役柄〉を付与される機会が無くなるので，クラス内に「居場所」があると感じられなくなってしまう。「問題児」という，教師やクラスの皆がその子に付与する〈役柄〉と，その子自身が望む〈役柄〉とは一致しないからである。①で述べた，放課後もクラスのメンバーと遊ぶことが多いI小学校4年a組の人間関係は，この構造を典型的に示している例だと言えるだろう。

　このような場合，Xにとってクラスが「居場所」となるためには，一致して

いない二つの〈役柄〉，すなわちXの望む自己肯定的な自己像（〈役柄〉）と教師を含めたクラス集団がXに付与する〈役柄〉という二つの役柄が，一致するように変化することが必要である。「問題児」という否定的な〈役柄〉のみがXに付与され，それが固定化するのを避けるためには，「問題児」という〈役柄〉を生み出す象徴的体系を組み換えることが必要となる。

しかしながら，象徴体系の組み換えは決して容易ではない。なぜなら，既に述べたように近代学校を含めた近代社会という装置自体が，比較，差異化，階層秩序化，同質化，排除の操作を内在しているからであり，学業の優劣による序列化という規範的な象徴的体系は，近代学校システムそのものに内在しているからである。このようなシステムの内にあって，規範的象徴体系を組み換えることは，果たして可能だろうか。

廣松渉は次のように言っている。一般に，構造変動を起こすには，変動の要因をシステムの外部に求めがちだが，システムの中に居る者はシステムの単なる受動的受容者ではなく，制度を再生産的に維持していくのであり，そのメカニズムの中に構造変動の可能性がある，と。規範的制度は，既在している制度が世代間で単に伝達されるという類のものではなく，「間主体的に・共有化的に形成され固定化される行為様式」なのであり，その〈manière de faire〉（日常生活の中の「もののやりかた」）の中にフラクチュエイション（揺らぎ）がある。そこに，構造変動の可能性があるというのである[19]。

そうだとすれば，近代学校システムの内部においても，教師と子ども，子どもたち相互の関係性の中にある種の「構造変動」を起こすことは可能であり，それによって学業の優劣とは別の象徴体系を生成させることも可能だと考えることができる。つまり，教師も子どもも序列化のシステム内にある以上，学習到達度における序列化という規範的な象徴体系を消失させることは不可能であるとしても，その象徴体系を認めつつも，そこに序列化とは別の象徴体系を共在させることができるのではないか。それによって，序列化の象徴体系を背景化し，序列化の象徴体系では自己否定的な〈役柄〉を付与されても，別の象徴体系によって自己肯定的な〈役柄〉が付与されれば，クラス集団がXに付与

する〈役柄〉とXが望む〈役柄〉が一致することが可能となるだろう。

それでは，近代学校システムの中に，学業の優劣とは別の象徴体系を生成させることはいかにして可能だろうか。

結論を先に述べれば，それは，教師が学業の優劣とは別の価値規範を提示すると共に，近代学校システムにおいては本来的に排除されている教師と子ども，あるいは子どもたち同士の身体的同調（ノリの共有）を復権することによって可能となる。本庄クラスは，その実践例なのだと考える。そのことを，規範は，いかにして生成するのか，という規範一般の成立機序を考察することよって論じよう。また，近代学校システムを前提として，そこに内在する価値観とは別の規範的価値観を，教師と子どもとの関わりによって生成させることを構想するには，近代学校システムにおける教師と子どもの関係性の特質を明らかにすることが必要である。論じる都合上，まず，近代学校における教師－子ども関係の特質を明らかにしてから，規範成立の機序について論じよう。

2　序列化とは別の規範的象徴体系の成立は，どのように構想しうるか

1　近代学校における教師－子ども，子ども同士の関係　－相互性の排除－

まず，近代学校における教師－子ども，子ども同士の関係について，確認しておこう。

フーコーは，近代社会システムを一望監視型の規律訓練システムととらえ，それによって身体は「主体化＝（規律訓練型の生－権力への）従属化」されることを論じた。一望監視型装置の特徴において重要な点は次の二つである。一つは，囚人は独房の中に孤立させられることである。つまり，この装置においては，囚人同士の連帯は否定されている。いま一つは，視線の非対称性である。建物の光学的配置の巧妙な設計によって，中央の塔にいる監視者の姿を周囲の円形の建物の独房に入れられた被監視者は見ることができず，監視者は不可視化される。こうして，被監視者が「確証なき視線」によって間断無く監視されることが実現する。ここにおいては「触れる＝触れられる」と同様の「見る＝

見られる」という，主体と客体が相互に反転・交感するような未分化な関係が二つの極に切り離され，見る側と見られる側は非対称の関係として固定化される。監視者の視線は一方向的で専制的なものとなるのである。

　フーコーによれば，学校は，工場，軍隊，病院などと共に，そのシステムの一環である。例えば，子どもは教師に監視され，教師はその長に監視される，というような監視システムにある。このことから，近代学校システムにおける教師—子ども，子ども同士の関係について，次のような特徴を指摘することができる。まず，教師—子ども関係は，非対称な関係にある。つまり，教師—子ども関係は，「触れる＝触れられる」におけるような主客の相互に反転・交感する根源的な関係が二つに切り離され，見る側と見られる側とに固定されるのである。全ての椅子・机が黒板（教壇）に向かって個別に並べられ，それによって一つの中心点（教壇）から，全ての指示，命令，問題を出し，そこから生徒の様子，発言をチェックし評価する（「そのとおり」「それでよい」「そうではない」等々）という一斉教授形態に，その典型を見ることができる。[1]にあげた，I小学校の体育の授業も典型例の一つである。主客の相互に反転的な関係性が排除されているのは，子ども同士の場合も同様である。フーコーによれば，いろいろな「係」は，子どもが相互に監視し合うシステムである。また，一斉教授形態においては，子どもたちの机は，しばしば一つひとつが切り離されて並べられ，授業中の私語は禁止されており，独房と同じように個別化されている[20]。

[2]　規範生成の機序

　規範は，その集団に属する成員がそれに従って行動する，というものである以上，その身体や事物の内在性の水準にあるものではなく，そこから超越した水準から身体を規制するように働くものである。このような超越的な効力を持つ規範は，どのようにして生み出されるのだろうか。

　大澤真幸は，ある集団や社会における規範が，その集団あるいは社会のどこか外部から到来するのではなく，集団の成員の身体の同調の次元に発生の基盤を持つことを論じている。すなわち，身体は他の身体と同調する機制を持ち，

同調しているときは〈自己〉でもあると同時に〈他者〉でもあるような自他の変換可能な水準（大澤はこの水準の身体を「過程身体」と呼んでいる[21]）にある。複数の身体が同調しているとき，それらの「個々の身体の志向作用を代表する，ひとつの抽象的な志向作用が存在するかのような錯視が生」じ，それが実在性を帯びることになる[22]。こうして抽象的な志向作用が擬制されると，同調している各個別の身体の具体的な志向作用は，擬制された抽象的な志向作用の特殊な現れ，として感受されることになる。すると，その「抽象的志向作用が与える可能性の埒内におさまる志向作用の特定形態が『正統なるもの』として，認定されることにな」り，すなわち，規範が成立するのである[23]。つまり，「過程身体」の水準にある複数の身体の同一の志向作用（身体的同調）が物象化し，それが個々の身体の行動に規範的な効力を及ぼす超越論的な座へと転態するのである。このような個々の身体からは独立した超越的な実体として擬制される抽象的な志向作用が帰属する身体（つまり規範として現象する身体）のことを，大澤は「第三者の審級」と呼ぶ。こうして規範が成立するとすれば，規範の最適な状態として意味を帯びた「理想態」が生み出されることになる。

　「第三者の審級」は，それが抱える擬制性のゆえに，より複雑な形態の超越性を生み出す。最も原初的な次元である「抑圧身体」は，身体の同調によって生成する（前述したような転態によって）と同時に，同調する身体の行為の直接的な部分契機となるかたちで規範的効力を及ぼすという自己準拠的な連関の中にある。「行為するということが，そのまま第三者の審級の生成を意味しており，自分自身へと回帰する循環を構成してしまうのである」（図5）[24]。それゆえ，「抑圧身体」は，相互に同調する身体のうちのある身体が，規範的な意義を担い，身体的同調の総体を代表するような形態をとることが可能である。例えば，8ヶ月の幼児が見せる人見知りは，この頃の幼児にとって母親の身体が幼児と同調しつつ，その同調の全体に規範的効力を及ぼす審級性（「抑圧身体」）を持つものとして現象していると解釈することができる（この意味で母親の身体は両義的である。同調しつつ，それから超越した座にもいることになるのだから）[25]。ここにおける規範は，それとして自覚されずに伏在し，具体

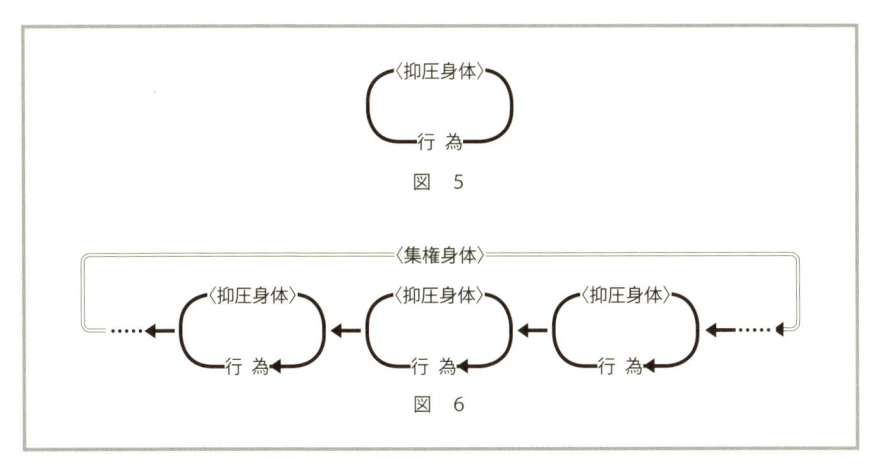

```
        〈抑圧身体〉
         ┌──┐
         │  │
         └行為┘
          図 5

   ═══════════〈集権身体〉═══════════
   ┌─〈抑圧身体〉 〈抑圧身体〉 〈抑圧身体〉─┐
 ……←┐  ┌┐  ←  ┌┐  ←  ┌┐  ←……
    └行為┘    └行為┘    └行為┘
          図 6
```

的な身体の行為に密着している。例えば，「○○は，〜するだろう」という予期の形で与えられる[26]。このような社会システムの例として，大澤は原始的な共同体をあげている[27]。

このような「抑圧身体」が社会的に編成されることによって，自己準拠的連関から超越した場に成立するのが「集権身体」である。「集権身体」は，「抑圧身体」におけるような「自己準拠的な循環を基礎にして，もう一段上位の自己準拠的な循環を構成する」。つまり，「実際のところ，多数の自己準拠的な循環（局所的）の間の関係自身の実体化された投影なの」である（図6）[28]。それによって，「集権身体」（規範は，この座に定位する者によって与えられる）は「抑圧身体」よりも抽象的であるが，具象性もまぬがれない。王権社会はその例で，具象性を「王」が，抽象性を「法」が担っている。ここで重要なことは，人々から超越した場に位置する王（これは記号的に与えられる）の行為が人々にとって規範的な効力を持つためには，王と人々との間の〈自己〉と〈他者〉の相互が反転可能な水準（「過程身体」）が活性化されることが必要だということである。つまり，「集権身体」の集権性とは，「抑圧身体」の伏在によって確保されるのである。王が土地を収奪し，女を奪う権利を与えられていること，また王が瘰癧患者に触れるだけでその病を治すことができた（「触れる」というのは「触れられること」であり，主客が相互に反転，交感する），というのは，その

例である。人々は，王と自分との主客の反転によって，王の示す理想態を，自らの理想態として引き受けてしまい（この意味で，王が土地の収奪や，女を奪う権利を与えられているということは，「集権身体」とその作用圏内の諸身体との間に「過程身体」の水準を活性化させるための「装置」だと言えるだろう），それによって，王の提示する行為は規範性を帯びるのである。つまり，「集権身体」は，作用圏内のどの身体からも仰ぎ見られる超越的で外部的存在であると同時に，各身体の共同性の全領域に内部化された存在であり，そのことによって規範性を保持することができる。このように，「集権身体」が超越的であると同時に内在的であることを，大澤は「集権身体」の「内部化」と呼んでいる[29]。

「集権身体」の次の段階として，フーコーの言う近代の権力（規律訓練型の生権力）に相当する，完全に抽象的で不可視の「抽象身体」が成立する。「抽象身体」は各身体の外部（超越した座）に投射される「抑圧身体」や「集権身体」とは異なり，作用圏内の各身体に内面化される。それゆえ，各身体は，外的な超越性を経由せずに，内面化された規範によって行為を選択することになり，こうして各身体は，近代的な主体となるのである[30]。

「抽象身体」が，このように内面化されるということは，「過程身体」の水準において〈自己〉との相互変換が可能であった〈他者〉が内面化されるということでもある。近代のシステムが「触れる＝触れられる」という〈自己〉と〈他者〉の相互反転・交感の関係性を活性化させる文化的装置を持たない（前述）のは，そこにおいて身体が「主体化＝従属化」される際に，〈他者〉が内面化される（と想定されている）からだと考えることができる[31]。

3　序列化とは別の象徴体系は，どのように構想しうるか
　　　－「居場所」の構想に向けて－

　以上のような大澤の論は，学級集団内に成績による序列化とは別の象徴的体系を成立させることの可能性を示唆するものである。大澤の言うように，規範が，最も原初的には，身体的同調の物象化である「抑圧身体」の水準から生成するとすれば，「別の規範的象徴体系」を生成させるには，身体的な同調等

によって〈自己〉と「過程身体」の水準を活性化させることが必要なのである。

②において，本庄教諭の実践が，教師と子どもあるいは子ども同士の間に身体的同調を復権させており，そのことがクラスの象徴体系を組み換えることに繋がっていると考えられると指摘したのは，それゆえである。近代学校システムにおいて，子どもとは非対称の役割を付与されている教師が，序列化とは別の理想態を提示しつつ，子どもとの間で，〈自己〉と〈他者〉の相互反転・交感を活性化するような関係性を構築すれば，子どもたちは教師の提示する「理想態」を共有するだろう。つまり，本庄教諭が担任する2年b組の象徴体系は，4月当初は近代学校システムが内在する学習到達の序列化の論理によるものが支配的であった（それゆえに能力的に劣るG男に「問題児」という〈役柄〉を付与し，彼を排除してしまっていた）が，本庄教諭のクラス経営の過程で，人の存在価値は学習到達度の程度によって測られるものではないという象徴体系へと変化したと考えられた。クラスにおける象徴体系のこのような変化が可能となったのは，一つには，本庄教諭が学習到達度の序列化の論理とは別の価値観を本庄教諭が身体行為によって子どもたちに提示し続けたことである（②56〜58頁）。人としての価値は学習の到達度によって計測されるものではなく，弱い立場にある者に手を差し伸べることが人間として大事なことであるという，序列化とは別の「理想態」を提示し続けたのである。それは，具体的には，ある学習到達度に達していない子どもに対する否定的評価を一切排除し（「負の雨」を取り除き），そのような否定的評価を行うことは「根性ババ色」だと言明し，教室を黙って抜け出して他の子どもを助ける行動を肯定的に評価する，というような言動として示されていた。

しかし，たとえ教師が序列化とは別の価値規範を提示し続けたとしても，子どもたちが，それを共有することが無ければ，クラスの象徴体系がそのようなものに変換することはない。クラスの子どもたちが，本庄教諭の価値観を共有するようになるのは，本庄教諭と子どもたち，あるいは子どもたち相互が身体的同調による関係性を築き，互いの間に「過程身体」の水準を活性化していたからだと考える。このような関係性は，一般の近代学校教育制度における学校

生活空間においては形成されにくい。なぜなら，先述したように近代学校は「一望監視型装置」であり，そこでは，子どもたちが物理的にも象徴体系においても個別化されると同時に，教師と子どもの関係は非対称なものとなっているからである。教師と子ども，子ども相互の間において「過程身体」の水準を活性化するためには，そのための工夫が必要なのである。先述したように本庄教諭の学級経営には，そのための様々な工夫があった。②で論じた「ノリの共有（身体的同調）の復権」とは，言いかえれば「過程身体」の水準の活性化のことである。本庄クラスの教室は，教卓を中心として孤を描くように配置され，子どもたちが授業中に相互に会話をしたり，教科書や本を見せ合ったりするというコミュニケーションが容易であるようになっていることを指摘した。このようなコミュニケーションは，子ども相互の応答性を活発にし，子ども間の「過程身体」の水準を活性化する方向に働くだろう。また，教師が子どもたちに，他の子どもの身構えを共有し，他の子どものノリにノルよう働きかけたり，教師が子どものノリにノルことによって，一望監視型装置においては本来剥奪されている教師と子ども，子ども相互の間のノリの共有が，復権されていることを指摘した。このような関与のあり方は，教師と子ども，子ども同士の間の「過程身体」の水準を活性化するものである。

　このようにして，教師が子どもたちとの間の「過程身体」の水準を活性化することは，教師の提示する序列化の論理とは別の価値観を，子どもたちが引き受けることを可能にするだろう。それはちょうど，民衆からは超越した座にある王が，「過程身体」の水準を活性化させる交流によって，民衆が王の示す「理想態」を自らのものとして引き受けるのと同様の機制だと考えられる。また，子ども同士が，自他の相互反転・交感を活性化するような関係にあれば，子ども同士が「理想態」を共有するはずである。原理的に言えば，ある子どもaが引き受けた教師の「理想態」を，別の子どもbも引き受けてしまうのは，aとbが相互反転・交感するような関係にあるからである。②で例をあげて指摘したように，本庄クラスは，子ども同士のノリの共有が復権されるしくみを持っており，そのことによって教師の「理想態」がクラス全体に共有されるように

なったと考えることができるだろう。つまり、クラス集団の構成メンバー相互の関係性が、原始的な共同体のように「過程身体」の水準を活性化することが可能なものとして構築されており、クラス担任が「集権身体」の位相にあるような集団となっていれば、学校教育制度が内在させる価値規範とは別の規範を担任が提示しても、それをクラスの構成員が自分たちの規範として引き受けることが可能となるのである。

　このようにして、学業の優劣とは別の規範がクラスの中に成立したとすれば、学業の優劣の序列化によっては「問題児」として排除されるような子どもが、クラスの中に自らの「居場所」を持ちうる可能性が生まれるに違いない。②に示した本庄クラスの事例は、その例なのである。

4　本庄教諭の「方略」[32]の総括

1　2年B組担任としての教育実践の「方略」

　これまでの記述をもとに近代学校システムが内在する象徴体系を組み換えるための本庄教諭の「方略」を、総括することができる。本庄教諭は、一望監視型装置・規律訓練型システムとしての近代学校システム内にありながら、それらを超える関係性や規範を構築していると言えるのだが、それは次の(ア)～(ク)の8つの「方略」によって可能となっていると言えるだろう。

● 序列化の論理の拒否
　(ア)　個別学習形態をとることが多い
　(イ)　学習到達度の低い者に対しての否定的言明を排除する
● 学習到達度とは別の価値規範の提示
　(ウ)　人としての価値は、学習到達度によって評価されるものではなく、学業の優劣とは別の価値的規範（学業面での優劣は人間としての価値とは同列ではなく、人間として価値のあることは、弱者の身になれることである）を身体的行為として提示する

- ●「過程身体」の水準の活性化
  - (エ) 子ども同士の相互コミュニケーションを可能にする机の配置
  - (オ) 他者の身になることを言語的に働きかけ,子ども相互の間にノリの共有を復権(「過程身体」の水準を活性化)させる
  - (カ) 教師が子どもの身構えをなぞる言動をすることによって,教師と子どもの間にノリの共有を復権(「過程身体」の水準を活性化)させる
  - (キ) 子どもを評価する際に序列化の論理を超えた意味を持つ比喩言語(「根性ババ色」「天井を突き抜ける凄さ」など)を用いる
- ●劇活動の重視
  - (ク) 3学期に序列化の論理とは別の象徴体系を持つ劇活動をクラス全員で行う。

2　その他のクラス担任としての教育実践の「方略」－言語的トポス－

　我々は,本庄教諭の実践の参観をその後も続けており,以上の8つの「方略」は,本庄教諭がその後に担任した4年生や5年生のクラスにおいても見られるものであった。しかし,それと同時に観察の過程で上の8つの「方略」以外の新たな「方略」を発見することができた。それは,一斉教授形態において定型化された応答パタン(教師―子ども,子ども同士)が導入されていることである。これは,特定の授業実践に限らず学級活動の中でも垣間見ることのできるものである。それゆえ,この「方略」を上の(ア)～(ク)の8つに加えて(ケ)として,以下説明しよう。

　(ケ) 定型化された応答－「過程身体」の水準における交流の言語的トポス
　本庄教諭の一斉授業形態においては,教師が子どもにある決まった言葉を発し,それに子どもが応える,という定型化された応答のセリフがある。教師が命令や問いを発したり,説明を開始する際に,必ず「言ってもええか?」(教師)―「はい」(子どもたち)(唱和になることも多い)という応答が行われる。この応答パターンは,応答歌と同様のものであり,応答的同調を成立させる。
　このような応答型は,教師―子ども間のみではなく,授業における子ども相

互の間にも取り入れられている。次に示す4年c組の事例1－8は，その例である。

> 【事例1－8】　挙手・指名・発言の際の定型化されたパターン
>
> 　朝の笛の練習が終わり，1限目が始まる。担任の本庄教諭はまだ教室には来ていないが，係が前に出て，その日に学習する頁を開けるように皆に言い，音読したい人が5名挙手し（Y男，K子，B男，D男，J子），係がその子どもたちを指名する。最初に音読することになったK子が，立ち上がり，ぐるっと廻りを見回し「読んでもええですか？」と皆に問いかける。「はい」と口々に返事がある。K子から順番に読み始め（その途中で本庄教諭がそっと教室に入ってくる），最後の子どもが読み終わると，S男が手をあげる（5人の音読についての意見，感想を言いたいらしい。いつも，誰かの音読の後には，そうしているようである）が，係からは指名されない。途中から入ってきた本庄教諭も（おそらく意図的に）黙って微笑みながら見ている。S男が立ち上がりながら「(僕が) 言うてもええですか？」と言うと，数名の子どもたちが「はい」と言う。
> C男：「Y君が，下（本文の下に書いてある注意書き）を読むときに，間をあけて読むのがよかったけど，全部スラーっと読んでしまったのがちょっと残念だったです。K君」
> K男：「Y男君について言います。読み方もはっきりしていたし，間もあけて読んでいたので，よかったと思います。Fさん」
> F男：「はい，ありがとう。僕は，B君の読み方がはっきりしていてよかったと思います。Mさん」
> M子：「はい，ありがとう。私は，B君の読み方がはっきりと読んでいてよかったと思います。Sさん」
> S男：「はい。Y男君がスラスラ読んでいたので，スラスラ読めるのはよかったけど，間を空けた方がよかったです。C男君」
> C男：「ありがとう。ええ，K子さんは，前は，はっきり大きな声で読んでいたけど，今回はちょっとだけゆっくりも入っていたのでよかったと思いました。K君」
> K男：「はい。全体的に声が大きくて，はっきり読んでいてよかったと思います。他にありませんか？」
> 皆：「ありません」

事例に見るように，挙手して発言した子どもが別の子を指名する（「（意見）。○○さん」）と，指名された子ども（○○）は，「はい，ありがとう。（意見）。××さん」というように，次々と次の発言者を子ども同士で指名し合うのである。挙手している子どもが誰もいない場合は，意見を述べたあと「他にありませんか」と皆に問い，皆が「はい」（唱和になることも多い）と答える。子ども同士のこのような定型的なやりとりは，きわめて興味深い。というのは，このように発言が様式化され演劇における台詞のようなやりとりとなっており（この意味で，教室は舞台空間と考えることができる），「相手役」（発言者に対するクラス全員）との間に役割的（応答的）同調を成立させるからである。

このような決まり文句によるノリの応答的共有は，「過程身体」の水準を活性化させるものである。すなわち，子どもたちは，「○○君（さん）」と指名されて「はい，ありがとう」と応えた者が，次の瞬間には指名する側になり，「○○君（さん）と発言しているのであり，子ども間において〈自己〉と〈他者〉が反転する関係となる。このような「過程身体」の活性化は，子ども間におけるだけでなく，教師と子どもの間でも生起することになる。というのは，最初に音読を始めるK子とそれに対する子どもたちの応え（「読んでもええですか」－「はい」）と，最初に意見を言うS男の台詞とそれに対する子どもたちの応え（「言うてもええですか」－「はい」）は，本庄教諭が説明をするときに行われる応答パターン（「言うてもええか」－「はい」）と同じだからである。

先述のように，近代学校は，このような「過程身体」の水準を活性化させるような文化的な装置を排除しているとすれば，このような応答型の台詞を取り入れることは，装置を復活させ，「過程身体」の水準の関係性の活性化を復権しようとするものだと言うことができる。このような装置が，言語的な説明や意見の交換などが始まる際に，口火を切る者によって必ず用いられることによって，その場に〈自己〉と〈他者〉が相互に反転し交感するような交流が開始されることになるだろう。その意味で，この応答型の台詞はクラスの言語的トポス（場）となっている。

3 本庄教諭の体育の授業

　最後に，観察中に出会った，特に注目すべきと思われる授業場面を記しておきたい。その授業とは，4年生の体育の授業場面である。近代学校における体育の授業は，大澤によれば規律訓練システムの特徴を最も顕在化させるものである[33]。体育の授業では整列して体操し，動きが望ましくない者や他から逸脱する者を教師によってチェックされるというようなことがしばしば行われる。これは，一望監視型装置における規律訓練によって従順な身体を生み出す一つの方策である。ここにおける教師は監視者としての役割を担うので，教師の願う規範から外れる動きをする児童がいれば，教師の発する言葉は必然的に子どもの言動を否定するものとなる。①に見たⅠ小学校4年a組の体育の授業例（事例1－3）は，その典型例である。先述したように，その事例における教師Tの言動は，子どもたちの身構えを否定し修正するものが非常に多かった。

　しかし，次に示す体育の授業における本庄教諭の言動はそのようなものとは異なっている。この授業が注目すべきなのは，それが近代学校の授業科目において規律訓練システムの特徴を最も顕在化させる教科目の場面であるにもかかわらず，そのシステムを超えた教師－子どもの関係性を構築しているからである。次に示す事例1－9の教師の言動と子どもの動きとの関係に着目して欲しい。事例はⅠ小学校の場合とは対照的に，授業開始後の僅か10数分間の場面に，子どもたちの構えを否定する教師の言動はほとんど無い。本庄教諭の言動は，子どもたちの構えを否定するのではなく，それを共有し，身体的に同調しているのである（一斉教授場面であるにもかかわらず，教師と子どもとが身構えを共有していると考えられる部分が，15カ所もある（二重線a～p））。

【事例1－9】 体育授業の開始

時間	教師（T）の言動	子どもたちの様子
13:52		跳び箱を5つ設置し，その後，5つのグループ（1グループ6,7人）に分かれ，各グループごとに「イチ，ニ，サン，シ，ゴ，ロク，シチ，ハチ」とかけ声をかけながら準備運動を始める。ストレッチ，柔軟運動が済んだグループから，壁の所で壁倒立の練習をしている。ア
13:53	見学する子ども（準備運動をしている）を，見学の場所（ステージ）に連れて行く。	
13:54 13:55	窓を開ける 壁倒立の上手くできない子のところで，足が上がるのを支えたり，横並びになって腕での身体の支え方を指導する❶ a	
13:57:02	体育館の真ん中の位置に立つ❷ b	子どもたちが本庄教諭の所にすぐに集まってきて並ぶイ
:21		クラス全員の子どもたちが集合し，グループごとに並ぶウ
13:58	両手首をぐるぐる回しながら❸，倒立をする際の注意（手首の柔軟運動をよく行ってからすること）をする。「それから，その次ね」と言って床に手をついてかがみ（蛙跳びをするような構え）「こう,,」と両手に重心をかけて見せ❹，子どもたちの方に座ったまま向き直り「今日，新しい体操をいくつか教えるからね」と言う。	c 皆，両手首をぐるぐる回すエ d
	F男を見て「言える？」❺（立ち上がる） e	前の方に座っているF男が前に両手をつくようにする。オ
	f	「うん，こう,,」（その場で両手を床について交互に前に出す❺）他の2,3人の子どもが同じようにする❼。数人の子どもが口々に「あ，できる俺も」「わかった」❽
	「わかった？」❻ g	前の方の女児が手を挙げる
	「はい」と指名する （女児が前に出てきて四つばいになり）本庄教諭が女児の両脚を持ち，腕立て歩行をする	女児が前に出てきて四つばいになり，本庄教諭が女児の両脚を持ち，腕立て歩行をする 「できるできる」「○×■△×○△×」「よっしゃ～」と口々に声があがる
	「ちょっと言っていい？」❼ h	静かになる。数人の子どもが「はい」と返事をするケ
	「ここ（脚を指差す）を持って，あんまり押さないように。前の人の歩くのに	

	合わせて，そっと支えてあげてください」	
	「他に？腕を立てた体操できる人？」	男児が一人「はい」（手をあげる）
	「はい，どうぞ」	指名された男児が前に出て，腕を床につき，前かがみになって身体を浮かせる（腕だけで身体を支える）⊐
	頷きながら❽「ちょっと，みんなで10数えてやってみよう」	後ろの方の男児（H男）がそれとは少し違う動き（開脚した足を腕に少し絡ませるようにして腕のみで身体を支える）をしているサ
	「あ，H君」と指差す	皆がH男の方を見るとH男が後ろに転がっている。それを見て皆が笑う。
13:59	パチンと手を叩いて首を横に振り，「違う違う」というように手を振る❾。「今，なぜ手叩いたか分かる？」❿	前の方の子が手をあげて「（皆が）笑ったから」シ
	「笑うと○×△（聞き取れず）」「（H男の体操は）手を中に入れてこうやるんやね（両手を両脚の間に入れる）⓫。それから,,,」	「見てなかった〜」ス
	「あ，見てなかった？じゃ，やってあげて」⓬	皆がH男の方を見るセ。H男が再び同じ動きをするソ。体を支えきれず「あ〜」と言って後ろに転がる
	H男の動きを見ながら「ああやって,,,」「ああいうんやね」⓭	前から4番目に座っているC男が，同じ動きをしている
	C男を見て「ちょっと，前でやって」	C男前に出てきて，皆の前でやる。C男が身体を支えてしばらく静止するのを見て，くちぐちに「おお〜」「すげえ！」「すごい！」と声が上がる
	「そう，手を中まで入れるんやね,,,」⓮	
	皆に向かって「見えた？」⓯	「見えた」「見えた」チ（口々に）
14:00	「はい，OK！」（C男に）	C男自分の場所に戻る
	「じゃ，ちょっとやってみよう。腕で身体を支える運動をね，○×△□○×（聞き取れず）	
14:01	今，3種類出ましたね。こういうの（両腕を床に立てて見せる）とか，それから,,,カエルの足,,,,,,カエルの足ってできる？ちょっとやって」	

13:52	両足裏を叩き合わせる男児を見て　p「そうそうそう，，，，⓰ああいうふうに，ああいうふうにするんやね」⓱「みんな，足を両手の中とか外とかにしたりして，カエルの足のようにして，いろいろやってみよう」（はい，というように手を叩く）	左前列の男児が両腕を立てて前かがみになって身体を支え，両足の裏同士をポンポンと打ち合わせるッ皆がそちらを見るテ
		グループに分かれて，各グループごとに，腕立ての動き（腕だけで進む，腕で身体を支えるなど）による体操をする。あるグループは，腕立てで前に進む（下半身を引きずる）体操をし，あるグループは二人一組になって腕立てで進む運動を，別のグループは身体を両腕のみで支える体操をする

　二重線a〜pにおける教師と子どもの身構え共有のされ方は，次の表2のようなものである。ここで注目すべきなのは，教師の側が子どもに身体的に同調し，その身構えを共有する場面が多いことである（二重線a, e, g, i, j, l, m, n, p。それ以外は，子どもが教師の身構えを共有している）。一望監視型の近代学校システムにおいては，このようなふるまいは教師が意図的に行わなければ可能ではないという点で，注目に値する。中でも，特に注目されるべき場面は，教師に指名された子どもが皆の前で発言や身振りを行う際の教師の身構えのあり方である。一般に，一斉授業におけるこのような場面は，指名された子どもが，教師と他の子どもたちによって一斉に見られる，という構図を作り出す。この構図は，能動と受動が相互に反転するような—「触れる＝触れられる」に見られるような—ものではなく，見る側と見られる側とが固定されているものであり，一望監視型装置の専制的視線と同質のものである。しかし，事例1−9では，見る側の視線が専制的なものにはならない。そのことを示しているのは二重線m, n, pである。例えば二重線mにおいて，教師は指名されて皆の前で演ずるH男の行為を言葉でなぞって身構えを共有しつつ（「ああやって，，，，」），それを見ている子どもたちとも身構えを共有している（「ああいうんやね」と見ている子どもたちとやり方を確認したことを共有する）。こうして，教師はその身体上に，「見る（能動）＝見られる（受動）」の相互交換・反転を

顕在化させるのである。このことは，二重線n，pにおいても同様である。

　以上のことは，次のような効果を生むだろう。第一に，授業において常時，教師がこのように子どもとノリを共有していれば，教師―子ども間の「過程身体」の水準が活性化され，〈自己〉と〈他者〉の反転可能な関係性が築かれて行くことになるだろう。第二に，教師―子ども間にそのような関係性が形成されているとすれば，一斉教授場面において教師が，その身体上に「見る＝見られる」の相互反転・交換を現出させた際に，その場に居合わせる子どもたちの身体も能動と受動の相互反転・交換を喚起することになるだろう。演技するH男を見ている子どもたちは，専制的にH男を見るのではなく，教師に同調することによってH男の演技の動きに同調することになり，また，指名されたH男は，専制的に見られるのではなく，自分の動きに他の皆が同調するのを感受することができる。つまり，教師の身体を媒介として，一斉授業に内在化されている専制的視線の構図が，人間の身体が本来持つ能動―受動の相互反転・交換の構図へと組み換えられることによって，子ども相互の間に〈自己〉と〈他者〉が相互に反転する関係が取りもどされ，「過程身体」の水準が活性化されるのである。付言すれば，このような関係性は，子どもたちが相互に観察学習を行う方向性を持っている。別稿で指摘したように，観察学習はモデルとなる者の行為を身体的同調によって自らの身体に写し取ることによって成立する[34]。それゆえ，教師と子ども，あるいは子ども相互の関係性が，身体的同調によって「過程身体」の水準が活性化されていれば，教師の行為や他の子どもの行為をモデルとする観察学習が成立しやすいのである。

表 2

二重線	教師と子どもの言動	身構えの共有のされ方
a	教師は，壁倒立をする（波線ア）子どもの振り上げる足を支え，倒立をしようとする子どもと同じような動きをする（波線❶）	教師が子どもの身振りに応答的に同調する
b	教師の立つ位置（波線❷）に，子どもたちがすーっと寄ってきて並ぶ（波線イウ）	身体的同調による教師と子どもの共同想起
c	子どもたちが，教師の身振り（手首を回す。波線❸）と同じ身振りをする（波線エ）	子どもたちが教師の身振りに同型的に同調する
d	子ども（F男）が，教師の身振り（蛙跳びのような姿勢。波線❺）と同じ身振りをする（波線オ）	F男が教師の身振りに同型的に同調する（教師の言葉に対する応答的同調でもある）
e	教師が子どもの身構え（波線オ）を授業の文脈上で解釈し，言語的になぞる（波線❺）	教師が子どもの身構えを共有する
f	教師の発言（波線❺）にF男と他の子どもたちが応える（波線カ～ク）	子どもが教師に応答的に同調する
g	教師が子どもの発話（波線ク）に同型的に問いかける（波線❻）	教師が子どもの身構えを共有する。
h	定型的パターン（波線❼，波線ケ）	子どもが教師に応答的に同調する
i	教師が子どもの身振り（波線コ）に同意する（波線❽）	教師が子どもに同調する
j	教師がH男の身振り（波線サ）を言語的になぞる（波線⓫）	教師が子どもの身構えを共有する
k	教師の自分の行為（波線❾）の意味を子どもに想像させ（波線❿），子どもが答える（波線シ）	教師が子どもたちに自らの身構えを共有させるように働きかける
l	教師が「見てなかった」という子ども（波線ス）の立場になり，その気持ちを代弁する（波線⓬）	教師が子どもの身構えを共有する
m	H男の動きに応答しつつ，見ている子どもたち（波線セ）の心情を代弁する（波線⓭）	教師がH男に応答的に同調しつつ，見ている子どもたちの身構えを共有する
n	教師がC男の動き（波線タ）を言葉でなぞる（波線⓮）（この言葉は同時に見ている子どもたちに向けられており，その意味では見ている子どもたちの心情の代弁でもある）	教師がC男の身構えを共有しつつ，見ている子どもたちの身構えをも共有する
o	教師の発話（波線⓭）に子どもたちが同型的に答える	子どもたちが教師に同調する
p	教師が子どもの動き（波線⓯）に同意し（波線⓰），見ている子どもたちの心情（波線テ）を代弁する（波線⓱）	教師が一人の男児の身構えを共有しつつ，見ている子どもたちの身構えをも共有する

4 構造変動を起こす「方略」

　以上に見たような本庄教諭の「方略」は，ある子どもの他の子どもに対する対応に直接に作用するというような直接的因果関係として論じられるものではない。

　②に示したようなクラスの関係性や象徴体系の変化は，２年ｂ組のみに見られる現象ではない。本庄教諭が担任する全てのクラスに見られる現象である。本庄教諭が担任するクラスには，たいていの場合，年度当初「問題児」とされる子どもがおり，４月の時点ではその子どもは他の子どもたちから排斥される傾向にある。しかし，本庄教諭が担任するようになると，次第に皆から受け入れられ，同時に「問題行動」が少しずつ減少していくようになり，３学期にはクラスに溶け込み，クラスの仲間として行動するようになる。例えば，事例１－８に登場したＫ子は，４月にはクラスの皆から「汚い」「（Ｋ子の持ち物は）触りたくない」とあからさまに言われ，「問題児」としてクラス集団から排除されていた。そのために，教室の中に自分からは入れなかった（廊下をウロウロしていた）。しかし２ヶ月が過ぎた頃から，自ら教室の中に入って自分の机に着席するようになっている。事例１－８は，彼女が自分の机に着席するようになって２週間後の様子である（６月中旬）。ここで注目すべきなのは，教室に入ることすらできなかったＫ子が自分の席に着席し，積極的に自ら挙手し，音読していることはもちろんだが，それにもまして，４月の時点ではＫ子のことを「汚い」「触りたくない」とあからさまに否定し排斥していた子どもたちが，Ｋ子を他の子どもと同じように指名し，Ｋ子の「読み方」について肯定的なコメントを行っていることである。つまり，この時点で子どもたちはＫ子をクラスの仲間として承認しているのである。この様子は，２ヶ月に間にクラスの子どもたちのＫ子に対する関係性が変化したことを物語っている。

　しかし，単にＫ子と他の子どもたちの関係性が変化したにとどまるものではない。同じクラスの同じ日に観察されている授業場面を示そう。

【事例1－9】　算数の時間に答えられないM男を助けようとする

　黒板に書かれたいくつかの数字が白丸で囲われたものと青丸で囲われたものに分類されており，それがどのような分類であるかを，教師に指名された子どもが答える。M子が「白が奇数で青が偶数です」と答え，本庄教諭がM男にM子が何と答えたかをもう一度言うように促すが，M男は「白が，，，」でつまってしまう。すると，<u>M男の前に座っているS男や隣のL男が，心配そうに「教科書出して」と言い，M男があわてて教科書をめくるとS男がM男の机の上の教科書の該当する頁を開く。L男は横から，M男と一緒に教科書を覗き込む。</u>本庄教諭が「M子さんの言った言葉を繰り返すことができる人？」と言うと，L男やS男を含む半数くらいの子どもたちが「はい」と手を挙げ，K子が指名されて答え，続いてC子が指名されて答える。本庄教諭は再びM男に「M男さん，どうぞ」と言うと，<u>M男はすぐに答えられない。一番後ろの席に座っていたD男が「M，今の聞いてたら答えられるやろ？」と励ますように言う。L男やS男もM男が何とか答えられるようにM男に教科書の該当頁を示したり，手助けしようとしている。</u>

【事例1－10】　遅れてしまうN子を励ます

　体育の授業時に全員で，体育館の一方の壁からもう一方の壁に向かって床の上で閉脚跳びの練習をしているとき，一人の女児（N子）が他の子どもたちよりもかなり遅れてしまい，皆が跳び終わっても，一人だけ，跳んでいる。
　本庄教諭（N子に向かって）「頑張ってや」と優しい声で励ます。<u>ある男児が「N，頑張れ〜」と言い，別の子も「N〜，もう少しや」と言って励ます。</u>N子が壁にたどり着いて跳び終えると，本庄教諭が「頑張っている姿というのは，胸を打ちますね」と言う。

　この二つの事例から読みとれるのは，4年c組が，4月当初に見られたような学習に劣る子どもを排除するような関係性が変化し，事例の下線部に見られるように，弱者に共感し相互に助け合うような，共感的な人間関係が形成され

つつあるということである。

　このように，クラスのメンバーが互いに励ましたり助けたりするというような共感的関係によってクラス集団が形成されているとすれば，学習到達度とは無関係に子ども同士が心情を共有しながら人間関係が形成されてゆくので，①に見たようなI小学校とは違って，学習到達度評価が人間関係を階層化することはないだろうし，そのような子どもが排除されることもないだろう。K子に対する関係性の変化は，クラス全体の関係性の変化の一部なのである。

　こう考えるならば，毎日の学級活動や授業活動において行使される本庄教諭の「方略」が，ある子どもに対する他の子どもの対応の仕方に直接に作用し，それを変化させるというような直接的な因果関係を持つのではなく，本庄教諭の「方略」によって③で論じたような構造変動がクラスの中に起こり，次第に学級内の関係性や象徴体系が近代学校に胚胎されている序列化の論理から弱者に対して共感性の高いものへと変化していき，事例1－9や10に見られるような関係性を現象するようになる，と考えることができるだろう。

　このようなクラスであれば，そこは誰にとっても未来的回帰を願望するような時空間（ふるさと性）となるだろう。そのことを，「このクラスは『居場所』性を獲得している」と言うことができる。

（岩田遵子）

第3節 「居場所」論批判

1　「居場所」へのさまざまなアプローチ

　前節で行ってきた我々のアプローチと対比する意味で、現在諸々の「居場所」論を事例として批判的に検討したい。この検討の目的は、自らの「居場所」論を自覚的にとらえるための試みである。しかし、現在、語られている「居場所」論は枚挙に遑がないほど多い。田中治彦編『子ども・若者の「居場所」の構想―「教育から関わりの場へ」』（学陽書房）2001年に掲載されている「居場所」文献リスト（主にタイトルおよび目次において「居場所」が使用されている文献）によると、1984年から2000年まで、92点の著書論文がある。本研究において、そのすべての論文を検討する余裕はない。そこで近年、発刊されている以下の文献の中から、「居場所」概念を自覚的に使用している論文を選び、「居場所」概念の検討を行うことにした。

　近年発刊された「居場所」に関する文献として、次のようなものがある。
① 三沢直子・宮台真司・保坂展人『居場所なき時代を生きる子どもたち』子ども劇場全国センター出版局　1999
② 高旗正人『どの子にも居場所がある学校づくり』明治図書　1995
③ 田中治彦編著『子ども，若者の居場所の構想』学陽書房　2001
④ 久田邦明『子どもと若者の居場所』萌文社　2000
⑤ 杉山千佳編集『現代のエスプリ　子どもの居場所』至文堂　2005
⑥ 住田正樹「子どもの居場所と臨床教育社会学」日本教育社会学会編「教育社会学研究第74集，特集教育臨床の社会学」93～108頁
⑦ 住田正樹・南博文『子どもたちの「居場所」と対人的世界の現在』九州大学出版会　2003

第1章 「居場所」論

　以上の文献の中で，まずは⑤の杉山の編集したアンソロジーの中から杉山の見解と本田和子の見解を取り上げたい。それらを取り上げる理由は，我々のアプローチの妥当性を吟味したいからである。次に，「居場所」概念に自覚的に取り組もうとした住田の学術論文である⑥と⑦を取り上げたい。我々の研究のアプローチと対比する意味で住田論文を批判的に取り上げたい。

　2005年8月に発刊された『現代のエスプリ　子どものいる場所－今子どもたちはどこに居るか』（杉山千佳編集）では，多くの論者がこのテーマで小論を展開している。例えば，編者杉山は「『居場所』を再確認する」の章で，「子どものいる場所とは何か」という論の中で「『居場所』って何だろう」，の問いに答える形でこう述べる。

> この場にいる・いない，何をする・しないの自由は「私」にあるということであり，仮にこの場にいなくても「あなたの席は設けられている」状態であることが「自分らしくいられる場」には必要なのではないだろうか

　杉山は，上述の引用から分かるように，自分が「精神的に帰属できる場であること」が「居場所」であると考えている。この特集の問いの立て方とそれに対する杉山の「居場所」の定義そのものは，一見，一番簡潔に見えるにもかかわらず，難問を抱えている。なぜなら，「今，子どもたちはどこに居るか」という問いは，子どもの精神的に帰属できるか否かに関係なく，子どもたちが空間的に定位する箇所を指摘せよという実証的・統計的回答を求める問いにもなりうるからである。また，仮に杉山が求めるように，子どもの精神的に帰属できる場を求める問いであったとしても，それによってその答えを率直に子どもが明らかにするとは限らないからである。本編の中での本田和子は「異文化ではなく文化を先取る者－『子ども』という時代の予兆」という論文の中で，次のように述べている。

> 　子どもたちは，いま，どこに足場を置いているのだろうか。私たちが，かつての子どものように相手にすることのできない小さい人たちは，しかし彼等なりにどこかに足場を置いて，この世界に存在しているはずである，この地点が私たちに（大人に－引用者注）見えにくいので，彼等とのコミュニケーションが遮断されてしまうのだ。言い換えれば，子どもたちは彼等なりに「自分の「居場所」」を作っているが，その「居場所」が私たちには見えにくく捉えきれないということでもある。

　もし，本田の言うように，我々に子どもの「居場所」が見えないとすれば，杉山の「居場所」の定義はそこから思考を発展させる出発点にならない。なぜなら，「自分らしくいられる場」は子どもにしか分からないのであり，大人と遮断された存在の子どもがそれを我々に伝えてくれることはあり得ないだろうからである。もし，本田の認識に立って，子どもの「居場所」探しをしようとすれば，我々の問いは，杉山のような定義ではなく，子どもの「居場所」とはそもそも何か，どうすれば，その「居場所」を発見する手だてが見つけられるか，でなければならない。

　とは言え，子どもの「居場所」をかくれんぼみたいに探索して実証的にその空間を見つけるというような単純なものでもない。では，どうすれば，この問いを展開できるか。先に，この節の冒頭で我々は「居場所」を次のように定義した。

> 「居場所」とは，子ども一人ひとりが教師やクラスメイトとの関係において，現在の自分を自己肯定できるような存在として自己のアイデンティティを感じており㋑，他者に対して開いた関係をとることに安定感を持つ時㋺，その子どもや他者にとって彼等が過ごす時空間を他の空間とは異なるという共通感覚を持てるようになること㋩，またこの状況への過去的回帰は未来的回帰をも願望するような時空間としても成立すること（ふるさと性）㋥。

　この定義は，正直なところ，杉山の定義とさほど相違がないように見える。なぜなら，定義の文末の㋑㋺㋩㋥のいずれも当事者の内的な基準を語っているにすぎない。そのことは十分に承知している。ただし，我々はこの㋑㋺㋩㋥の

メルクマールを第三者的な視点からの「居場所」性へと変換するつもりである。では，我々がこうした定義をなぜしたのか。この定義の背景には次の認識がある。現在，本田の言うように，我々大人にとって，子どもという存在が理解困難になっているとするならば，子どもと日常的に出会わざるをえない我々教育実践者にとって，学校は最も困難な状況にあるということになる。いったい教室は，特に学級担任制の教室は，教師と子ども同士が同一の空間で最も多くの時間を過ごさざるをえない空間である。とすれば，本田の指摘する事実が教室空間を支配するとしたら，お互いに理解不可能な，つまり不可解な関係の人間同士が長時間，学校空間に閉じこめられることになるのである。

そこで，この定義は，この制度的呪縛に置かれている学級というシステムの中で，それを克服する理念を一応定式化したものである。それは，学級の場で教授活動が展開される場合，最も好ましい条件という意味でこの定義は一つの理念型であるということができる。一方，本田が指摘する子どもの現況は，少なくとも学校というシステムと無関係に生まれたものではない。そこでまず，この理念型を逸脱した現状を把握するために，歴史的にこの現状を振り返ってみよう。

まず，はじめに問わなければならないのは，近代において成立してきた大人－子ども関係とは何かを問うことではないだろうか。前近代社会に，柳田が指摘するように未成熟期（成人と同等の労働力となり得ない存在＝子供）は，大人の共同体に所属し，大人の生活行為や行事に部分的に参加する存在であって，大人集団から相対的に区別されていた。子どもは，大人が子ども組や娘宿といった集団に組織されていて大人の監視下にあるものの，半ば自主的な集団生活を経験していた。そして結果的に，そこから異年齢集団の中で遊びの伝承なども成立した。この遊び集団は，家族で子どもが多い場合など，子守の役割をも担っていた。柳田が言うように，「年上の子供が世話をやく場合が多かった。彼等はこれによって自分たちの成長を意識しえたゆえ，悦んでその任務に服したのみならず，一方小さい方でも早くその仲間に加わろうとして意気込んでいた」。このような大人－子供関係は一応のゆるい区分はあったものの，むしろ同じ共

同体のメンバーとして連続性の方が強いものであった。

しかし，近代に入って，学校制度の成立は未成熟者の出自に関係なく，家族という血縁集団や地域の地縁集団から，彼等を学校という施設に引き出し，学年制という近代「学級」システムに導入することで，大人と異なる「子ども」を誕生せしめた。同一年齢，同一学年という枠組みと，そこで教授される読み，書き，算という教育内容の学習成績による，未熟者の出自に関係のない評価配列は，親世代とは異なる新しい人間＝子どもを誕生させた。

しかし，日本の場合，この子どもの誕生も日本的教育制度の特色によって，特殊性を持っていたと考えることができる。明治23（1891）年に発布された教育勅語に示された教育理念は，天皇制を中心とする家族国家観に支えられたものであり，この理念に基づいて学校秩序を形成する教師の権威は，大人－子ども関係を一方的に支配するものであった。近代学校はフーコーの指摘するごとく，一望監視システムによる一方向的コミュニケーションの場ではあるが，それが前近代的共同体社会における年功序列的秩序のシステムと連動して作用することによって，学校は近代的自我形成の場とはなりにくかったのである。むしろ，それは軍隊的秩序に類似するものとなってきたのである（ちなみに，旧師範学校では教師養成のために軍隊的教練が教科内容に含まれていた）。戦前，子どもが親の言うことをきかない場合は，「学校の先生に言いつけるぞ」と言われたり，「お巡りさん（警察官）に言いつけるぞ」と言われたりするのは，その証左ということができる。つまり，戦前において子どもは親の言うことや教師のいいつけに従うことが当然とされたのである。

言い換えれば，近代社会の成立と共に生まれた「大人－子ども」関係においても，大人にとって子どもは了解可能なものとされ，大人の支配する社会にあって，子どもの異質性は，過小評価されていたのである。たしかに，民俗学的伝統の中では，子どもの中にある了解不可能な部分が垣間見えたとしても，それはさして重視すべきものではないと考えていたのである。

もちろん，大正デモクラシーの時代になって感性豊かな大人たちの中には，「子ども」という存在は常に大人の思惑の中にいる存在とは限らないことを児

童文学などで表現することはあったのである。しかし，総体としては，子どもは大人の守備範囲の中で了解可能な存在であると高をくくっていた。つまり，「子ども」は大人の権力支配の中にあると考えられていたのである。しかし，戦後20～30年を経てバブル崩壊後あたりから，「子ども」の範疇に入っていると考えていた存在が，大人と変わらない犯罪を起こしたり，親と子の関係を越えた事件（親殺し）を起こしたりすることが見られるようになった。また，学校では，授業が全く成立しない学級崩壊という現象も頻発するようになった。このことから従来の「大人－子ども」関係の変化を痛感せざるをえない状況も現れるようになった。こうした世相の変化の中で，大人たちは「子ども」世代との日常的コミュニケーションが上手に運べないという印象を持つようになった。ここから本田の言う子どもの「居場所」不明の事態が発生したという見方が生まれてきたのである。

　しかし，子ども一人ひとりは，親の庇護のもとにあって，親の助成なしには生きていけない存在である。たしかに，かつての家庭生活，例えば『3丁目の夕日』に見られるような生活と異なり，家庭生活が省力化され，消費中心の生活の中で個別化され，家族同士のメンバーの相互交流が極めて少なくなり，具体的な家族間交流も減少している。しかし，親と子の日常会話のコミュニケーションも減少しているとは言え，家族関係も学校における教師－子どもは関係の交流も全く遮断されているわけではない。とすれば，「大人－子ども」関係についての上述の本田の言説はどのように理解すればよいのだろうか。一つ言えることは，学校教育を正当化するような「大人－子ども」関係についての従来の一般的観念では，現代の子どもの実像をとらえられなくなっている，ということである。近代の子ども観は，近代学校の成立と共に生まれた「発達心理学」は近代学校の実践に伴って構築されたものである。例えば，子どもの性について観念も，男女の既成観念が男子校，女子校の制度を構築してきたように，男の子の衣装と女の子の衣装の弁別を指標として，子どもにおける性意識の発達を見るといった研究は，既成の男女観を正当化するものでしかなかったのである。しかし現在，こうした研究はほとんど意味が無いだけでなく，こうした区

別を強調しすぎることは性同一性障害の人々への差別にさえなるのである。このような学校教育における「大人－子ども」関係についての枠組は心理学における現代の既成の「子ども」観を形成してきたと言える。

　しかし近代学校における「大人－子ども」関係を逸脱した「子ども」たちは，消費経済市場へと解放される中で，時に消費者として，時に，商品としての役割を果たすことになった。多くの場合，大人の禁止条例の網の目をすり抜けて様々な行動が起こされることも少なくない。例えば，少女売春，児童少女売春ビデオなどである。そこでは，「子ども」と称される年齢の存在が大人と同じ行為を展開することになる。こうした存在は，学校における「大人－子ども」関係の中で，低い評価を与えられ，学校教育の序列化から排除されることもありえよう。しかし，消費経済市場に立ったとき，そこは末端に位置づけられた人間にとっての失地回復の場と映ることもありえよう。なぜなら学校の外では大人と同等の扱いをうけ，一見脚光を浴びるかのように見えるから。いずれにせよ，こうした学校秩序からの行動面や心理面での逸脱が大人から見れば既成観念での「大人－子ども」関係からは見えなくなったと思われる存在なのである。かれらは文化的にも消費文化の側面からの影響をも受けやすく，マスコミなどの強い影響下にある若年世代であり，既成の学校教育的秩序のもとにある「大人－子ども」観とは無縁な側面を持っているかのような印象を与えるのである。つまり，これが本田の言う「子ども」が見えない状況なのである。こうした状況はたしかに放置してはならない状況である。しかし，我々は，こうした状況を直ちに克服できない以上，こうした議論の展開に直接参加するためのフィールドを持たないので，具体的なデータを得ることはできない。この方面の研究者としては，宮台真司をあげることができる。

　しかし，我々のフィールドは学校生活なのであり，宮台らとは別のアプローチを取らざるをえない。現代社会において我々「大人と子ども」関係がどうあるかを抽象度の高いレベルで議論するのではなく，次の事実から始めたい。まず，第一に，未成熟期の子どもは，大人社会の庇護と養育無しには生きられないし，大人社会もこの営みを放棄したら，社会それ自体の存続が危ぶまれると

いうことである。とすれば，この「居場所」論に対する認識の第一歩は「大人－子ども」関係は一蓮托生の中にあって，両者は同じ舟に乗っている存在であるということである。しかし，それにもかかわらず同じ舟の上で，自らの身の置き所がない，とかお互いに理解不能であるという認識を持っているという事実が存在するとしても，両者が同じ舟の上で共生するための日常的営みをせざるをえない。言い換えれば，同じ舟に乗り，同じ舟を漕ぐ人としての必要不可欠な行為は何か，それは身体レベルでの同調性，応答性であり，それを欠くことはできない。でなければ舟は前には進まないのである。この同調性を起点にしてお互いの「居場所」を見つける努力をするしか，手だてはない。それが「居場所」論を学校で始める理由である。

2　「居場所」への我々のアプローチ

　「居場所」論を検討するに当たり，先の我々の定義を中心に「居場所」概念について考察することにしよう。この言葉は日常語であって，学術用語ではない。したがって，この語使用に関しては，無前提で相互了解されることが普通である。例えば，「長期単身赴任の一人暮らしをしてきた彼には，家族の住む実家には自分の『居場所』はなかった」という表現のように。それは，ある特定の空間に安定した心情で落ち着いていられる状態を示す表現であり，この表現は，話主の感じ方と登場人物である主人公の心理は即相互了解されるという立場でなされている。しかし，研究上の概念として「居場所」を語るためには，この主人公の当事者としての感じ方を第三者である話主の認識とを結びつける工夫が必要である。言い換えれば，話主の解釈がなされる必要がある。例えば，先の例であれば，彼は実家に帰っても，一日か二日いただけですぐ一人住まいの単身赴任地に舞い戻ってしまうのが常だからであるというように。つまり，特定の個人（集団）が恒常的に特定の空間に定位しているという事実と，別の場所よりもその場所を選択しているという事実から，彼は一人住まいを自分の「居場所」としているという解釈が成り立つのである。ただし，このことは両

者の因果性を語っているわけではない。なぜなら，いつもその場所にいるから常にそこが「居場所」であるというわけにはいかないこともあるからである。

別の例で言えば「A児，B児，C児の3人は，登園すると必ずといっていいほど砂場に一緒にいくことが多い。そして，3人がシャベルを手にして砂遊びをすることが多い。きっとあの3人にとっては，砂場は『居場所』なのである」という文章からは，特定の場所に特定の個人（集団）が訪問するという事実とその3人が一緒にシャベルを動かして時間を過ごすということから，その場を3人の「居場所」であるとするには，第三者の目で3人が恒常的に砂場に来るという事実の確認と三人が同じシャベルを使って，同調的にシャベルを動かすという事実を親しさの象徴とするという解釈が結びつくことで成り立つ。

このように考えれば，先にあげた我々の「居場所」の定義は，当事者の立場に立つ者の認知として定義されている。少なくとも，これらの当事者的認知は第三者的認識に置き換えることでその両者の間の間主観性として確立しなければならない。

そしてその際，この「居場所」性を対比させてみると，不登校や学級崩壊とかいじめという現象の中にいる子どもに特徴として見られるのは「非場所性」という特徴であろう。言い換えれば，どこにも身の置き所がないという状況が現象として見られるはずである。仮に，ある場所にいたとしても，そこは自分が選んだ場ではないという表情や言動を見ることができるのである。例えば，二人の子どもがたまたま同じベンチにいたとしても，居心地が悪いとか関係がないという表出が「ノリ」が合わない状況として間主観的に確認できるはずである。

この「ノリ」の合わない状況を自他関係という視点で見るならば，この状況認知は対自的（第三者性）なものとしてだけではとらえられない。そこには当事者性による解釈が含まれるのである。「あの二人はとても親しげな関係だね」などというのは，第三者による客観的把握のように言明したとしても，観察者の自己体験に基づく解釈が介在している。それゆえ，我々が幼児の活動を観察し，「あの砂場の3人は活動に集中し，『ノッ』ている」と記述する場合も，そ

うした活動を「ノッ」ていると解釈する背景に，観察者の当事者的視点が介在しているのである。そしてこの解釈に基づいてあらためて，その3人の姿を観察したとき，そこに，3人が目と手の協応関係を成立させるための前掲姿勢の同一性を確認することができる。結果として3人の活動形態はつぼみ型（円錐型）を形成し，シャベルを動かす動作は無意識のうちに一定のリズムを刻んでいる（ノッている）ことを確認できる。しかも，3人がこの活動に取り組む砂場の位置はいつも一定の場所になっていることを確認できる。こうした解釈を確立することによって，子ども「居場所」を確定する道が開けてくるのである。上述のように，子どもたちの「居場所」としてのトポスは，人間関係を含むと思われる集団行動がある一定の場で反復して現象として現れるのである。しかも，この反復性はその活動に伴う空間特性（あの角）とか同じ道具の共有，反復される常套語，さらにはこうした共通行動や道具や空間に対して付与される象徴的言語として表現される。例えば，「おれたちの穴場」「アジト」「同じ穴のムジナ」，こうした言語は「居場所」性を象徴する言葉として，第三者的な理解を可能にする。そこで我々は，過去5年にわたって，本庄教諭の授業を観察し，第三者的視点で観察するだけでなく，教師や子どもたちと対話し，子どもの変化を追跡してきた。その理由は，子どもたちの日常に参加し，持続的観察を通して，子どもたちの活動の中から，上述のような「居場所」性を示すような指標を探り当てていくことでしか，子どもの「居場所」を見いだすことはできないと考えたからである。

　このように，子どもの「居場所」を確定するためには，子どもの活動がハビトゥスとして持続性を持つ点を追跡し，その歴史性を読みとる能力が必要になる。では，学校ははたして子どもにとって「居場所」となりうるであろうか。子ども一人ひとりを念頭に置いて考えれば，学校を「居場所」にするという課題は困難を極めたものに見える。なぜなら，各家庭での育ちが多様であり，親の考え方や育て方によって，イデアールでイマジネールが自己像が異なり，学校自体もフーコーの言うように，子どもを個別に階層化し，序列化する論理が支配する場になれば，他者と交わることも，疎ましくなることも多いからである。

しかし，一方で学校は同じ世代が同一の日常空間を共有する生活過程に，半ば強制的に隔離される存在でもある（学校への通学時間，学校時間，教室等）。しかも，ここには，半強制的に，共通の行為連関を成立させる場面もあり，それが若い世代に与えられる教育理念として意味づけられてもいる(例，老人ホームへの奉仕活動)。こうした半強制的教育行動には，子どもたちの意思でないゆえに，「居場所」喪失の要因にもなりうる。しかし，他方，そうした行動でもマスコミで評価されることで，イデアールでイマジネールな我々が他者に認知される機会となる可能性もないわけではない。いずれにせよ，日々の教育実践の具体的諸相の中でこの可能性を模索することが求められるであろう。

そこで本章では，近代学校における「居場所」を問題にするに当たって，2つの小学校の実践例を示したい。前述のように「居場所」という概念は，近代社会における近代化システムとしての学校が，子どもの意思と無関係に子どもを学校や「学級」というシステムに囲い込み，学校という時空間に生活する子どもたちを抑圧し，自己喪失を発生させているという事実を問題意識として設定した言葉であると思われる。現在，その近代学校システムの矛盾が明らかになり，それにもかかわらず，子どもたちはその場に居ることを余儀なくさせられている。このような状況こそ学校が居心地の悪いものであり，「学校に『居場所』が無い」（「非場所性」）という状況だと言って良いだろう。近代学校の思想は，システムとしては個別化し，平均化し，差異化し，序列化し価値づけるという機能を果たしつつ，他方で，自由，平等な主体的人間であるべきことをスローガンとしてうたいあげる。このダブルバインド状況の中で，子どもたちはその学校で，他者や教師と闘争したり，自己喪失に陥れば，「学校の中に『居場所』がある」とは感じられないのである。最初に示すI小学校の事例は，そのような例として捉えられるだろう。そこで示されるのは，近代学校制度というシステムそのものが，子どもたちの「居場所」喪失の方向性を胚胎されているとすれば，近代学校の中に全ての子どもたちが「居場所」を見つける可能性は無いのではないかという疑いであった。

しかし，我々としては，可能性は無いわけではない，と考えた。なぜなら，

そのシステムを乗り越えることによって、子どもひとりひとりに「居場所」を創出する実践を見つけることができたからである。2番目に示した本庄教諭の実践例は、担任教師の努力によって近代学校制度が胚胎する「居場所」喪失の方向性を克服し、子どもの「居場所」を創出する試みである。学級の中で、授業を通して一人ひとりの学習成果がテストや成績として累積され、そのデータが子どもたちに共有されその結果、学力差として数量的に教師にも父母にも、そして子どもたちにも告知される中で、その事実に隠蔽することもしない、そしてそれにもかかわらず、この事実を克服する形で、時にはそうした評価をこえて、子どもたちが自分たちの親しいクラスという「雰囲気」を創造することに努力している本庄教諭のクラスであった。結果として年度当初、教室を出て行ってしまうことが多く、落ち着きがなかった「問題児」が、次第に問題行動が少なくなり、教室の中で安定し、クラスの子どもたちから必要とされる存在になり、有る面では尊敬されるようになったのである。ということは、言い換えれば、最初はクラスの中に「居場所」が無かったG男の「居場所」がクラス内に構成されたということである。

3 住田正樹の「居場所」論について

　住田の「居場所」論を検討するにあたって、住田の「居場所」概念をまず問題にしなければならない。住田は「子どもの『居場所』と臨床社会学」という論考の中で、「居場所」を臨床社会学のアプローチとしてとらえられるとしている[31]。そこで住田の論をここで紹介しよう。住田はまず臨床社会学を次のように特色づける。「研究の目的は、現実の教育問題に介入し（intervention）、問題解決に何がしかの影響を与えることにある。臨床社会学の研究活動は同時に現実の教育問題に介入するという実践活動でもあるわけだ[32]」という。したがって、これまでの教育社会学が「論理実証主義に基づいて量的データや統計的仮説検証を前提にするという方法論に傾斜していたのに対し、臨床研究は質的データや意味解釈といった質的研究法をとる」。そして研究者と実践家は「協

働して問題に介入し実践活動を遂行していくわけである。その過程で仮説の生成と検証の研究活動が行われる[33]」とする。とすれば，臨床社会学の具体的な研究上のターゲットは「具体的な臨床的実践の場として対人間関係的集団的次元の領域に焦点を合わせ」るべきであるという。そしてその際，「クライエントの問題」と向きあうことが重要である。クライエント問題とは「クライエント自身が悩んでいるか，周囲の人々が悩んでいるクライエント個人の歪んだ行動である。したがって，実践介入の目的は，クライエントの行動を変化させることにある。そのためには，クライエント自身が抱いている価値観や価値規範を転換させ，これまでの事実認識の枠組みを再構成させてクライエントの自己イメージを変容させなければならない（『自己再定義 (self redefinition)』）。研究者／実践者はクライエント自身が自己を再定義して，これまでの自己イメージを払拭し，積極的な自己イメージへと転換するように介入するというわけである。この過程が再社会化（resocialization）である。「再社会化とは信念や価値，自己概念（自己イメージ）の転換を意味する[34]」という。そしてこうした転換に当たっては，クライエント個人を取り巻く人々の期待と評価がその個人の自己イメージ形成に重要な役割をもたらすので，特に重要な他者（significant others）の存在は重要である。こうした社会的文脈を重視することが必要になると言う。

　では，臨床社会学の立場で彼は「居場所」にどうアプローチをしているであろうか。住田は，不登校やいじめなど問題行動を起こす子どもが共通に持っているのが，自己についての否定的イメージだという。自己に否定的イメージを持つ子どもが自らの不安定状況を克服して，自己可能性の感覚を持つためには，周囲にある他者のまなざしや評価が重要な鍵になる。そこで，子どもが自己の再定義をするために，研究者／実践者の介入が求められるという。その意味でこの介入は「子どもの不安状態や情緒的苦痛から解放させるための援助活動である」という。そして，「子どもたちの不信と懐疑の念を取り除き，彼らに安心感とリラックス感を持てる『場』こそが子どもの『居場所』である」という。そのためには，「そこにいる同世代の子どもたちと自分が同じような立

場・境遇にあって，そのために感情や現実認識を共有することができるからであり，また問題を共有していることからお互いに同情的な理解と支持を示して，相互受容的になるからである」。住田はこうした「居場所」集団の機能として，self-help グループであること，そしてそれは仲間から受容されることから自己確信へというルートと他者への客観的まなざしから鏡像効果として自己が再発見されるルートという二つがあるという。

では，研究者／実践家は，この「居場所」づくりにどう介入すればよいのであろうか。「自己の否定的定義という呪縛を解いて，自己を解放するための介入の方法」として住田があげているのは，子どもの語りを傾聴（listening）しつつ，介入の機会を探ることだという。そこで必要なことは，「子どもに過去のあるいは，その際に使用された言語，語彙，表情，さらにはジェスチュア，コミュニケーションの全てが意味解釈の手がかりとなる。こうした語りの全てを寛容的に見ることを通して，研究者／実践者は，外的観察者と治療者の立場をとり，子どもの持つ問題状況を社会的文脈との関連において，客観的・知的評価をする。研究者／実践者は，当初『外的観察者』の立場をとり，子どもと語るきっかけをつくり，対話の過程で子どもの内的過程に入るきっかけを探り，内的過程に入ったら，子どもとの情緒的調和を保ちつつ，寛容的傾聴と積極的傾聴によって共感的理解をはかりつつ，子どもの自己物語（self narative）を語らせる。それが，子どもの治療過程でもある[35]。」しかし，住田のこの臨床社会学的手法は，極めて，カウンセリング手法に類似したものであって，基本的には，介入の対象は一人であって，集団が対象になっていない。集団への介入を考えた時には，そこでの「自己」と「他者」関係についての了解がなければ，簡単に介入などできない。住田の場合，研究者／実践者が外から介入するという形がとられているが，実践者が教師であったり，「居場所」集団のプレイリーダーの場合，既にプレイリーダー自身，集団の「自己」「他者」関係の中にある。言い換えれば，実践者の「介入」は，外からの「介入」ではなく，関係の中での関係そのものへの「ゆさぶり」になるのであり，逆にその結果，「ゆさぶられる」ことを常に想定されざるをえない。住田はその相互規定性については語っ

ていない。したがって，住田の場合，集団内の関係性について体験的に相互了解する情緒的関係については，外側からの予知に終わらざるを得ない。しかし，実践家（教師）の場合，単に外からの介入というのは，一般にあり得ない。この点で，住田は研究者／実践家の共通点と分離点を明確にしえていない[36]。

では，住田の臨床社会学の方法論は，その前年出版した『子どもたちの「居場所」と対人的世界』に具体化されているであろうか。結論から言えば，住田のいう臨床社会学の手法とは似て非なるものである。もちろん，後者の著書は，上述の臨床社会学の論考の前に書かれたものだという意味で，著者の思考が上述のように後になって発展したのだと言えなくはない。しかし，もしそうであれば，後の論考において一言，前作の思考の反省点についてふれてほしいのである。

住田は前論文においては，一貫して臨床社会学と実践する研究者／実践者の立場から「居場所」づくりの手法を語っていた。しかし一転，本書の「居場所」概念は「居場所」に介入する視点を提供するものになっていない。まず，住田の論文を検討してみよう。住田は，「居場所」は構成されなければならないこと，その構成条件を主観的条件と客観的条件に分ける。そして前者について，「そこに居ると子ども自身が安心とか安らぎとか，くつろぎを感じ，またありのままの自分をそこに居る他者が受け入れてくれると確信できるところであるから，まず何より子ども自身がホッと安心できる，心が落ち着ける，くつろげる，そこに居る他者から受容されているという実感を持ち，そのような意味づけをその場所に付与することができなければならない[37]」と言う。この規定条件は，子どもたちの内面を語るものでしかなく，我々研究者ないし実践家がこの主観的条件について一定の了解をするとしても，第三者の立場で子どもの「非『居場所』性」から上述の状態へと子どもたちを誘導しようとすれば，この主観的条件を第三者的（間主観的）な条件へと読み替えなければ，第三者の介入する契機にすらならない。例えば，他者との間に安心し，くつろげる関係とは子ども相互にどういう関係をつくり出し，そしてそのためにどう働きかけることだ，というようにである。住田と我々の研究の相違は前節の岩田の分析で明らかで

ある。
　住田の論は,そうした方向性を示していない。「居場所」の客観的条件として,住田は「関係性」と「空間性」をあげる[38]。子どもが他者との間で安心してくつろげる関係をつくるには,まず肯定的自己概念の確立が必要だと言う。それは,自己概念が繰り返し他者によって肯定的に再認される必要を述べる。自己概念が一時他者によって否定的にあるいは拒否的に評価されたとしても,自己概念に対し肯定的な他者の承認とそれを自己が再確認できることが必要なのだと言う。さらに教師や両親などの重要な他者の承認も重要だという。
　こうした他者との間の肯定的評価には,子どもと他者との間の共感的理解や同情などの主観的態度が必要であること,したがって,「命令し,禁止し,管理し,指示し,期待するなどの要求的な,あるいは強制的な行動は否定される」と言い,「こうした共感的関係が継続的,安定的であることが必要である[39]」と述べる。しかし,他の「居場所」の主観的条件を上述のように言い換えたことによって,「居場所」の客観的条件が述べられたことになるのであろうか。住田の論述の中からは,「自己概念」の相互承認がどのように確立しているかを,我々研究者は第三者的視点からは確認することができない。住田は,臨床社会学の手法としては,研究者／実践者の介入の必要性を語っているが,「居場所」を構成する人間の関係性を主観性において語るだけであれば,介入の契機は見いだせない。住田の論述の観念性は前節の本庄教諭の実践をみれば明らかである（前節参照）。
　では,住田のいう「居場所」のもう一つの客観的条件である「空間性」はどうか。住田によれば,「安定的な他者との関係が形成されている物理的空間が『居場所』」である,人間関係の「安定性」は「空間性と意味的に結びつけられ,一体に組み合わされている」のが「居場所」である。だから,「居場所」は主観的に意味づけられた「関係－空間性」という一体化された形で据えられる。つまり,「心や落ち着けるところ」というように,と述べ,「居心地のよさ,自己肯定感といった感覚的意味（主観的条件）を『関係－空間性』という形で一体化された『客観的条件』に付与することによって形成される」としている。し

かし，住田の言う「客観的条件」では，厳密に言えば「居場所」は客観的条件になりえないし，ましてや「構成条件」にはなりえない。なぜなら，「居心地のよさ」もそれと一体化している空間条件も，それぞれをバラバラにして，その一つを一条件として考えるだけでは「居場所」を再構成することなどできないからである。たかだか，居心地のよさとその場所が結果的に結びついた状態を「居場所」と呼ぶことができ，そうした場が生まれるという事実を経験的に知ることはできても，それは，客観的事実と言えたとしても客観的条件ということはできない。この「客観的条件」から「居場所」を構成する戦略は生まれることはないからである。もし，空間を「居場所」の構成条件とするならば，「関係と空間」の一体化された子どもにとっての主観性（居心地のよさ）成立の条件が間主観的に確認されなければならない。たとえば，前述のように砂遊びに集中し，子どもたちの気持ちが乗って砂場に「居場所」を見つけている子どもたちの姿は，活動の空間が特定され，集団の活動形象も「つぼみ型（対象の砂を凝視し，道具を操作するので，頭が前掲になるので，筆者はこう呼んでいる）」を形成し，成員間に動きの同調性が成立しているので，成員間に相互確認がなくてもシャベルを使うリズムが，自然と同調的リズムとなっていく，というように。また，本庄クラスの教室空間のように，教師と子ども，子ども同士の相互コミュニケーションの成立がみられる場合である。

　「居場所」論は現在の子どもたちの現状がストレスフルな状況にあることを批判するだけでなく，子どもたちの望ましい関係性が成立する場をどうしたら構築できるのかという問題意識から，「居場所」論を批判的に検討する必要がある。その際，「居場所」概念はそうした状況を再生する概念としての有効性を持つかどうかを吟味すべきである。上述で見てきたとおり，住田の「居場所」のとらえ方は，我々の研究にとって有力な示唆を与えてくれない。「居場所」の規定としての自己の受容感を他者と共有する関係，またそうした共感が成立する社会的空間であると住田が規定したとき，この「自己」と「他者」の共感的関係をどう作るか，また，「自己」についての否定的まなざしは，どうすれば自己肯定的関係に移行しうるのか等についての第三者的立場からの働きかけ

についての示唆を含む提言を発見する方向に進む必要があるのである。なぜなら，「居場所」とは，望ましい関係性の成立する状況をつくり出すための言葉だからである。

　これに対し，住田の議論は次のように展開する。「家族が子どもを受容し，肯定すればまだしも，その家族が学校評価の文脈にも巻き込まれ，子どもに同情的な理解のある態度を示さないならば，子どもは全くの私的空間（例えば自室）に閉じ籠もり，他者との関係の一切を遮断するだろう。こうした子どもにとっては，自己の内で繰り返し自己を確認できる狭い私的空間だけが『居場所』なのだ⁽⁴⁰⁾」。筆者は住田のここで述べている言説の内容の事実関係について異議を唱えている訳ではない。筆者が指摘したいのは，傍点部分で使われている「居場所」という言葉の使用法は「居場所」論を語ろうとする住田にとっては，論構成の面で決定的なミスであり，論構成意識の欠如であるということである。「自己概念」が他者によって構成され，承認される関係が相互的に成立するのが「居場所」概念だとすれば，「閉じ籠もり」という私的空間が「居場所」であるという言い方はできないはずである。引きこもりという対極の意味にある私的空間を「居場所」と呼んでしまっているからである。それは「居場所」概念とは一致しないし，彼のいう構成条件をも充たさない。こうした「居場所」概念の使用において，住田は，その構成条件を念頭に置いていないし，したがってこの概念は住田の論に少なくとも有効な概念として働いていないのである。それゆえ，住田の「居場所」の規定は，文脈によってズレを生じてしまうのである。ましてや，臨床社会学的な外からの介入にさえならない。なぜなら，引きこもりという「居場所」にどのような形で言語的にあるいは行動的に介入していいかが不明だからである。

　先に，住田は私的空間も「居場所」と言い，例えば自室を「居場所」にすると言う。その際，二つの場合があり，① 社会生活領域においても「居場所」がある場合と，②「社会生活領域においては『居場所』がないために私的空間に逃避してそこだけを『居場所』にする場合がある」とし，後者に対してはいずれの社会においても他者との安定的関係を形成することができないために私

的空間という閉鎖的な狭い世界（自室）逃避したのであって，したがって自己に否定的な世界と対立し，外界との繋がりを一切持たない[41]」という。もし，こうした状態をも「居場所」概念に入れるとすれば，これは先に住田が述べた「自己の安定と安心のために他者による承認とそれを通しての自己の再確認が自己の安定感や安心感につながる」といったことが，「居場所」の構成条件とならず，「居場所」としての概念は完全に分離してしまう。これは，住田が「居場所」概念を方法論的自覚のもとに，論を構成していないからである。

（小川博久）

【注】
① M.フーコー著 田村俶訳『監獄の誕生－監視と処罰』新潮社 1977 181－187頁
② 木村学「小学校における児童の自主的集団活動の諸相 公立I小学校の事例と考察 教室内の学級の人間関係と校庭の遊び集団の関係」『学校の余暇時間における校庭での遊び－児童の居場所を求めて－』平成14～16年度科学研究費補助金基盤研究(B)研究成果報告書 代表小川博久 2005 図1～4は木村の作成したものを引用
③ 同上書
④ 同上書
⑤ 小川博久を代表とする研究グループは，2004年度，H小学校2年b組の担任であった本庄富美子教諭の実践フィールド調査を行い，岩田はその研究グループの一員として本庄教諭の授業を参観し，本庄教諭にインタビューを行った。その研究成果は前掲の研究成果報告書にまとめられており，本書の記述は，それを大幅に加筆修正したものである。
⑥ 本庄富美子「劇『スーホーの白い馬』の創作過程－本庄教諭による実践報告」『学校の余暇時間における校庭での遊び－児童の居場所を求めて』平成14年度～16年度科学研究費補助金基盤研究(B)研究成果報告書 研究代表小川博久 2005 193－198頁
⑦ インタビューの中では，本庄教諭は，この取り組み（G男への「負の雨」の排除，肯定的な評価のみを与えること）は，2学期から行われ，G男が落ち着いてくるのも2学期の中頃から，と話されていた。3学期は，その取り組みをより一層徹底したものと解釈される。
⑧ 坂部恵『仮面の解釈学』東京大学出版会 1976 80頁 なお，「〈はなし〉の時制」「〈かたり〉の時制」については 坂部恵『かたり』弘文堂 1986 を参照されたい。
⑨ 小川博久 未発表 2005
⑩ 「ノリ」とは，「リズム」のことであり，「ノリ」が共有されるとは，「リズム」が共有されること，すなわち複数の身体が相互に同調することである。詳しくは，岩田遵子『現代社会における「子ども文化」成立の可能性－ノリを媒介とするコミュニケーションを通して－』風間書房 2005 113－119頁を参照されたい。
⑪ 大澤真幸『身体の比較社会学I』勁草書房 1990
⑫ 本庄教諭は，G男の両親から，G男の行動矯正を徹底的に行うことを要求されてい

た（例えば，片付けなかったら，強制的に片付けさせる）ので，それを試みた。しかし，そのときG男がマジックで自分の顔を塗りつぶしていくのを見て，行動矯正の徹底はマイナス効果だと判断し，以後一切の彼に対する「負の言葉」を排除するようになった，と話している。
⑬ 「ノリ」は，「宣」「祝詞」などのように，古代の祭政一般のまつりごと（政・祭り事）に関連し，「個体を超越した間身体的作用力」である。小川博司『音楽する社会』勁草書房　1988
⑭ 中村雄二郎は，ギリシア悲劇における集団によるコロス（舞唱）は，対話の生まれる母胎であるとして重要視している。例えば『臨床の知とは何か』岩波書店 1992参照。
⑮ 坂部恵　前掲書　95頁
⑯ 例えば，俳優Aが母親役で俳優Bがその娘役を演じたとすれば，公演あるいは撮影期間後にも，BはAを「お母さん」と呼び，AはBを娘の名前で呼ぶような付き合いを続けることは，よくあることである。
⑰ 坂部恵　前掲書　91－92頁　なお，坂部恵は同著の中で，「一致あるいは両立しないとき」と言っている。つまり，イデアールでイマジネールな自己像と象徴体系に付与される「記号」が「一致」するときのみでなく「両立するとき」にも，自己があるという感覚を持つことができる，と言うのである。このように言う場合，どのような場合に「両立」が可能であり，どのような場合に「両立」が不可能であるかを論じなければならない。しかし，坂部はその点については全く触れておらず，具体例は「一致しないとき」のみである。「両立」が可能な全ての場合を含めてしまうと，自己があるという感覚は，その自己自身の考え方の問題に還元されてしまう可能性がでてきてしまい，それは坂部の論理とは矛盾することになる。それゆえ，ここでは「一致」のみをとりあげる。
⑱ 小川博久「終章　我々大人は子どもの遊びにどう関わりうるか」小川博久編著『「遊び」の探究－大人は子どもの遊びにどうかかわりうるか－』生活ジャーナル社 2001
⑲ 廣松渉「記号論の哲学的次元－記号的意味機能の存立機制」廣松渉・丸山圭三郎『記号的世界と物象化』情況出版　204頁　なお，〈manière de faire〉については，セルトー　山田登世子訳『日常的実践のポイエティーク』国文社　1987を参照のこと。
⑳ フーコー　前掲書
㉑ 大澤は，身体の水準を「原身体」，「過程身体」，「抑圧身体」，「集権身体」，「抽象身体」という順に上昇するものとして論じている。大澤真幸『身体の比較社会学Ⅰ』勁草書房　1990　および大澤真幸『身体の比較社会学Ⅱ』勁草書房　1992
㉒ 大澤　前掲書　1990　60頁
㉓ 大澤　前掲書　1990　58－60頁
㉔ 大澤　前掲書　1992　407頁
㉕ 大澤　前掲書　1990　82－83頁
㉖ 大澤　前掲書　1992　402－419頁
㉗ 同上書　3－254頁
㉘ 同上書　407頁
㉙ 同上書　407－412頁
㉚ 同上書　311－328頁
㉛ 同上書　253－372頁
㉜ 本庄教諭が近代学校に内在する象徴体系とは別の「新しい」象徴体系を確立するためのさまざまな試みや工夫は，必ずしも本庄教諭自身が計画的に行っているものば

かりではなく，教諭自身の構えによるものもある。ここでは，その両者を含めて，「方略」という言葉を用い，後続の第2章で用いる「戦略」とは区別することにしたい。
㉝ 大澤真幸「身体技法の現代的逆転」『岩波講座3 現代の教育 危機と改革 授業と学習の転換』佐伯胖他編 岩波書店 1998 113－156頁
㉞ 岩田遵子『現代社会における「子ども文化」成立の可能性－ノリを媒介とするコミュニケーションを通して』風間書房 2007 76頁
㉟ 住田正樹「子どもの「居場所」と臨床教育社会学」日本教育社会学会編『教育社会学研究第74集 特集教育臨床の社会学』 93－108頁
㊱ 同上書 94頁
㊲ 同上書 97頁
㊳ 同上書 101頁
㊴ 同上書 101頁
㊵ 住田は研究者／実践家が子ども（集団）に外部から介入するという立場をとっていて，ここでは研究者と実践家を同一の立場に置いている。しかし，教師が学級担任の場合，研究者と臨床家を同一視することは，臨床という作用を考えた場合，極めて荒い思考になる可能性が大きい。研究者と実践家の具体的場面に対するスタンスは同一的ではない。この点については拙稿「臨床教育学をめぐる諸理論への批判的考察」日本女子大学家政学部紀要10号 2004 159－168頁参照
㊶ 住田正樹『子どもたちの「居場所」と対人世界の現在』九州大学出版会 2003
㊷ 同上書 7頁
㊸ 同上書 7頁
㊹ 同上書 10頁
㊺ 同上書 11頁

第2章

「内的秩序」論

第1節　幼児の「内的秩序」感覚の形成と「居場所」性

　本章を「内的秩序」論として構成する理由は，第一に，子どもたちが自力で自らの「居場所」を構築したり，教師や保育者が行動戦略を駆使して「居場所」を構築する努力をする必要があるいうことから，「居場所」概念と通底する「内的秩序」という概念を使って「居場所」探しの探求をしたいと考えたからである。それゆえ，「居場所」という概念と，「内的秩序」という概念は，我々の立場ではほぼ同義であるが，後者は子どもの視点に力点を置くのに対し，前者はむしろ第三者からの行動戦略的ニュアンスを持っている。

　では，「内的秩序」という概念について述べておこう。人間は，個人のレベルでも集団のレベルでも，他の動物と同様に習慣行動で生活している。そしてこの行動は一定のパターンをとっている。多くの場合，その行動パターンは，生きるために理にかなった行動である。それは生物である人間の身体自体が要求する行動であり（これをアフォーダンスと言う），それをしないではいられない行動である。その意味で，環境との関わりにおいて規範を含んでいる。この規範を守ろうとする行動は，人間の身体の中に「内的秩序」感覚が形成され，その感覚によって制御されていると考えることができる。

　人間にとって必要だと思われる規範行動を幼児はどのようにして獲得していくのだろうか。我々は，その規範行動を他者とのノリによって形成していると考えている。そしてその規範形成と「居場所」の成立とは，深く関わっている。そのことを幼児から見てみよう。

1　母子関係における「内的秩序」感覚の形成

　前章で，小学校における子どもの「居場所」の可能性を現場の実践を分析することによって明らかにした。しかし，我々は，ここで小学校に就学する以前

の幼児教育段階に立ちもどって，子どもの「居場所」の可能性をさぐる必要性を感ずる。その場合，幼児にとっての「居場所」性は，まずは家庭にあるだろう。しかし今回は，家庭の問題は事例を採取する機会をもち得なかったので，さしあたり，家庭にとっての「居場所」性は理論的にのみとりあげ，事例の分析は今後の課題としたい。ではなぜ幼児の「居場所」性をとりあげる必要があるのか。先にとりあげた小学校における子どもの「居場所」性は，発達的に，就学前の幼児の他者との関係性に依存しているという単純な理由の他に，幼児期の「居場所」性は質的に小学校期における「居場所」性と異っていると考えられるからである。先の分析に先立って，我々は，坂部恵の見解にならい，自分のイマジネールでイデアールなイメージが他者によって承認される場（トポス）が成立することを「居場所」があると規定した。もちろん，幼児にとっても自分が親や先生や友人に愛されている，好意をもって迎えられているという実感は大切であろう。しかし，幼児期の場合，児童期に比べて，イマジネールでイデアールな自己像を明確に持つ段階とはいえないので，そうした自己像の他者による承認の関係が幼児期にどう育っていくかが問われなければならない。それは幼児が養育者との関係において「内的秩序」感覚を形成していくことと不可分である。

　小川は岡本夏木や岩田遵子の見解を参考にしながら，この発達を次のように述べてきた[2]。まず，岡本らの知見をもとに母子関係を素描すれば次のようになる。幼児は胎児の段階から母体と深い関係の中にある。味覚的にも，聴覚的に，嗅覚的にも母体とつながっており，NHKの特集でも，母親の精神状態が幼児に無関係でないことがCTスキャンで観察された。出産後，母乳の吸引反応において，母乳の出方を新生児が吸い方で調整することが，J.S.ブルーナーによって報告されている。新生児を抱いて母乳を与えるとき，新生児の耳が母親の心臓の鼓動を聴取出来る位置にあると，母体の心臓の鼓動と新生児の鼓動が1：2の割合であることから，2拍目に同期し，それによって新生児の睡眠が促されることが実証されている。こうした母子の生命体が同調することに始まり，さらには母子関係の半ば意図的な同調行動によって，両者の原初的コミュ

ニケーションの応答関係が成立することを岡本は指摘する。幼児は泣くことで，自己の生理的変化から来る不快をうったえる。睡眠，空腹，排泄等から不快，身体の不調による不快等のうったえを，泣き方によって分別できる母親であればあるほど，新生児は泣きわけるようになるという発見をした心理学者三宅信夫の知見は有名である。こうした幼児の言語以前のメッセージに対し，幼児に愛情を持っている親であればあるほど，言語的理解の出来ない幼児に対し思わず，笑顔で語りかけるものであるといわれる。そんな母親の反応に対し，幼児は母親の口唇の動きを見つめ，母親の口の動きが静止した状態を見て思わず全身で笑顔で反応する。ここには，送信者と受信者の関係が交互に入れ替る応答的同調が行なわれるという。岩田はこれをノリの共有とよんでいる[3]。岩田によれば，このノリは「法」に通じており，この母子関係の初期段階において，幼児は母との関係を通じて「内的秩序」感覚を獲得しているのである。この関係が言語による意味的交信の前提になければ，言語獲得はありえないという。J.S. ブルーナーの言う joint attention（共同主観）による言語の意味獲得も成立しえないはずである[4]。なぜなら，親と新生児との間に，まなざしの応答関係が成立しなければ，親が自らの視線をある対象物に向けたことに新生児が気づいて親の目線を後追いし，ある対象物を共同注視することはありえないし，親の方も，新生児の目線が自分の注視する対象物に向けわれていることにも気づくことはないだろうし，その対象物の名前を発話することもないであろう。

　こうした親と子の同調的関係は，幼児の生活の多様化と人間関係の複合化によっても基本的に変わらない形で基盤に存在しつづけると考えられる。例えば，自分の子どもの身体的変調に親が気づくといった例にみられる。子どもが学校から帰ったとき，「ただいま」という声やその表情から，親が，「えっ，どうしたの。何かあったの」，「熱でもあるんじゃないの」といって，子どもの額に手を当てたりする場合，日常的に気づかない形で，「行ってきます」「いってらっしゃい」「ただいま」「おかえり」という何気ない日常の挨拶の中で，岩田の言うノリを合わせているのであり，それゆえにこそ，何か異変があったとき，その挨拶の仕方にノリ変調があったと気づき，「どうしたの」「何かあったの」と

尋ねるのである。つまり，親と子が相互に「内的秩序」感覚を共有しつつ相互理解（予期）をしつつ関係を保っているのである。

このように，家庭の中で，幼児が親や兄弟姉妹との間に同調的関係を築くことはもとより大切であるけれども，近年，核家族で，両親が就労する家庭が半数以上もあり，かりに，母親が専業主婦の場合でも，家庭内に母子が孤立する状況が多く，保育所や幼稚園，子育て支援センターで過ごす母子も多い。それゆえ，乳児期が同一世代との集団生活の始まる時期であるという事実が世界的に（特に，先進資本主義諸国では）常識化されつつある。

それゆえ，幼児の集団生活の場である幼稚園や保育所における「居場所」性について考える必要がある。

2 幼稚園・保育所における「内的秩序」感覚の形成

家庭において，親とのノリを共有している幼児にとって，同世代の幼児は，ノリを共有しにくい対象にならざるをえない。家庭において，親と子がノリを共有する関係における主導権は親の側なる。「イナイ・イナイ・バー」などの遊びが成立するのも，この時代の幼児は母親の作用圏の中にあるからである。人みしりが発生するのも，作用圏の中にある人との関係にはノリが合うが，作用圏の外とは，ノリが合わないのである。「イナイ・イナイ・バー」の遊びでは，一時的に喪失する母親像は，繰り返し再生するのであり，再生と喪失の往復が〈遊動〉を生み出し，遊びの楽しさを生みだすのである。親の主導権によって，ノリが共有され，安定した心情が育くまれるからこそ家庭が幼児の「居場所」になるのである。

しかし，幼稚園や保育所での同世代との共同生活は当初は簡単に幼児を安定させる場ではない。幼児はノリを共有していない同世代の多くの他児の中に投げ込まれる。この段階では幼児の「居場所」は幼稚園や保育所には存在しない。そんなとき，保育者が新入園児に対して示す対応は，幼児に「居場所」さがしの手がかりを与えることである。たとえば，幼児の養育者（親）とより「同調

的」に振舞うこと（親密な関係であることを示すこと）とか，幼児を固有名詞で呼べること，このことは，見知らぬ他者が幼児自身を認知していることを示すことであり，幼児が保育者を知らないにもかかわらず，幼児という存在を知っていることを意味している。そしてこのことは，幼児が親の存在を気づく以前に，親が幼児を既に知っていたという関係に類比せられ，保育者が幼児に信頼される条件となる。言いかえると，保育者の作用圏に育くまれる感覚を幼児に与える。言い換えれば，保育者と幼児との間の「内的秩序」感覚の共有を通して，幼児の「居場所」が確定していくのである。

　かくて，幼児は保育者が好きになる。しかし幼児の保育者への好意感情は，保育者の作用圏につつまれていることの認識と不可分であり，この感情自体，逸脱へと転化する可能性をはらんでいる。なぜなら，入園した幼児たちは同等にどの幼児も保育者との間に類似した関係を求めていると想定されるからである。幼児たちは，必然的に保育者によって庇護されること求めており，その数が複数となるために場合によっては，保育者のケアによる被擁護性（守られること）において，時間的にも，空間的にも，優先順位が生ずることで競合関係に陥入ることも，ありうるのである。この優先性から生まれる被擁護性に格差を幼児が感じたりすれば，保育者の作用圏から逸脱する幼児も生まれてくることも起りうるのである。

３　保育者による幼児の「内的秩序」感覚形成のための戦略

　そこで，保育者は複数の幼児が自分の作用圏に擁護されたいと求めていることを受け入れつつ，幼児がその中で自立する方向を発見しなければならない。なぜなら，そこが幼児の「居場所」だからである。私はそれを『保育援助論』の中で次のように展開した。つまり，幼児たちが保育者に精神的磁場を感じているうちに，保育者は，保育室の中で，幼児たち全員が俯瞰できる位置を設定し，その机の前に座して，製作コーナーとして作業を黙して進めることを提案した[5]。この場所は保育者と幼児たちが相互的関係性を確立する中核に当たる

場なので，保育者の行動は日常の保育活動において，繰り返し，この行動に回帰することが要求されるのである。この保育者の座席は，今後，ここでの毎日を過す幼児たちにとって，精神安定の磁場を形成する座標軸となるので，壁を背にし，保育室全体に保育者のまなざしが開かれる場であることをも意味している。そしてさらに望ましいことは，保育者の視野は，正面のドアや窓を通して，園庭全体に開かれていることである。幼児たちは保育者の作用圏が空間的に明確に設定されることで，この空間の中に自分の「居場所」を見つける可能性が大きくなる。つまり，幼児は自分を受容してくれるはずの保育者の「まなざし」とのアイコンタクトが原則的に随時可能な場所をこの視野の中で決定できるのである。いいかえれば，小学校段階で「イマジネールでイデアールな自己を他者によって承認される関係が成立する」土台としての「まなざし」の相互交換が可能になるのである。

とはいえ，このことは，幼児の「居場所」の一条件でしかない。わが国の保育施設のように，ケアしなければならない幼児の数が多く，保育者がその一人ひとりとの「まなざし」の相互交換による存在承認が一度に不可能な場合，個々人の援助と，集団への対応という葛藤に保育者が立たされてしまう。そこで集団施設の責任である集団への対応を優先する保育者は，「まなざし」を幼児一人ひとりに配る必要性を放棄して，一斉指導を選択する。そしてその時の「まなざし」は幼児一人ひとりとのアイコンタクトを放棄し，幼児全体を集団的に把握するための「まなざし」を選択する。それは，軍隊のリーダーが兵隊たちを一つの固まりとしてとらえる俯瞰の「まなざし」である。あるいは，未熟な保育者であるがゆえに，幼児ひとりひとりとの豊かな「まなざし」の交流を信じて職を選んだ新人ゆえの行動として，特定の幼児たちに（少数の）かかわったことで，他の幼児たちとの「まなざし」を結果として放棄してしまう保育の発生である。この場合は，経験ある保育者から，未熟者としてのレッテルをはられ，それと引き換えに一斉的に幼児たちを集団として一括して扱う技術を要請される可能性が大きい。さもなくば，自由な遊びを標榜する幼稚園の場合，幼児たちは将来小学校に就学した段階で，小学校教諭から授業時間に教室の自

分の机に座すことを強要されるために,「しつけ」ができていない子,「多動な幼児」, わるいときは, 学級崩壊の発生要因として批判される可能性も生じてしまう。

こうした事態は, 現実にしばしば見られることであるため, 筆者はこれまで, 幼児の「居場所」創出ためての手だてとして, 次の提案をし, いくつかの現場でこの理論の妥当性を証明してきた。その第一の提案は, 保育者が毎日, 保育室の同じ場に立ち, 保育活動としての生活リズムを創出することである[6]。登園時, たとえば, テラスで登園する幼児一人ひとりと「おはよう元気」とか「〜ちゃん, 今日は何して遊ぶの」とか,「〜ちゃんと〜ちゃん。今日も二人で一緒。〜するのかな」といった挨拶を交わすことを通して, 保育者と幼児一人ひとりとの「まなざし」の交換をしたあと, 特定の個人へのプライベートな援助を終えた後も, できるだけ早く, この「まなざし」の交換のイメージが消滅しないうちに, 保育者は, 幼児一人ひとりとの, 岩田の言うノリの共有を回復し, 発展させることである。言い換えれば, こうしたまなざしの交換を通して幼児は保育者との間で自分の「内的秩序」感覚を確立するのである。それは, 保育者が幼児一人に言葉をかけることではないし, ましてや, 一斉的言語指導によって, 教師の望む行動を創出することなどではない。

ここで必要なことは, 保育者が机を前にして製作活動を始めることである。とはいえ, この製作活動が困難な課題のために, 遂行にあたってしばしば停滞するものであってはならない。たとえば, 粘土をこねる行動のように, 作業のノリが表現されるものであることが望ましい。保育者が単純な作業へ集中する方が, 幼児たちの間に保育者の作業のノリが伝わる可能性が高い。

上に述べたように, 保育者に対する幼児の「先生のこと好き」という感情, 言いかえれば, 精神的磁場としての保育者の存在があるうちに, 幼児たちは, 保育者の作業のノリに引き込まれることが大切である。このことは, 保育行為の「表現性」という言い方で表わすこともできる。後者が観客を意識しながらも, 次の瞬間, 反転して, 自分の表現世界の登場人物（自らの役割を演ずる）へと自らの意識を向けること, 一例をあげると, 落語家が高座に上った瞬間,

お客に向って,「毎度,贔屓(ひいき)に有難う御座居ます。相変らずばかばかしいお話で失礼致します」と言いながら,次の瞬間,何の解説も加えることなく,「おーい,八公,いるかい」とお話しの会話へと没入して熊公を演ずる。こうした反転によって観客は,いつの間にか,お話の世界に引き込まれてしまう。ここに「表現」という行為の本質があるとするなら,朝,テラスで幼児一人ひとりを迎え,応答的対応をしていた保育者が,次の瞬間には,製作コーナーの椅子に座って集中して黙々と何かを作り出す。

　こうした働きかけは,幼児にどんな反応をもたらすだろうか。幼児の保育者という役割のパーソナリティの側面に関心を向けていた幼児たちの「まなざし」を保育者の顔や言葉から,手とそれが扱うモノ(素材)の変化や作業のリズム(ノリ)の方へと向けさせる。その結果,幼児たちは近くにある素材やそれを扱う道具が置かれているキャスターから,保育者と同じように,類似した素材と道具を選び,保育者が作業している机と椅子の固まりに並んで席を選び,保育者と同様の作業を始める可能性が増大する。ここに保育者と幼児たちの保育者の行為を「見てまねる」集団が形成される。この場を筆者は,製作コーナーと呼んでいる。これまで指導した園での実践例をみると,この動きが成立すると,幼児たちは,少くとも一時間は,このグループの活動が持続する。幼児は保育者との作業のノリを共有することで,また,周囲の幼児たちとも作業のノリを共有することで,それに加えて視覚的な配置の恒常性が保たれることで,安定した秩序感覚を獲得するのである。それは,すなわち,自分の「居場所」を見つけることにほかならない。

　この集団の形成を可能にしたのは,幼児たちが保育者の作業が作りだしたノリにノッたからである。それゆえ「見てまねる」という行動が成立する鍵は,保育者の作業プロセスをしっかり観察した後に,自分もやってみるというと言うよりも,保育者の作業のノリに合わせるという形にあると考えられる[7]。それは,この製作コーナーが定着するにつれて,① 製作コーナーの椅子と机の広がりが拡大し,保育者の作業が観察しにくい位離れていても,幼児はそれを厭わず,参加することを選ぶということ(ノリが伝われば,よい)。② 保育者

の作業の内容と幼児の作業の内容が異っても，同じ製作活動であれば，参加してやっていること。③ 時々，保育者が席をはずして，他のコーナーにいってしまっても，幼児たちの製作のノリは変わらないという事態が見られるからである。④ 幼児たちは，保育者の作業のノリに合わせて作業を展開するようになっていくのである。⑤ 製作コーナーが活性化する場合，保育者の両隣りの席は，保育者への親しさを示す最適の場であるが，そこよりも，保育者と対面する席や，長方形のコーナーの形状の中で，保育者の席と対角線上の席（保育者の斜向いの席）に座る幼児の作業のノリが活性化しているとき，製作コーナー全体の活性化は明らかである。こうした恒常的な空間構成の中に，自分の活動する場があることが自分の「居場所」があることであり，その幼児にとって「内的秩序」感覚が空間的に保障されていることである。

　この際，保育者の果たすべき役割は，幼児の座席の近隣性に関係なく，作業のノリを活性化することである。たとえば，保育者への親しさの感情から，保育者の最寄りの席を選び，身体接触を求め，個人的対話を獲保して，自分が保育者との関係において優位な立場を求めようとする特定の幼児がいる。この要求に安易に妥協して，個人的に対話をしてしまうような場合，保育者の関心は，特定の幼児との間の言語コミュニケーションが優先され，相手の顔面と向き合うことになり，作業のノリが低下しがちになる。すると，製作コーナーに座す保育者の役割は希薄になり，コーナーは崩壊する（幼児がそこから離れていってしまうことになる）。このことは，幼児が親の作用圏を利用しながら，保育者という新たな作用圏に参加し，保育者の作り出すノリに同調しながら，モノ（素材や道具）を扱うことを通して自分の活動の場（製作コーナー）を見つけたことであり，ここに，保育者という特定の役割とのノリの共有を通して，モノとの関係において，自分の「居場所」を見つけたことに他ならない。しかし，この幼児たちは，製作コーナーで，この場を共有する他児たちとも作業を通して，そこにノリを共有するだけでなく，井戸端会議的対話（意味的な面での同調もあるが，ノリの共有を確認しあう同調的，応答的会話が主となる）も発生し，最終的には，製作活動は，ノリを共有するだけでなく，自らのプランニン

グを完成させる行為であり，幼児一人ひとりが出来た作品を確認しあうことで，イデアールな自己を実現したことになる。ここには，「ボク，できた」「私もできたよ」という自己の達成感を味わう機会がある。かくて製作コーナーは，幼児たちが相互に排斥しあうことなく，自分の「居場所」創出の場であるということができる。

　保育者としては，「居場所」の創出が製作コーナーだけでなく，保育室全体が幼児たちの「居場所」創出の場になる努力をする必要がある。幼児たちにとって，「居場所」の条件は，保育者による被保護感（守られている）という条件のもとに，作業（モノとのかかわり）を通して，他児とも同調し（ノリを合せ），他児と共通する空間（場）を見つけられるかどうかである。そしてそのための配慮は，保育者の俯瞰する「まなざし」の内に自分の（あるいは，自分たちの）拠点があること，そしてそこで，ノリのあう他児とノリを合わせながら（例えば，おしゃべりをする，歌をうたう，同類の作業をする），人とモノとが相互にかかわりある場が成立することである。具体的にいえば，ままごとコーナーやブロック，積木などのコーナーが設置されることが必要となる。これらのコーナーの設置は，壁を背景にして設置され，各々のコーナーは，他のコーナーとは空間的に区別されるが，同時に製作コーナーの保育者の全員の幼児を視野に入れる（俯瞰する）という要求に，答えられる場所であることが望ましい。そして各々のコーナーは，幼児の「居場所」成立のための条件が製作コーナーのもつ条件より，厳しい条件の場が用意される。言い換えると，保育者のモデル行動がなく，作る素材や道具を自分で調達しなければならない場である。それは，とりもなおさず，幼児たちがより自主的自立的に自らの活動によって，共通のノリを創り出して遊び，そこを自らの「居場所」を創出することを促すためであることに他ならない。

　たとえば，ままごとコーナーは，遊びのノリを創出するモデル的存在は常駐していない。ままごと道具とこの場所（コーナー）があれば，ノリを創りだす関係性を既に持っている幼児たちが，この場所に入り，ままごと道具やその使用についてのみたて行動を始めた瞬間に，「ままごと」世界のノリが幼児たち

に共有され，そこが幼児たちの「居場所」になる可能性のある場所である。しかし，筆者が観察した事例にもあるように，共通のノリを生みだした記憶は雰囲気として共有しながら，どういう振り行動をとれば，このごっこ世界のノリを生みだせるかについての，具体的手がかりを喪ってしまった幼児たちが，「ままごとコーナー」に一旦は入ったものの，無言で何もせず，コーナーに居つづける5人組の幼児たちがいたのである。こうした場合，幼児たちはこの場を離れるか，さもなくば，分散する前に保育者のこの場におけるモデル的援助によってノリの再生をはかるかのいずれかが求められる。

　さらに，積木のコーナーのように，積木がいつも放置されている場所から，幼児たちがそれを持ち出して，部屋の一偶に，空間を設置し，そこに積木で一定の造型を設置し，そこで幼児たちの「共通の遊びのノリ」を生み出す場合もある。この場合は，幼児たちが積木を運び出すノリの共有から，積木によって造られる共通の空間（閉されている場合が多い）と，そこに様々な道具を持ち込んで，見立てたり，造り見立てをしたりして，その場所への共通の名づけが成立し（基地づくり），遊びの集団と遊びのテーマに基づく共通のノリが成立するとき，この場所は「居場所」性を獲得する。しかしこうした遊び活動は，積木を運び出し，場所やそこでの活動についての共通のノリを獲得し，場が構成されたあとに，そこで展開する「作る」活動や見立てを共有するためのノリを創出する困難が随所に現われる可能性が高い。その時こそ，保育者の観察力と幼児のノリに同調する保育者の援助の力量が問われるのである。

4　人的・物的環境によって構成される「内的秩序」感覚

　こうした室内遊びにおいては，複数のコーナーが相互に独立して設置されることになる。各々のコーナーは，壁を背にして設置させ，部屋の中央部分は，空間として保障されることが望ましい。理由は，各々のコーナーで遊ぶ子どもたちは，製作コーナーに座っている保育者の「まなざし」によってとらえられることが必要だからである。保育者のこの「まなざし」は幼児全員を俯瞰する

ことで，保育者の作用圏に組み込まれることによって，保育者に擁護されているという潜在意識を幼児に与えることになるとともに，各コーナーの幼児が相互に「見る－みられる」関係におかれていると想定する可能性が大きくなる。つまり，自己，あるいは，自分たち（コーナー内の幼児集団）が他のコーナーの幼児たちによって認知されているという想定（イマジネーション）が可能になる。こうした条件は，個のレベルでの自他関係の相互承認の段階にはないが，イマジネールでイデアールな自己が他者によって承認されるための前段階として望ましく，かつ必要な発達条件となる。つまり，クラスの仲間たちから，また先生からも自己ならびに自分たちがその存在を認められているという確信が生まれやすいのである。そしてそのためには，保育者は製作コーナーに座して，作業に集中するとともに，その姿が幼児たちにいつも見られているというイマジネーションを保持することが必要である。具体的には，作業の節目に，モノに集中するために，目は手とモノとの関係に集中し，自己の頭もやや前傾であった自分が，次の時点では背筋を伸ばし，正座する姿勢で，目線を前方に向け，遠方に目線を配るパフォーマンスをとる必要がある。もしこの瞬間，製作コーナーの対面の幼児，あるいは，製作コーナー以外のコーナーの幼児と目線が合ったとしたら，ここでの「まなざし」は，対象物を客観的に凝視するそれではない。つまり観察することではない。それは相互に出会う「まなざし」であり，笑顔の交換に変わる類いのものであるべきなのである。なぜなら，保育者と幼児の相互承認の「まなざし」であるべきだからである。他者に対する問いや観察は次の段階に「まなざし」を変えることで生ずるのである。例えば，どのコーナーにも入れず，部屋の中央あたりでうろうろする幼児が，いつ，どんな手だてで，自分の好きなコーナーに参入するか，そのとき，どんな働きかけをコーナー内の幼児にするかをしっかりと観察し，援助の可能性をさぐるためには，長期的に幼児の行動を追跡しなければならない。そして，時には，こうした幼児の援助のために，製作コーナーの自分の席を離れることもあり得るであろう。その際，考えておくべきことは，自分が座して作業を集中していることによって成立している自らの作用圏の秩序が，自らの移動によって壊れることのないよう

な配慮が求められるのである。1. 製作コーナーでまず，コーナー内の幼児たちの活動へのとりくみの状況を判断する。保育者の作業を中断して，製作活動のノリの同調性が自分の作業を中断することで変動していないかどうか確認する。幼児たちのノリの同調性や高まりを助成する「言葉かけ」をしてもよい。例えば，「～ちゃんたち，ノッてるじゃない」等，この状況を観察しつつ，椅子を引いて，後ずさりしながら，製作コーナーを離れる。コーナーから離れた位置で，目線をこれから援助の対象となる幼児に向け，観察し，どうアプローチするかを考える。少なくとも言語的投げかけを優先しないことが肝要である。その幼児の行動が形成している状況性（どこを見ているか，どう振舞っているか＝物や他者とのかかわり）を見る。繰り返す物の扱いや，他児との動作の共同，応答，同調がみられるときは，この関係に，原則的に参加せず，観察する。保育者は，幼児の遊びの群れに参入するとき，モデル的行動から入るか，幼児の行動の模倣を通して同調性を獲得するか，それとも心情的にサポートする目的で，できるだけ，意識させず寄り添うかは，幼児の行動の志向性がつよくあるか，それとも，不安定要因が多いかできまる。一度，集団に参入して，状況（ノリ）を共有してからは，特定の個人や群への援助を終了する時点を考え，自分の援助の干渉性を徐々に軽減すべく努力する。その後，できるだけ早く当初の秩序へ回帰し，製作コーナーに戻り，元の行動に従事することになる。

　室内遊びの展開は，1時間～1時間半後，各々のコーナーにおけノリの同調性が乱れることで，遊びの崩壊へと向かう傾向が大きい。その要因は様々である。幼児同士の同調性の乱れは，一つのコーナーに止どまず，乱れの同調性を招き，あっという間に，遊びは壊れて，無秩序が現出する。筆者の経験によれば，遊び出しから1時間～1時間半以内に遊びは崩れ，幼児はコーナーから離れ分散する。そしてこのことは，保育者に対して，一つの選択を迫ることになる。それは，保育者の援助で，この遊びの流れを再現するか，もしくは，新たな展開へと幼児を促すかである。前者の場合，遊びは室内遊びの持続を可能にする。しかし，それに失敗すると，幼児の遊びは室内と室外（戸外）とに分散され，保育者にとって，困難な状況となる。それゆえ，室内遊びを終了させ

る働きかけが行われ，幼児たちは外遊びへと向うことになる。この変換を促すのが，保育者のお片づけである。この働きかけは，遊びが盛り上らないという幼児たちの気持を，遊びを終らせ，室内で展開された活動の低迷化をむしろ，日常の生活空間の秩序に立ち戻らせるという積極的意識に変換させるという作用となる。幼児たちは，自力でしかも一斉に，混乱した遊び空間を登園時と同様の日常的生活秩序空間へと変えられたという力量感を幼児に獲得させて，次の外遊びへと向わせるのである。

　室内遊びから外遊びへの変換をこのように幼児たちの遊びの流れの中で決定することは，そこから始まる外遊びによき効果をもたらすのである。一般に園庭での遊びは，他クラスの幼児も存在するので，多くの幼児が園庭を利用する場合，混迷してしまうケースも多い。しかし，上述のような一斉的お片付けの後，幼児たちが園庭に現われた場合，室内遊びのコーナーでの体験を背負っているため，既存の集団的絆を引きずって現われることも多い。こうした幼児たちの姿は，保育者の幼児理解を容易にする。つまり，保育者からすれば，幼児たちを俯瞰しやすくするので，幼児たちとの関係を維持しやすくなる。いいかえれば，幼児たちの放牧状態にすることが避けられるのである。

　わが国の幼稚園や保育所の園庭の形状は，一般的に円形か楕円形に作られることが多く，周辺に固定遊具が配置され，中央が集団活動のために広いスペースが取られているのが普通である。この場合，幼児の「居場所」の可能性は二つに分類される。周辺は個人や小集団が自分の「居場所」を見つける空間である。そこで，スベリ台，ブランコ系はより〈遊動〉的遊びの傾向が強く（第3章第1節参照）例えば，ブランコなどは，一人で，行ったり来たりの往還による宙づりを楽しむ遊具であるが，登り棒や鉄棒などは，技の向上によってより高い達成感を自ら期待するためイデアールな自己を見つけるという形での「居場所」になる傾向が大きい。それゆえ，後者の場合，幼児の技の達成感に「やったね」といった承認が必要であり，幼児の側も，保育者や仲間の幼児に「みて，みて」と承認を求めることが多い。

　それに対して，中央部分は，伝承遊びや集団ゲーム等によって使用される場

である。日本の伝承遊びは「花いちもんめ」のように集団的応答型として作られているものと、「かごめかごめ」のように循環型として定型化しとものに大別される。この種の遊びは，より秩序だった定型的動きがメンバーの中で，自覚化されればされるほど，遊びの規範がメンバーの中で可現化されやすい，遊びである（リレーについての岩田の分析参照）。それゆえ，この遊びを通して自己規範として「ルール」が内面化すればするほど，集団としての「内的秩序」感が育ち，集団としての連帯感が生まれ，遊び手たちにとって遊びを通じての「『居場所』性」が獲得されやすいのである。そしてこうした特徴は，伝承遊びだけではなく，近代スポーツに連なるリレー，サッカー，ドッジボール，といった集団ゲームにも見られるものであり，具体的分析においても岩田が事例を通して明らかにするはずである。こうした幼児たちの自由な活動としての遊びにこそ幼児の「居場所」成立の秘密があるのである。

　以上，幼児期の保育施設における「居場所」生成の戦略を保育者の援助と環境構成の二つの面から述べてきたが，その基本的構成をここで整理するならば，次のようになる。まず第一に，家庭における養育者と幼児との相互関係性を共有しているノリ（ちなみに，2008年の日本で開催された国際小児科医学会の総会のシンポジウムでは，エジンバラ工科大学の教授は新生児と母親との同調や応答関係は可視的ではたらえにくいが，そこに明らかに相互作用があり，この関係を musical communication と呼んでいた。）があり，新入園児はこのノリを共有できる存在としての保育者を介して，幼稚園や保育所の生活に適応していき，次第にこのノリを共有できる存在を他の園児の中に見いだしていくのである。

　こうした相互関係性が，具体的な遊びの場面では，教師と道具と場所を共有する集団の場（コーナー）との関係で成立する。幼児たちは，各々のコーナーで，道具を使った動作共有や会話を通して，同じコーナーに所属するメンバーとしてのアイデンティティを共有し，コーナー間では，「見る－見られる」関係を共有することで，コーナー相互の相違を通感することで自己集団のアイデンティティを共有する。保育者とも，「見る－見られる」関係を，アイコンタ

クトを通じて成立させ，クラスの成員としてのアイデンティティを共有する。そうした中で，製作物の完成や，コーナー活動の充実を通して，自分たちの「居場所」を見つけるのである。具体的には，いつもの場所で，いつもの遊んでいる「〜ちゃん」たちと，同じ遊具や場所を使って「〜ごっこ」をすることを楽しむという実感である。そのための空間設定がコーナーづくりであり，必要な遊具や素材の準備と配置であり（遊び場と遊具，素材を変更せず，配置する），保育中において，自らがモデルの演ずること（みてまねる対象になること）であり，定点に座して，各コーナーにまなざしを送り，幼児一人を把握するため，すべてのコーナーを俯瞰し，意識的なアイコンタクトを続けることである。

　結論として言えることは，保育者と幼児とのノリの共有が複合的に保障されるような交流の場が「内的秩序」感覚を保障する要件である。そこでは，相互のまなざしの共有や作業の共有によって身体的同調や応答関係が規則的に繰り返され，幼児と保育者，幼児同士の間で「内的秩序」感覚が共有される。また，こうした交流の幅輳的な関係が，物的空間的な構成によって恒常的に保障されることで，幼児は自らの活動の場の「内的秩序」感覚を自覚的に学ぶのである。そのことが幼児の「居場所」を成立させる。その中で，幼児は他児との間で自他の区別を学び，やがて小学校期においてイデアールでイマジネールな自己を見いだすことへと連結し，自己確立期における「居場所」の成立に繋がるのである。

（小川博久）

第2節　幼稚園の実践における幼児による「内的秩序」感覚の形成

　第2節では，幼稚園において幼児の「居場所」はいかにして構成されうるか，また，「居場所」が構成されることが，幼児たちの「内的秩序」感覚の形成と連続的であることを，幼稚園における実践例をもとに示したい。
　就学以前の幼児の場合，イマジネールでイデアールな自己の〈役柄〉像を明確に持つわけではないので（小川が先述），その基盤となるような他者との関係性を「居場所」性があることと考えた。小川は前節において，保育の具体的な関係性を想定しながら，保育における幼児にとっての「居場所」性とは，保育者が幼児とノリを共有することによって「内的秩序」感覚を共有し，保育者によって自己の存在を承認され擁護されているという感覚を持つことができることであると論じている。そして，そのような被擁護感の中で，遊びの充実感と達成感があることは，小学校段階においてイマジネールでイデアールな自己像を持つことの基盤となるものであり，また，それを自分の擁護者である保育者や他の子どもたちから承認されていると感じられることは，イマジネールでイデアールな自己像を他者から承認されることの基盤となるものだと言っている。
　しかし，幼児が「内的秩序」感覚を保育者と共有し，「居場所」性を獲得し，遊びの充実感を味わい，それを保育者や他の子どもたちから承認されているという感覚を持つことは，どこの幼稚園や保育所でも保障されているわけではない。小川が随所で指摘するように，一人の保育者が25人もの子どもを担任する場合，全ての子どもに上述のような「居場所」性を保障することは，そのままでは不可能に近いからである。幼児が遊びの充実感や達成感を感ずるためには，どうしても保育者の援助が必要となるが，25人いるクラスの「幼児一人ひとりが，25通りの活動をしていたら，25通りの援助が必要となる」のであり，しかも，同時に進行する25通りの遊びに対して適切な援助を行うことを，たっ

た一人の担任で成し遂げるのは，容易ではないのである⁸。こうして，遊びが充実しないままに一日が過ぎてしまう子どもが出てきてしまうことになる。言い換えれば，その時空間は「居場所」性を喪失しているということになる。1では，その一例としてH幼稚園の例を取り上げる。H幼稚園のように保育において何も策を講じなければ，幼児にとって「居場所」性のない時空間となってしまう危険性の高い我が国の集団保育という現実に対して，小川は前節において，幼児の「居場所」を構築するためのある「戦略」を提起している。そこで2では，小川の述べた「戦略」によって保育室が幼児にとっての「居場所」を構築していると思われる実践例を紹介したい。それに続く3では，「居場所」を構築している時空間は，幼児集団の「内的秩序」感覚を形成することと連続していることを実践例をあげながら示したい。

1　集団保育が胚胎する「居場所」喪失の方向
　　　－H幼稚園の実践から－

　次に示すのは，自由遊びを中心とする私立H幼稚園3歳児クラス，2月の保育である。この幼稚園の保育者は幼児一人ひとりの「居場所」性を高めたいと思っているにもかかわらず，そのための有効な「戦略」を持っていないために，保育実践が幼児にとっての「居場所」性が低い時空間となってしまっていると考えられる例である。

　この幼稚園では，9時に登園し，コートや鞄を自分のロッカーに入れた後，それぞれが好きな遊び（室内室外を問わず）をすることになっている。この日は，9時の時点で数名を除く全員が登園しており，その後15分くらいの間に全員が揃った。下に示すのは，登園して子どもたちが鞄とコートを置いて遊びの位置に着き始めた9時10分過ぎから約30分間の保育室内の様子である（なお，下記の記録は松永愛子の記録を参考にしながら，記録映像から筆者が再度起こし直したものである⁹）。

【事例2－1】　H幼稚園3歳児クラスの室内遊び

●保育室の様子

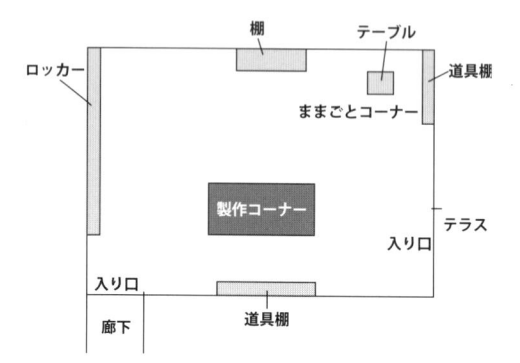

- 子どもの人数：20人
- 保育者：2人
  （担任1人，副担任1人）
- 図中の丸囲み数字は子ども，Tは担任T′は副担任を表す。

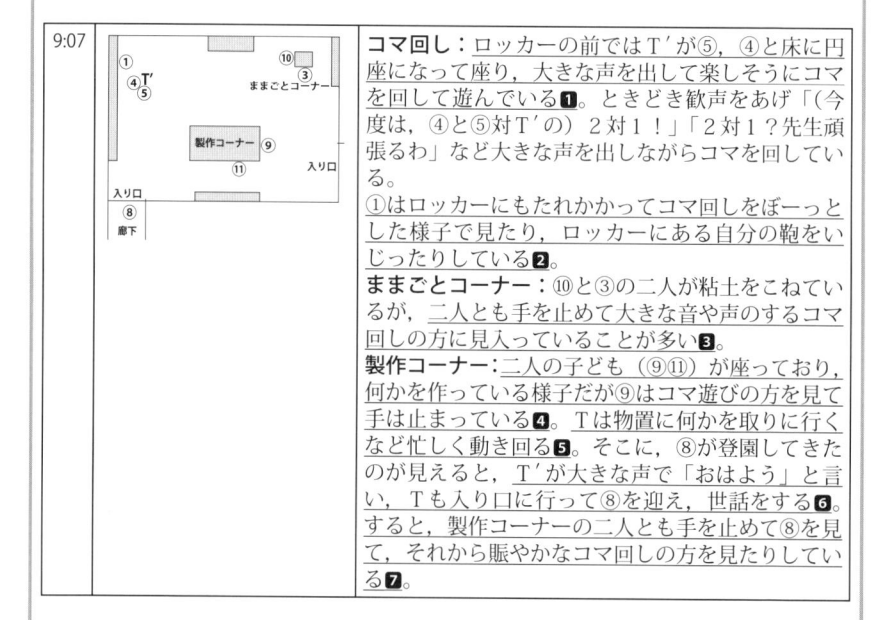

9:07	
	コマ回し：ロッカーの前ではT′が⑤，④と床に円座になって座り，大きな声を出して楽しそうにコマを回して遊んでいる❶。ときどき歓声をあげ「（今度は，④と⑤対T′の）2対1！」「2対1？先生頑張るわ」など大きな声を出しながらコマを回している。 ①はロッカーにもたれかかってコマ回しをぼーっとした様子で見たり，ロッカーにある自分の鞄をいじったりしている❷。 **ままごとコーナー**：⑩と③の二人が粘土をこねているが，二人とも手を止めて大きな音や声のするコマ回しの方に見入っていることが多い❸。 **製作コーナー**：二人の子ども（⑨⑪）が座っており，何かを作っている様子だが⑨はコマ遊びの方を見て手は止まっている❹。Tは物置に何かを取りに行くなど忙しく動き回る❺。そこに，⑧が登園してきたのが見えると，T′が大きな声で「おはよう」と言い，Tも入り口に行って⑧を迎え，世話をする❻。すると，製作コーナーの二人とも手を止めて⑧を見て，それから賑やかなコマ回しの方を見たりしている❼。

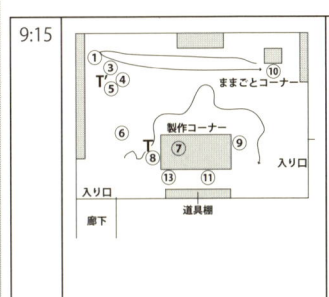

9:15		**コマ**：④⑤T′が賑やかにコマを回している**❽**ところに，③（ままごとコーナーでコマ遊びを見ていた）がT′の横に座ってコマ回しを面白そうに見始め，そのうち自分もコマを持って回そうとする。 **ままごと**：⑩は一人になり，その場でコマの方を見ていたが，コマの方に行き①と並んでロッカーに寄りかかり，コマ回しを見る。けれども，すぐにままごとコーナーに戻る。しかし，チラチラとコマ回しの方を見ており机に手をついて手を止めている**❾**。 ⑥⑦が登園し，T′はその場で「おはよう」と大きな声で挨拶する。 Tは動き回り，少しの間製作コーナーの所に立て膝をついて座り⑧と喋るが，また動き回る。⑦が製作コーナーの机の上に乗り，寝転がったり立ち上がったりして，飛び降りる。⑨と⑪は座っているが手は動いておらず，ぼーっとコマの方を見たり，Tを見たりしている**❿**。
9:16		**ままごと**：⑩はおもむろに椅子を並べ始めるが，しばしば立ち止まってコマ回しを見ている**⓫**。 **コマ**：T′が登園してきた子に挨拶をするためにコマ遊びを抜けると，③④⑥はコマを止め，製作コーナーに行く**⓬**が，④はすぐにコマの場所に戻り，寝転がる。⑤も寝転がる**⓭**。 **製作コーナー**では⑦⑧が新聞紙を丸めてセロテープを貼り付け，棒を作っている**⓮**。⑨⑪は座り手元に紙があるがあまり手を動かしてはおらず，周囲を見ることが多い**⓯**。そこにコマ遊びから抜けてきた③が加わり，セロテープを切って棒に貼り始める。それまで席に座っていた⑬が，製作コーナーの様子を見るためにしゃがんだTの所に行き背中に飛び乗る**⓰**。
9:18		ままごとの⑩がTに向かって「手伝って」と言うので，Tは足にじゃれついてくる⑬を引きずりながら**⓱**ままごとコーナーに行き椅子並べを手伝い，製作コーナーに戻る。⑬も一緒に戻る**⓲**。 **製作コーナー**の所にTがしゃがむと，コマのところにいた④⑤も製作コーナーにやってきて（コマ遊びは消滅），製作コーナーが急に賑わう（③④⑤⑥⑦⑧⑨⑪）**⓳**。③はTの横に行きTに話しかけ，製作は全くしていない**⓴**。

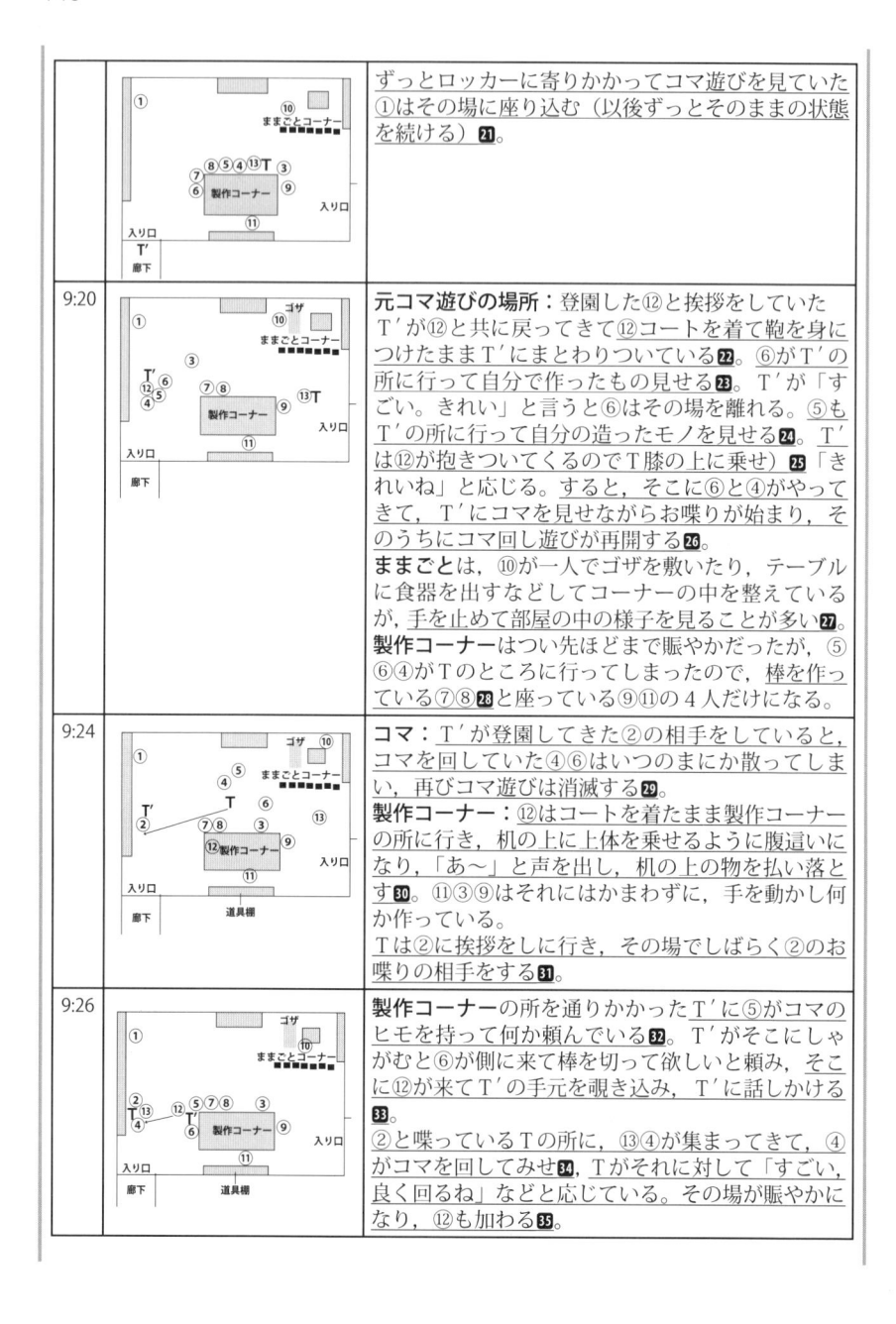

時刻	配置図	記述
	① ⑩ ままごとコーナー ⑦⑧⑤④⑬T ⑥ 製作コーナー ⑨ ⑪ 入リロ T' 廊下	ずっとロッカーに寄りかかってコマ遊びを見ていた①はその場に座り込む（以後ずっとそのままの状態を続ける）㉑。
9:20	① ⑩ ゴザ ままごとコーナー ③ T' ⑫④ ⑦⑧ ⑬T 製作コーナー ⑨ ⑪ 入リロ 廊下	元コマ遊びの場所：登園した⑫と挨拶をしていたT'が⑫と共に戻ってきて⑫コートを着て鞄を身につけたままT'にまとわりついている㉒。⑥がT'の所に行って自分で作ったもの見せる㉓。T'が「すごい。きれい」と言うと⑥はその場を離れる。⑤もT'の所に行って自分の造ったモノを見せる㉔。T'は⑫が抱きついてくるのでT膝の上に乗せ）㉕「きれいね」と応じる。すると，そこに⑥と④がやってきて，T'にコマを見せながらお喋りが始まり，そのうちにコマ回し遊びが再開する㉖。 ままごとは，⑩が一人でゴザを敷いたり，テーブルに食器を出すなどしてコーナーの中を整えているが，手を止めて部屋の中の様子を見ることが多い㉗。 製作コーナーはつい先ほどまで賑やかだったが，⑤⑥④がTのところに行ってしまったので，棒を作っている⑦⑧㉘と座っている⑨⑪の4人だけになる。
9:24	① ⑩ ゴザ ⑤ ままごとコーナー ③ ⑥ T' ② ⑦⑧ ⑬ ⑫ 製作コーナー ⑨ ⑪ 入リロ 廊下 道具棚	コマ：T'が登園してきた②の相手をしていると，コマを回していた④⑥はいつのまにか散ってしまい，再びコマ遊びは消滅する㉙。 製作コーナー：⑫はコートを着たまま製作コーナーの所に行き，机の上に上体を乗せるように腹這いになり，「あ～」と声を出し，机の上の物を払い落とす㉚。⑪③⑨はそれにはかまわずに，手を動かし何か作っている。 Tは②に挨拶をしに行き，その場でしばらく②のお喋りの相手をする㉛。
9:26	① ゴザ ままごとコーナー ③ ② ⑤⑦⑧ T' ⑬ ⑥ ④ 製作コーナー ⑨ ⑪ 入リロ 廊下 道具棚	製作コーナーの所を通りかかったT'に⑤がコマのヒモを持って何か頼んでいる㉜。T'がそこにしゃがむと⑥が側に来て棒を切って欲しいと頼み，そこに⑫が来てT'の手元を覗き込み，T'に話しかける㉝。 ②と喋っているTの所に，⑬④が集まってきて，④がコマを回してみせ㉞，Tがそれに対して「すごい，良く回るね」などと応じている。その場が賑やかになり，⑫も加わる㉟。

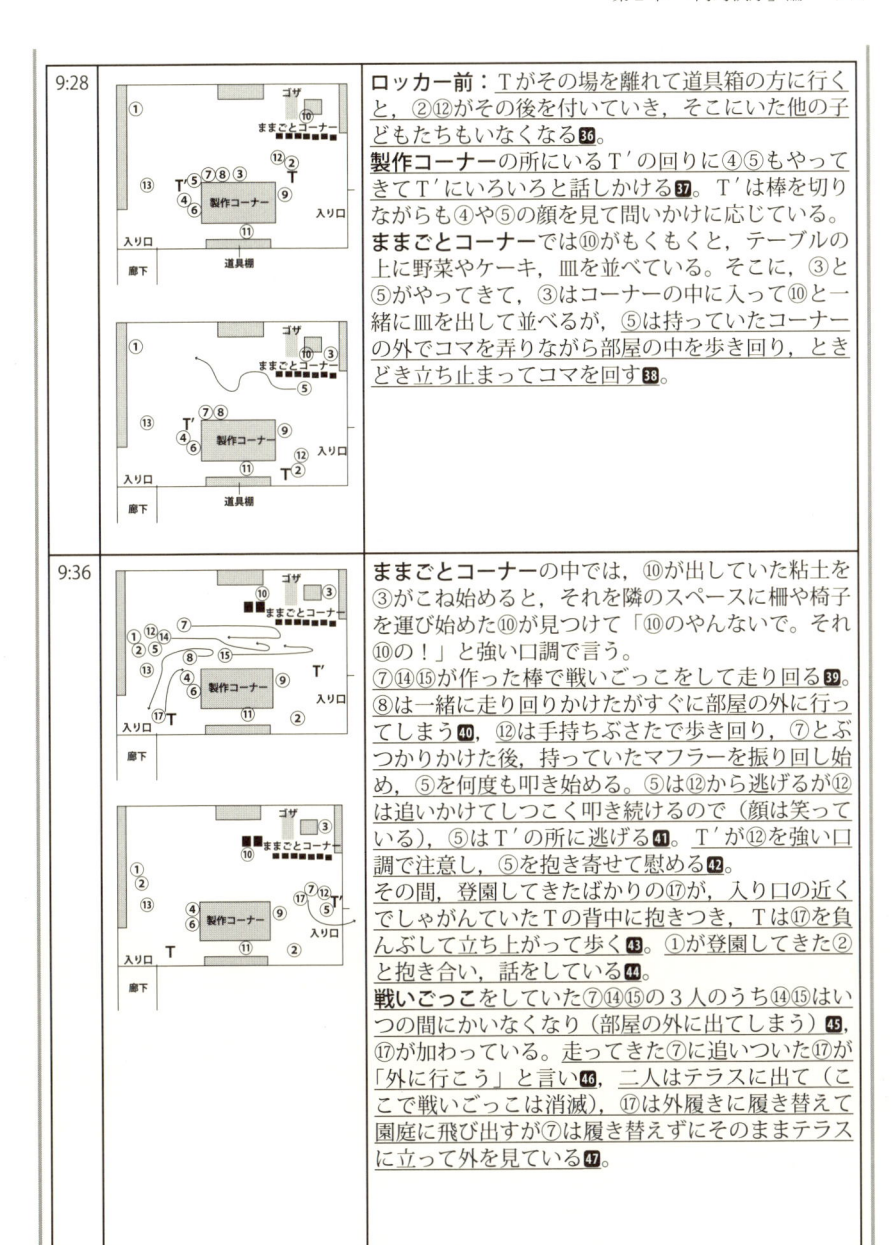

9:28		ロッカー前：Tがその場を離れて道具箱の方に行くと，②⑫がその後を付いていき，そこにいた他の子どもたちもいなくなる㊱。 製作コーナーの所にいるT′の回りに④⑤もやってきてT′にいろいろと話しかける㊲。T′は棒を切りながらも④や⑤の顔を見て問いかけに応じている。 ままごとコーナーでは⑩がもくもくと，テーブルの上に野菜やケーキ，皿を並べている。そこに，③と⑤がやってきて，③はコーナーの中に入って⑩と一緒に皿を出して並べるが，⑤は持っていたコーナーの外でコマを弄りながら部屋の中を歩き回り，ときどき立ち止まってコマを回す㊳。
9:36		ままごとコーナーの中では，⑩が出していた粘土を③がこね始めると，それを隣のスペースに柵や椅子を運び始めた⑩が見つけて「⑩のやんないで。それ⑩の！」と強い口調で言う。 ⑦⑭⑮が作った棒で戦いごっこをして走り回る㊴。⑧は一緒に走り回りかけたがすぐに部屋の外に行ってしまう㊵，⑫は手持ちぶさたで歩き回り，⑦とぶつかりかけた後，持っていたマフラーを振り回し始め，⑤を何度も叩き始める。⑤は⑫から逃げるが⑫は追いかけてしつこく叩き続けるので（顔は笑っている），⑤はT′の所に逃げる㊶。T′が⑫を強い口調で注意し，⑤を抱き寄せて慰める㊷。 その間，登園してきたばかりの⑰が，入り口の近くでしゃがんでいたTの背中に抱きつき，Tは⑰を負んぶして立ち上がって歩く㊸。①が登園してきた②と抱き合い，話をしている㊹。 戦いごっこをしていた⑦⑭⑮の3人のうち⑭⑮はいつの間にかいなくなり（部屋の外に出てしまう）㊺，⑰が加わっている。走ってきた⑦に追いついた⑰が「外に行こう」と言い㊻，二人はテラスに出て（ここで戦いごっこは消滅），⑰は外履きに履き替えて園庭に飛び出すが⑦は履き替えずにそのままテラスに立って外を見ている㊼。

| 9:37 | [見取り図: ゴザ、ままごとコーナー、製作コーナー、道具棚、入リロ、廊下など] | T′が⑤を慰めているところに③，④，登園したばかりの⑰が集まってくる。⑩もコーナーの中から，その様子を見ている。そこに「先生見てて」と言いながら⑥が駆け寄ってきてコマを回してみせる**48**。T′に抱きかかえられていた⑤が立ち上がり，持っていたコマにヒモを巻き付ける。製作コーナーでは⑪⑬が何か作っている。ずっとコーナーに座っていた⑨は園庭に出て行く。①と②がリボンを使って何か作り始める。 |

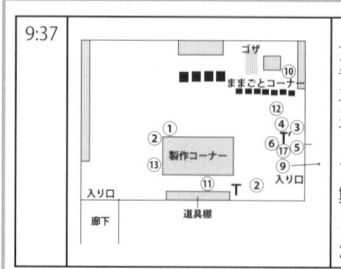

　前節において，小川は，子どもにとって「居場所」がある，と感じられることの条件として次の2点をあげている。一つは，保育者による被擁護感（守られている）という感覚を，子どもが持つことができること，いま一つは，そのような被擁護感の中で，モノとの関わりを通して他の子どもとノリを共有し，空間（場）を共有できること，である。この二つが実現されていることが，その時空間が子どもにとって「居場所」があると感じられることなのだとすれば，事例における時空間は，子どもたち一人ひとりが自分に「居場所」があると感じられるものとはなっていないと思われる。

　というのは，第一に，子どもが一定の場所で，一定の遊び行為が持続し，そのメンバーが一定であるような安定した遊びの状態が極めて少ないからであり，言いかえれば，モノとの関わりを通して他の子どもとノリを共有し空間（場）を共有する姿がほとんど見られないからである。

　遊びの俯瞰図からは，約30分の間一定の場所で遊びを続けているのは，製作コーナーにいる⑨⑪とままごとコーナーの⑩のみであり（①はずっとロッカーに寄りかかっているが，遊んではいるとは言えない），それ以外の子どもたちは，居る場所が一定していないこと，一緒にいるメンバーも一定していないことが明らかである。例えば，④⑤はコマを回して賑やかに遊んでいた（9：07頃下線**1**）が，保育者T′がその場を離れると，遊びが停滞し（寝転がってコマを回さなくなる：下線**13**），その後二人とも製作コーナーに行き，コマ遊びは消滅する。しかし，T′が教室に戻ってくる（登園した⑫の相手をしている）

と，そこに行ってT′と喋り始め，再びコマ回しが再開しかける（9：20頃下線㉖）が，すぐに消滅してしまう（下線㉙）。その後，④は，T（⑫と喋っている）の所に行ってコマを回してみせ（下線㉞），Tがその場を離れると，今度は，製作コーナーにいるT′の所に行っていろいろと話しかける（下線㊲）。T′がテラスの入り口の所で⑤を慰めていると，そこに来る（下線㊽）。⑤は，2度目のコマ回しが消滅した後，コマを持ったまま部屋の中を歩き回り，ときどき立ち止まってコマを回している（下線㊳）が，ロッカーの近くでマフラーを振り回していた⑫にマフラーで叩かれ，T′に助けを求める（下線㊶）。このように，事例の場面において④⑤は，コマを回すという遊び行為の共有が生起したかと思うと，すぐに消滅することを繰り返し，そのうちばらばらに動き始めて（動きが共有されなくなる）保育者を追うようにして動き回りながら行うお喋りの合間に，コマを回す行為を断片的に浮上させているのである。その一方，⑦⑧は，登園後10分近く製作コーナーで棒を作っており（下線⓮㉘），その後⑦⑭⑮の3人で戦いごっこが始まり（下線㊴），⑧は参加するかに見えるがすぐにその場からいなくなる（下線㊵）。間もなく⑭⑮も，そこからいなくなり（下線㊺），走っていた⑦は⑰に園庭に行こうと誘われ（下線㊻），途中まで行動を共にするが，その後は一緒に行動しない（下線㊼）。このように，事例において，⑦は棒作り→戦いごっこという流れがあり，遊び行為が持続しているかに見えるが，その行為を共有するメンバーは流動的であり（この意味で行為の共有が持続しているとは言えない），しかも⑦以外は，遊び行為が持続していない。その他に，事例の場面では，遊んでいるとは言えない子どももいる。例えば，②の登園を待っている①（そのことは，下線㊹の様子から窺える）は，登園して30分の間，ずっとロッカーに寄りかかったまま，部屋の中をボーッとした様子で見たままである（下線❷㉑）。⑫は，登園してコートと鞄を身につけたままT′に抱きつき，しばらくはT′の膝に乗ったまま，他児の様子を見るだけであり（下線㉒㉕），その後ウロウロと歩き回り，製作コーナーの机に腹這いに乗り意味不明の叫び声を上げたり（下線㉚），Tの後をついて回ったり（下線㊱），マフラーを振り回して通りかかった⑤をマフラーで叩く（下線㊶）など，

何かに取り組む様子は全く見られない。全ての子どもたちについて細かく記述する余裕はないが，同じ場所に居続ける⑨⑩⑪以外は，前述した④⑤⑦たちと同様に，居る場所が一定でなく，遊び行為が持続せず，遊びメンバーが一定ではない。さらに，一定の場所で同じ遊びをしているように見える⑩（ままごと），⑨⑪（製作コーナー）の遊びが充実しているかと言えば，必ずしもそうではない。この3人は比較的同じ場所に居続けているが，部屋の中の賑やかな遊びや動き回る保育者に気を取られて手が止まり，遊び行為が中断してしまっていることが多いのである（下線❸❾❿⓫㉗）。

このように，子どもたちそれぞれの居る場所が一定ではなく，遊び行為が持続せず，一緒にいるメンバーが流動的である，というように，状況が常に変化し，確定していない場合，子どもたちは安定した感覚を持つことができないだろう。つまり，自らが安心していられる場所（「居場所」）が無いのである。

このような場合，子どもたちの「内的秩序」感覚が形成される可能性は極めて低い。というのは，前節で小川が指摘したように，「内的秩序」感覚はノリの共有によって形成されるとすれば，「内的秩序」感覚が形成されるためには，子どもとモノとの間のノリや，子ども同士の間で共有されるノリが持続することが必要なのだが，事例の場面は，ノリが持続されているとは言い難いからである。

遊びは，遊びのメンバーがノリを生み出し，それにノリつつ，新たにノリを生み出すことによって展開する。例えば，ままごとなら，ある子どもが鍋の中をかき回すと，隣の子が同じような動きを始め，一人が紙の切れ端を鍋の中に材料を入れてかき混ぜ始めると，もう一人が同じようにする，というように，同じ遊び行為（動き）のリズムを共有し，そこから新たな動きのリズムが生まれてくる。このように，遊びはその遊びのメンバーが動きのリズム（ノリ）を共有しつつ，新たなリズム（ノリ）を生み出し，それにノルことによって展開するのである。遊び行為とその共有が一定の時間続くことは，ノリの共同生成が持続することである。事例のように，遊び行為の共有が生起したかと思うと消滅することを繰り返したり（④⑤），遊び行為の共有が持続しなかったり（⑦

⑧たち）することは，ノリが共同に生成されないか，あるいは，生成されてもそれが持続しないということである。また，⑧や⑨⑪のように遊び行為自体が持続しないことは，ノリの生成が持続しないことである。それゆえ，事例のような保育場面が日常的に展開されている場合，「内的秩序」感覚の形成は難しい。また，遊び行為やその共有が持続していなければ，遊びの充実感や達成感を持つことは，当然のことながら困難である。このように「内的秩序」感覚，遊びの充実感や達成感に乏しいがゆえに，子どもたちにとっての「居場所」性は極めて低いのである。

　事例の保育場面が子どもにとって「居場所」性が低いと思われる第二の理由は，遊び行為よりも保育者との関わりを求めている子どもが多いことである。このことは，子ども一人ひとりが，その存在を保育者から承認されているという感覚が稀薄であることを意味している。鷲田清一は，子どもが幼稚園に通い始めたとき，母親から別れて慣れない場の集団に入っていくときの不安な気持ちを，母親の方を振り返り，母親が自分の方を見ていてくれるということを確認することによって克服し，それによって初めて自分の行動をなしうるのだということを述べている⑩。つまり，子どもは，母親あるいは保育者から見守られているという感覚を持つことによって初めて，自分の遊び行為に集中することができるのである。小川の言うように，見守られているという感覚を持つことは，その「まなざし」が対象化し観察する「まなざし」ではなく相互承認の「まなざし」であるがゆえに，自分がその存在を承認され，擁護されているという確信を持つことに繋がるのである。このような確信を持てることによって，子どもが遊び行為に集中することができるのは，保育者の「まなざし」を内面化できるがゆえである。小川は，子どもが保育者と挨拶をかわした際の「『まなざし』の交換のイメージが消滅しないうちに」（傍点引用者。前節126頁），保育者のモノの変化と作業のノリへと子どもが引き込まれ，そのノリを子ども自身が再生していくようになることが，子どもが自身の保育者への関心から解放されて遊ぶ行為に集中できることだという意味のことを言っている。子どもが「まなざし」の交換のイメージを持ち続けられる，というのは，子どもが保

育者の「まなざし」を内面化することに他ならない。「まなざし」を内面化できない場合，つまり「確信」を持てない場合は，子どもは保育者との「まなざし」の交流を求め，保育者にしきりと話しかけて応答を求めたり，保育者と肌を触れ合う（「見る＝見られる」という「まなざし」の交換の関係に含まれる主客の交換・反転が顕在化した行動）ことを求める。

　事例の図を見ると，保育者ＴやＴ′の所に子どもが集まり，保育者がその場からいなくなると子どもも散ってしまうか，保育者の後を追うように動き回る姿が見られる。保育者が移動するとそれを追うように自分も場所を移動し（下線⑲㉞㊱），保育者の居る所に行き保育者に話しかけたり（下線㉒㉓㉔㉖㉜㉝㉞㊲㊻），保育者に抱きついたり（下線⑯⑰㉕㊸）する子どもたちが多いのは，子どもたちが保育者との「まなざし」の交換を求めていることの表れである。子どもたちは，保育者の「まなざし」に捉えられているという感覚を持てないのである。というのは，事例の保育者ＴとＴ′の「まなざし」が，常にある特定の子どもしか捉えておらず，そのことは，それ以外の子どもたちへの「まなざし」が放棄されていることを意味するがゆえに，自身が保育者の「まなざし」の内にあるという感覚を持てない子どもたちが少なくないと思われるからである。このような保育場面では，子どもたちは保育者に存在を承認され，擁護されているという感覚を持ちにくく，それゆえ「居場所」性は低いと言わざるをえない。

　しかし，事例の保育者は，子どもの「居場所」性に対する関心が無いとか，「居場所」性が低いことを良いと思っているわけでは決してない。この園の研究集録は，トラブルを起こしたり，泣きやまない子どもと保育者との関わりを事例としてとりあげ，その場面における子どもの気持ちを細かく考察し，どうすればその子どもの気持ちが充足し，園生活を楽しく過ごせるようになるかを思い悩む様子が書かれており，それを分析した松永は，この園の保育者の態度として，「子ども一人ひとりの気持ちを受け止めようとする姿勢が強くある」と述べている[⑪]。事例からも，保育者が一人ひとりの「居場所」性を高めようと精一杯努力していることが窺える。保育者の行動をよく見ると，関わってくる子

どもの要求を懸命に受け止めようとしているのが分かる。子どもを抱き上げたり（下線㉕），負んぶしたり（下線㊸），抱きしめて慰めたり（下線㊷）する行為は，その表れである。登園した子どもには挨拶をするだけでなく，いろいろと話しかけ世話をやいてもいる（下線❻㉕㉛）。

それにもかかわらず，保育者の努力とは裏腹に，事例のクラスの「居場所」性が低くなっているのはなぜか。

それは，事例の保育者たちが，子どもたちの遊びのノリの共同生成が持続するための「戦略」を持っていないからである。集団保育において，複数の子どもたちがいくつかの集団に別れ，遊びのノリを共同に生成し，それを持続するためには，前節で小川が述べたように，「戦略」が必要なのである。

そこで，次に，小川の言うような「戦略」を具現化している保育実践をとりあげ，そこにおいて子どもたちの遊びのノリの共同生成がどのように維持・展開され，「居場所」性が高められているかを見てみることにしよう。

② 「内的秩序」感覚が形成されている保育実践例
　　－M幼稚園の室内遊びの実践から－

②では，小川が前節で述べたような「戦略」によって保育を展開し，それによって子どもたちのノリの共同生成が維持されることによって「内的秩序」感覚が形成され，子どもの「居場所」性が高められている実践例を紹介しよう。

小川が前節で挙げた，子どもの「居場所」創出のための保育「戦略」は，次の三点に整理できるだろう。一つは，子どもの遊びのコーナー（製作コーナー，ままごとコーナー，ブロック，積木コーナーなど）が設置されること，二つには，その場合，遊びの各コーナーが，保育者の俯瞰する「まなざし」の中に位置するような位置関係となることが必要であり，そのためには製作コーナーを拠点とすること，三つには，保育者が身体的パフォーマンスによって遊びのノリを創出することによって，子どもたちのノリ生成を喚起すること，である[⑫]。

ここでは，そのような「戦略」を具現化し，子どもの「内的秩序」感覚の

形成と「居場所」の創出に成功していると思われる保育実践例をあげ,「戦略」の有効性を示したい。取り上げるのは,O市立M幼稚園の室内遊びの実践である。まず,子どもが「居場所」を獲得していると解釈できる場面を事例をあげ,それが子どもによる遊びのノリの共同生成とその持続によって可能となっていることを分析によって示したい。そして,子どもたちがノリの共同生成と維持を可能としているのは,保育者が遊びのノリの共同生成の一員となることによって子どもたちのノリの共同生成を喚起するという身体的関与と,子どもの遊びが製作コーナーに座する保育者の「まなざし」であると考えられることを示したい。

1 事例－子どもの「内的秩序」感覚が形成され,「居場所」が創出されている実践－

次に示すのは,M幼稚園4歳児クラス(園児15名,担任1名,担任補助1名)の11月のある日の登園時(登園は午前9時～9時10分)から約1時間半の間の保育室内の子どもたちの動きを示したものである。なお,事例中のTは担任保育者,Sは担任補助の保育者である。

【事例2－2】 M幼稚園の室内遊び

●事例の概略
　Tが製作コーナーに壁を背にして座り,リリアンの糸をいじっていると子どもたちが登園し始める。登園してしばらくの間(10分くらい)は,子どもたちは鞄をロッカーに置いたり,着替えたり,友達としゃべったりして,動き回っているが,その後まもなく,ほとんどの子どもたちが製作コーナー,ままごとコーナー,ブロック遊びコーナーのどれかの場所に座り,遊び始める(Tは製作コーナーに座って作業を続けている。Sはままごとコーナーに入る)。
　しばらくすると,ままごとコーナーで粘土をこねていたB子たち4人が,積み木の棚から積み木を出してロッカー前に並べ,自分たちで作ったシャ

ワー台を設置し「温泉ごっこ」が始まる。籠を4つ並べて，脱いだ園服と靴下を入れ，「温泉」に入り「あわあわあわ」と言いながら泡を立てている〈ふり〉をしている。そこに，園内研講師[13]が入り，シャワーを浴び，髪を洗う〈ふり〉をすると，B子たちは歓声をあげてはしゃぎまわり，講師が遊びから抜けても，はしゃぎまわっている。クラス中の視線が「温泉ごっこ」に注がれるが，R男とC男以外は特にその場を離れる様子はなく，まもなく，それまで行っていた遊びを続ける。その間，TとSはその様子を認識しているが，それに特に影響されることなく，それぞれのコーナーで作業を続けている。

R男とC男は，ブロックコーナーから離れて，B子たちに誘われて「温泉ごっこ」に入るが，動きが異質なためにB子たちは「温泉コーナー」から抜けて，ままごとコーナーに戻り，再び粘土をこね始める。しばらくするとR男たちもブロックコーナーに戻り，ブロック製作を再開する。

こうして遊びは1時間強続き，10時20分頃から「外に行ってきま〜す」と言って，製作コーナーの子どもが数人園庭に行き始める。ブロックコーナー・ままごとコーナーの子どもたちは，遊んだ道具を片付け始め，片付け終わると園庭に出る。

登園前の環境構成

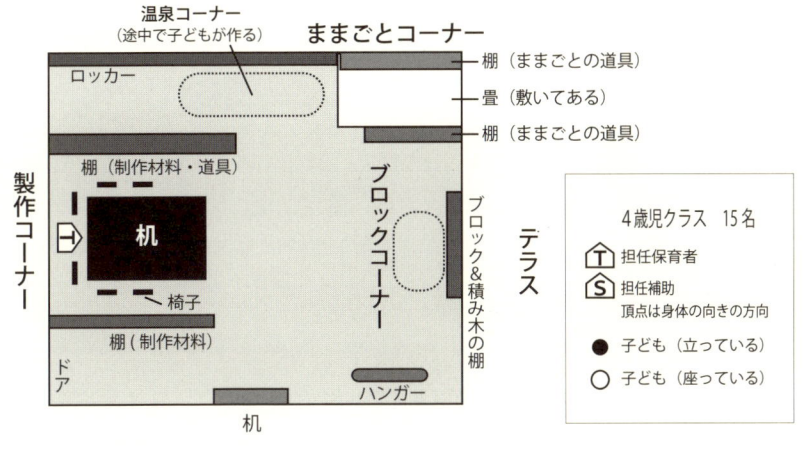

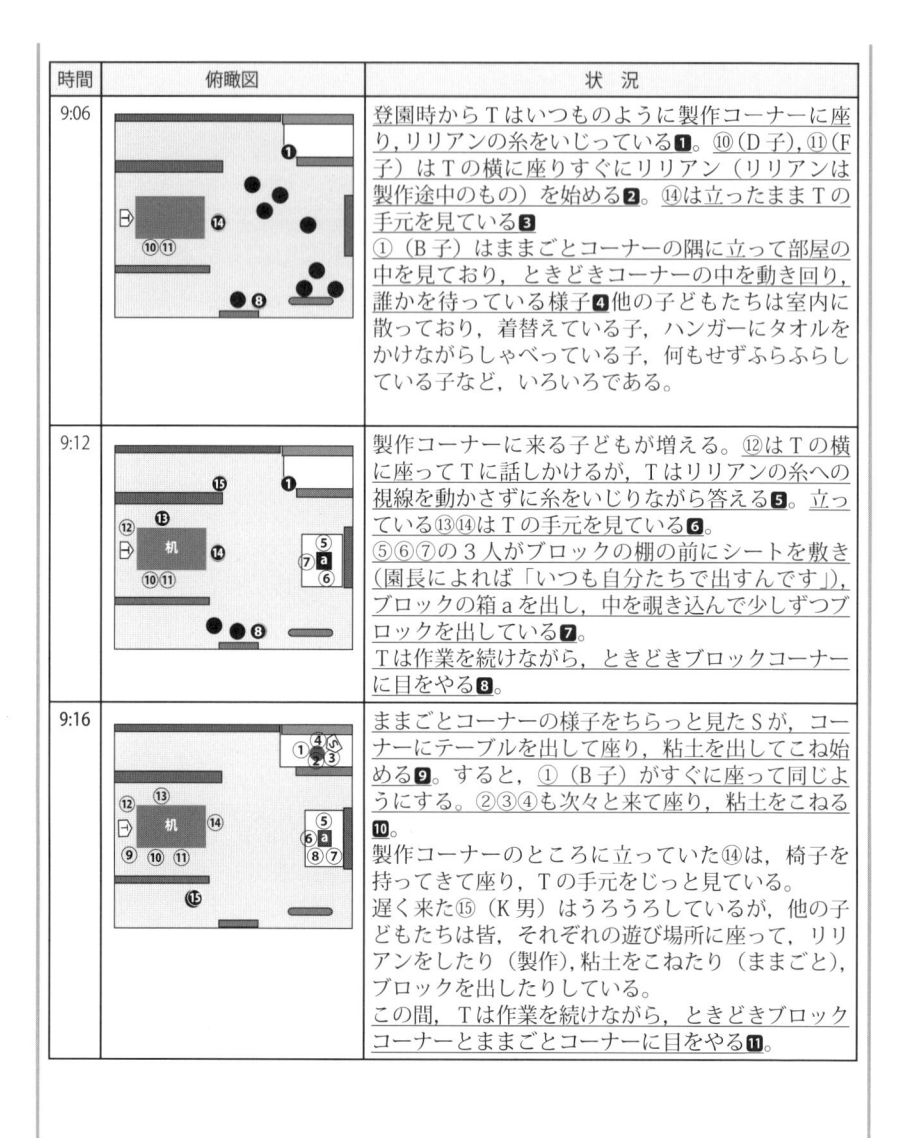

時間	俯瞰図	状況
9:06		登園時からTはいつものように製作コーナーに座り，リリアンの糸をいじっている❶。⑩（D子），⑪（F子）はTの横に座りすぐにリリアン（リリアンは製作途中のもの）を始める❷。⑭は立ったままTの手元を見ている❸。 ①（B子）はままごとコーナーの隅に立って部屋の中を見ており，ときどきコーナーの中を動き回り，誰かを待っている様子❹他の子どもたちは室内に散っており，着替えている子，ハンガーにタオルをかけながらしゃべっている子，何もせずふらふらしている子など，いろいろである。
9:12		製作コーナーに来る子どもが増える。⑫はTの横に座ってTに話しかけるが，Tはリリアンの糸への視線を動かさずに糸をいじりながら答える❺。立っている⑬⑭はTの手元を見ている❻。 ⑤⑥⑦の3人がブロックの棚の前にシートを敷き（園長によれば「いつも自分たちで出すんです」），ブロックの箱aを出し，中を覗き込んで少しずつブロックを出している❼。 Tは作業を続けながら，ときどきブロックコーナーに目をやる❽。
9:16		ままごとコーナーの様子をちらっと見たSが，コーナーにテーブルを出して座り，粘土を出してこね始める❾。すると，①（B子）がすぐに座って同じようにする。②③④も次々と来て座り，粘土をこねる❿。 製作コーナーのところに立っていた⑭は，椅子を持ってきて座り，Tの手元をじっと見ている。 遅く来た⑮（K男）はうろうろしているが，他の子どもたちは皆，それぞれの遊び場所に座って，リリアンをしたり（製作），粘土をこねたり（ままごと），ブロックを出したりしている。 この間，Tは作業を続けながら，ときどきブロックコーナーとままごとコーナーに目をやる⓫。

9:22	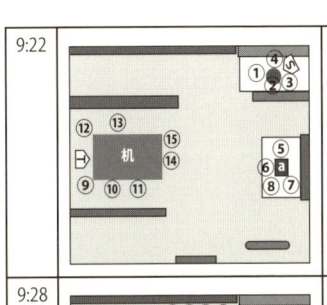	⑮（K男）も製作コーナーに椅子を持ってきて座る（全員がそれぞれのコーナーで遊んでいる状態） この間，Tは，手を作業を続けながら，ときどきブロックコーナーとままごとコーナーに目をやる⓬。
9:28〜37	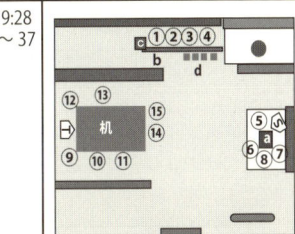	Sがブロックコーナーに入り，座ってブロックを組み立てている。ままごとコーナーにいたB子たち（①②③④）が積み木bと自分たちで作ったシャワー台cを「あ，あれもあれも」と言ったりしながら，てきぱきと楽しそうに運ぶ⓭。温泉ごっこが始まる。籠dを一人一つずつ置いて園服と靴下を脱いで入れ，温泉の中に入り，「泡泡泡」と言いながら泡を立てる〈ふり〉をしている（しかし，それ以上の風呂らしい動きは出てこない⓮。 他のコーナーはそれまでと同じように遊んでいる。この間，Tは，手を作業を続けながら，ときどきブロックコーナーとままごとコーナーに目をやる⓯。
9:42頃	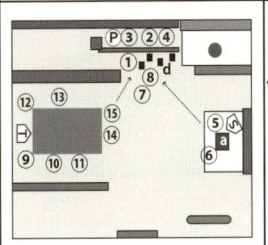	園内研講師Ⓟが温泉ごっこに近づくとB子（①）たちが「入っていいよ」と言い，講師は「温泉」に入る⓰。講師がシャワーを浴びたり，髪を洗う〈ふり〉をすると，B子（①）たちはキャーキャーと喜び，興奮してはしゃぎまわる⓱。 他のコーナーの子どもたちも温泉ごっこの方に注目し，クラス全員の視線が温泉コーナーに注がれる（点線矢印）⓲。TとSも温泉ごっこの方を見るが，特に手を止める様子はなく，Tはリリアンを編み，Sはブロックを組み立てる行為を続けている⓳。⑧（R男）と⑦（C男）は温泉コーナーに惹かれて，ブロックコーナーから出て「温泉」の側まで来る⓴。TとSは手の動きを止めずに，視線を温泉ごっこに向ける（が，すぐに手元に戻す）㉑。
9:43	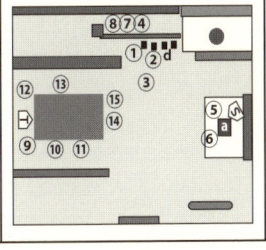	講師Ⓟはすぐにその場を抜ける。B子（①）たちはシャワーを浴びたり髪を洗うふりをするものの，はしゃいで落ち着かず，その場に入ったり出たりする㉒。 一旦温泉コーナーの方を向いていた他のコーナーの子どもたちは，遊びを再開する㉓。この間，Tは，手を動かしながら温泉ごっことブロックコーナーをときどき見る㉔。

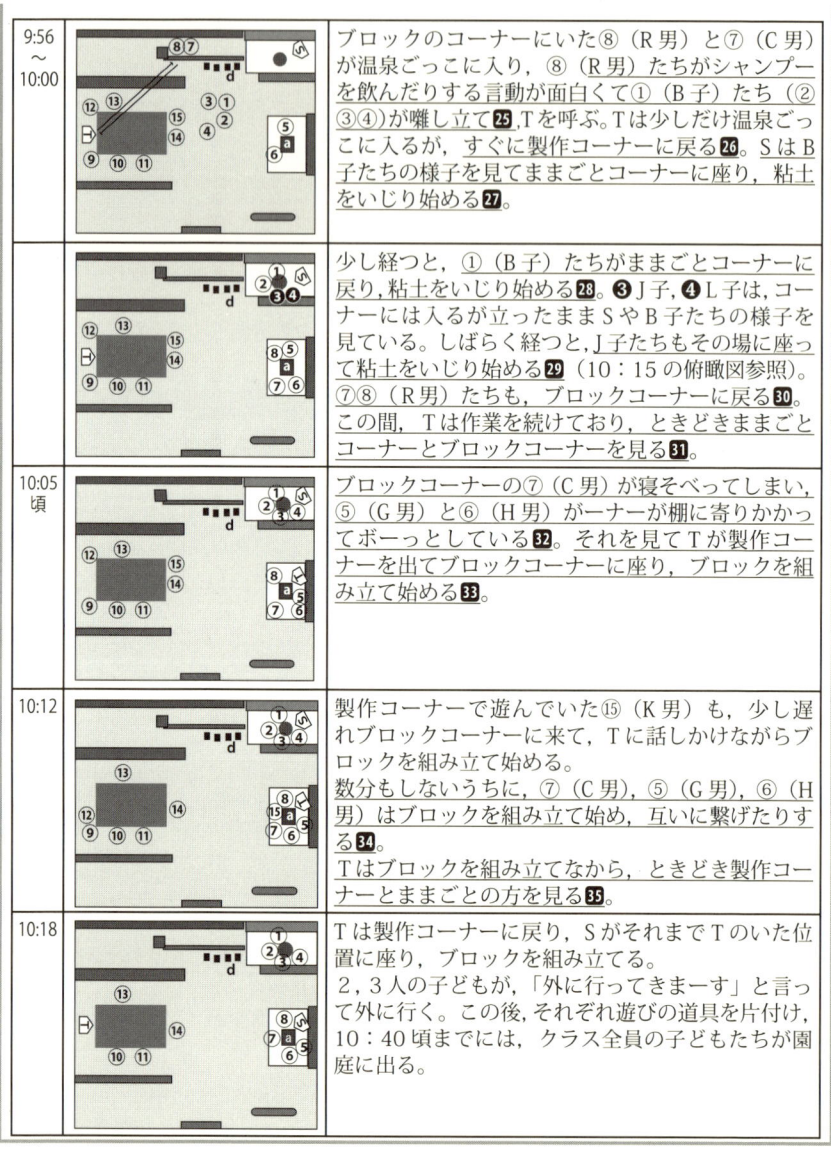

9:56〜10:00		ブロックのコーナーにいた⑧（R男）と⑦（C男）が温泉ごっこに入り，⑧（R男）たちがシャンプーを飲んだりする言動が面白くて①（B子）たち（②③④）が囃し立て㉕，Tを呼ぶ。Tは少しだけ温泉ごっこに入るが，すぐに製作コーナーに戻る㉖。SはB子たちの様子を見てままごとコーナーに座り，粘土をいじり始める㉗。
		少し経つと，①（B子）たちがままごとコーナーに戻り，粘土をいじり始める㉘。③J子，④L子は，コーナーには入るが立ったままSやB子たちの様子を見ている。しばらく経つと，J子たちもその場に座って粘土をいじり始める㉙（10：15の俯瞰図参照）。⑦⑧（R男）たちも，ブロックコーナーに戻る㉚。この間，Tは作業を続けており，ときどきままごとコーナーとブロックコーナーを見る㉛。
10:05頃		ブロックコーナーの⑦（C男）が寝そべってしまい，⑤（G男）と⑥（H男）が一ナーが棚に寄りかかってボーっとしている㉜。それを見てTが製作コーナーを出てブロックコーナーに座り，ブロックを組み立て始める㉝。
10:12		製作コーナーで遊んでいた⑮（K男）も，少し遅れブロックコーナーに来て，Tに話しかけながらブロックを組み立て始める。数分もしないうちに，⑦（C男），⑤（G男），⑥（H男）はブロックを組み立て始め，互いに繋げたりする㉞。Tはブロックを組み立てながら，ときどき製作コーナーとままごとの方を見る㉟。
10:18		Tは製作コーナーに戻り，SがそれまでTのいた位置に座り，ブロックを組み立てる。2，3人の子どもが，「外に行ってきまーす」と言って外に行く。この後，それぞれ遊びの道具を片付け，10：40頃までには，クラス全員の子どもたちが園庭に出る。

　俯瞰図を見ると，登園して15分後，一人の子どもを除いた他のすべての子どもたちが，3つのコーナー（製作コーナー，ままごとコーナー，ブロック遊

びコーナー）のいずれかの場所に座り，それ以後，約1時間の間，B子たち4人（①②③④温泉ごっこを始める），R男⑧とC男⑦（温泉ごっこに入る），K男⑮（製作コーナーにいるが，Tがブロックコーナーに移動すると，その直後にブロックコーナーに入る）を除いては，ずっと同じ場所に座って同じ遊びを続けているのがわかる。特に注目すべきなのは，園内研講師が温泉ごっこに参加してB子たちが興奮してはしゃぎまわる場面（9：42～）である。このときクラスの子どもたち全員が講師とB子たちの様子に視線を注ぐ（下線**⑱**）のだが，子どもたちは自分の座っている位置を動こうとしていない。顔あるいは上体だけを温泉コーナーに向けるのみで，その様子はまるで座っている場所に根が生えているかのようである。また，B子たち，R男とC男も，温泉ごっこへ移動し，そこではしゃぐものの，自分たちで遊びを進めていくことはできず（園内研講師の〈ふり〉がモデルとなって，風呂らしい動きが生じかけるが，R男たちの参加によって続けられない），最終的には各々が登園直後に遊び始めたコーナー（B子たちはままごと，R男とC男はブロック）に戻ってくる（下線**㉘㉚**）。

　このような過程から，この日子どもたちそれぞれが遊びを開始したコーナーは，子どもたちそれぞれの気持ちが安定する場所となっていると言うことができる。クラスのほぼ全員の子どもにとって，室内の3つの遊びコーナー（製作コーナー，ブロックコーナー，ままごとコーナー）のいずれかが自分の「居場所」になっているのである。

　ここで注意すべきことは，事例の保育において，クラスの子ども一人ひとりにとって，室内のどこかの遊びコーナーが「居場所」になっているという状況が，自然発生的に生じていることではないことである。それは，前節で小川が述べた「戦略」によって構成されている。遊びのコーナーの設置と保育者のまなざしに関する各コーナーの位置関係，保育者の身体的関与によって，子どもたちがノリの共同生成を維持することができ，「内的秩序」感覚が形成され，「居場所」を獲得することが可能となっているのである。そのことを，事例をノリの視点から分析することによって示そう。

2　事例分析－前日の（あるいはいつもの）ノリの共同再生としての遊び－

　事例の子どもたちの動きを見て気づくのは，それぞれの遊びが，前日も同じように行われている，ということである。例えば，登園直後に製作コーナーに来てTの横に座ってリリアンを始めるD子（⑩）F子（⑪）の持つリリアンは，製作途中のもので（下線❷），前日の続きを編んでいると思われる。ブロックコーナーのシートは，子どもたちが自分で敷いて遊び始めるのだが，それは前日も前々日もそうであると園長が言っている（下線❼）。園長の言葉から窺えるのは事例当日，子どもたちは「いつものように」遊んでいるということである。ままごとコーナーにB子が立って誰かを待っている様子（下線❹）なのは，いつも一緒に遊ぶ仲間を待っていると推測できる。温泉ごっこも同様で，B子たちが温泉ごっこの場をてきぱきとつくり始める様子（「あ，あれもあれも」：下線⓭）から伺えるのは，何をどのように設置するかは，仲間内で了解済みだ（積み木の並べ方もシャワー台を置く場所も決まっている）ということである。つまり，前日までと同様に積み木とシャワー台を置いていると解釈できる。

　このように見ると，事例にあげた遊びは，前日までの遊びの身体的共同想起だと言うことができる。別稿[14]で論じたように身体的共同想起とは，物や人との身体的同調（ノリの共有）の記憶を集合的記憶として持つ者同士が，そのノリの記憶を共同に再生するということであり，それは物的環境や人の動き（人と人，人と物のかかわりを含む）によって喚起される。例えば，保育者が設定するコーナーは，ノリの共同再生を喚起する装置の一つである。

　事例の遊びを，前日の遊びにおいて共有されたノリの記憶を子どもたちが共同に再生し維持する過程として見ると，事例の全過程は，およそ次の４つの過程に区分される。

　ⓐ　ノリ共同再生の開始（登園直後〜9：16頃まで）
　ⓑ　ノリの安定（9：40頃まで）
　ⓒ　温泉ごっこのノリの乱調（10：00頃まで）

ⓓ　ノリの回復（10：20頃まで）

以下，ⓐ〜ⓓについて詳述しよう。

ⓐ　ノリ共同再生の開始（登園直後〜9：16頃まで）

　登園直後（9：06）は，子どもたちは室内に散っており，行っていることもそれぞれバラバラである。しかし，10分程度で，ほぼ全員がそれぞれの遊びコーナー（前日遊んだコーナー）に座る。前日のノリを共同に再生し始めたのである。

　ここで注目すべきなのは，ノリが製作コーナーのTの周りを中心に再生され始めていることである。最も早く想起しているのは，D子（⑩），F子（⑪）である（9：06の俯瞰図参照）。二人は，Tによって再生される昨日のノリ（リリアンの糸をいじる：下線❷）に，ノル（エントレインする）ことによって，昨日の続き（リリアンを編む）を始めている。このノリは15分ほどの間に拡がり，7人の子どもに共有されるようになる（俯瞰図9：22）。Tの再生するノリにD子とF子がノリ，それによって昨日のノリが，T，D子，F子によって共同に再生され始める。すると，今度はそのノリに，次々と子どもたちがノリ，9：22には7人の子どもが昨日のノリを共同に再生している。

　ブロックコーナーは，ままごとコーナーよりも早くノリが共同に想起されている。ままごとコーナーは，B子が前日にノリを共同に生成した仲間を待っている様子（下線❹）だが，ノリの再生には至らない。Sがその様子を見て，ノリを再生し始めると（テーブルを出し，座って粘土をこねる：下線❾），B子たちがそれにノリ，共同に再生し始める（皆，がSと同じように座って粘土をこねる：下線❿）。

ⓑ　ノリの安定（9：40頃まで）

　ほぼ全員が座ってから25分弱の間（9：16〜40頃）は，昨日と同じ遊びのノリを共有している。製作コーナーは椅子に座ってリリアンを編んでおり，ブロックコーナーは座ってブロック製作を続けている。ままごとコーナーにいたB子達が，積み木を運び始めるが，これも先述のように昨日までと同じ動

きだと思われる。

ⓒ 温泉ごっこのノリの乱調（10：00頃まで）

　ここで，いつもの遊びにはないハプニングが生じる。園内研講師が温泉ごっこに近づくと「入ってもいいよ」と言われて，遊びに参加する（下線⑯）のである。それによって，停滞しかかっていた（「泡泡泡」という音声身振り以外の動きがない：下線⑭）温泉ごっこのノリは俄かに活気づくかに見える（下線⑰）。製作コーナーとブロックコーナーの子どもたちは作業の手を止め，温泉ごっこに注目し，それぞれの遊びのノリは一旦中断される（下線⑲）。ブロックコーナーにいたＲ男とＣ男は，立ち上がって温泉コーナーの方に来る（下線⑳）。ＴとＳは，それぞれのコーナーにいて，目は温泉ごっこを見ても，手の動きを止めることは無く，すぐに視線も手元に戻す（下線㉑）。製作コーナーとブロックコーナーにいる子どもたち（Ｒ男とＣ男以外）は，その場を動くことはなく，数分もするとノリを再生し始める（リリアンとブロック製作を再開する：下線㉓）。ＴとＳの維持するノリに，ノッたのである。

　活気づくかと思われた温泉ごっこは，講師の生み出したノリがＢ子達のいつものノリとの落差が大きいために，講師が抜けた後，Ｂ子たちは浮き足立ち落ち着かず，はしゃぎまわり，そこにＲ男とＣ男も加わり，ますます，室内をはしゃぎまわる（下線㉒）。Ｂ子たちは，いつものノリの再生を維持することができず，いわば乱調状態となるのである。しかし，他の子どもたちは，Ｂ子達の乱調に影響されること無く，ノリを維持している（各コーナーで遊びを続けている：下線㉓）。

ⓓ ノリの回復（10：20頃まで）

　園内研講師が温泉ごっこから抜けた後のＢ子たちの落ち着かない様子を見て，Ｓはままごとコーナーに座り，再び粘土をいじり始めて，その日の遊び始めと同じノリを再生し始める（下線㉗）。

　温泉ごっこに加わったＲ男とＣ男の生み出すノリに違和感を感じたＢ子た

ち（下線㉕）は，ままごとコーナーに戻り，再び粘土をいじり始める（下線㉘㉙）。これは，Sによって再生されるままごとコーナーのノリに，B子たちがノルことによって，ままごとコーナーのいつものノリを共同に再生し始めたと言えるだろう。

　温泉ごっこに二人取り残されたR男とC男は，数分後ブロックコーナーに戻る（下線㉚）。しかし，C男，G男，H男のノリは減衰している（飽きた様子で寝そべったり，寄りかかってボーっとしている：下線㉜）。その様子を見たTが，製作コーナーを抜けて，ブロックコーナーに入り（下線㉝），ブロック遊びのノリを再生すると，C男，G男，H男もそのノリを共有し，いつもの遊びのノリの共同再生が回復する（下線㉞）。

3 　考察－ノリの共同再生とその維持はどのようにして可能なのか－

　以上のようなノリの共同再生とその維持を可能にするものとして第一に挙げられるのは，物的環境（共同再生を喚起する装置としての遊びコーナーの設置）である。前述したように，製作遊びもブロックの遊びもままごとも，前日の遊びのノリの共同想起だと解釈できる。この事例で注目すべきなのは，共同想起を喚起する装置としての物的環境がそれほど十分でなくても「装置」となり得ていることである。すなわち，ブロックコーナーと温泉ごっこコーナーは，子どもたち自身で場作りを行っている。登園時にブロックコーナーの場所は，ブロックの入っている棚が置かれているだけであり，棚の前にシートを敷き，ブロックの入れられている箱を出すのは子どもたちである（下線⑦）。温泉コーナーは，登園時には何もコーナーを明示するモノは設置されておらず，子どもたちが積み木でコーナーを区切り，シャワー台を持ってくる（下線⑬）。これらの事実が意味するのは，子どもたちの遊びのノリの記憶が，それだけ濃密に蓄積されているということである。遊びのノリの記憶が稀薄な場合は，自分たちで遊び場を構成することは難しい。

　第二に挙げられるのは，子どもたちのノリの共同再生を喚起する保育者の身体的関与である。例えばⓐ（ノリ共同再生の開始）の登園直後において，ノリ

が再生され始めるのは，製作コーナーに座っているTを中心としてであり（まず，Tが再生し始め，それにD子，F子がノリ，それに他の子どもたちがノル），Tの再生するノリ自体が，子どもたちのノリの再生を喚起している。ままごとコーナーで，B子たちがノリを共同に再生し始めるのも，Sがノリを再生しやすい物的環境を構成し（テーブルを出す），ノリを再生し始めるからである。Sの行為が，B子たちの共同再生を喚起するのである。あるいはⓒ（温泉ごっこのノリの乱調）で，ハプニングによって温泉ごっこのノリが乱調の際に，他のコーナー（製作コーナーとブロックコーナー）の子どもたちがノリの再生を維持する（一旦ノリの再生を中断させても，すぐに再生し始める）のは，T（製作コーナーにいる）とS（ブロックコーナーにいる）が，ノリの再生を維持し続けるからである。子どもたちはTやSのノリに引き込まれる（エントレインする），あるいは引き戻されるのである。そして，ⓓ（ノリの回復）で，それまで乱調だったB子たちのノリが，再びままごとコーナーで落ち着き始める（ままごとコーナーでのノリの共同再生が再開され始める）のは，Sがままごとコーナーに座ってノリを再生し始めることが契機となっている。また，ブロックコーナーでノリが減衰していた状態（C男は寝そべり，G男とH男はボーっとしている）から，ノリが回復する（彼らが再びブロック製作に向かう）のは，Tがそこに入りノリを再生する（ブロックを組み立てる）ことによって，C男たちに共有されているノリの記憶を身体的に喚起するからである。

このように，TとSは，子どもたちの遊びのノリの共同再生を直接的に喚起する役割を担っている。登園時にノリの再生がなかなか喚起されないとき，あるいはノリの共同再生の途中でノリが衰退したり，乱調であるときに，前日のあるいはいつものノリの再生が維持されるように，自らがノリを再生したり，生み出したりしているのである。

第三に挙げられるのは，保育者が遊びを「見る」ことである。遊びを「見る」ことには，二つの側面がある。一つは，遊びの状態を診断する観察する目である。事例のTとSが遊びのノリが不調なときに遊びに関与し，子どもたちのノリの再生を活性化したり，安定させることができるのは，事例のTとSが室内のそ

れぞれの遊びのノリを的確に読み取るとることができているからである。それは，遊びを「見る」ことによって可能となる。TとSは，遊びのノリの状態が停滞していたり遊びに関与する直前に，遊びのノリの状態を見ており（下線❽㉝），そのとき遊びのノリの状態を読み取って，自身がどこの遊びに関与するべきかを判断していると思われる。このような読み取りは，いかなる状態にあっても可能となるものではない。例えば，もし，TやSがままごと遊びに夢中になって遊んでしまったら，隣のブロックの遊びの状況を見取る余裕はないのである。それだけでなく，別稿⑮で論じたように，保育者が遊んでいるままごとのノリ全体の状態を見取ることも困難である。保育者が子どもと一緒に遊ぶことに集中してしまったら，室内で展開されている全ての遊びについて，それぞれのノリ再生の状態を見取ることはできない。ある遊びのノリ全体を読み取るためには，その遊びのノリから外在的であることが必要であり，しかも保育室内に展開される全ての遊びのノリの状態を見取るには，全ての遊びを俯瞰できることが必要である。

　この意味で，事例のTとSが遊びに関与する場合，必ず壁を背にしていることは注目に値する。こうすることによって，常に部屋全体を見渡すことができるので，どの遊びのノリの再生が維持されているか，どの遊びのノリが衰退しかかっているか，を読み取ることができるからである。また，TとSが長い時間関与する遊びが，製作，ブロックなどの座って作る遊びであることも興味深い。というのは，これらの作る遊びは，ままごとのように動き回り，役を演じる遊びとは異なり，座って身体をあまり動かさず主に手だけを動かすので，遊びへの集中度を一時的に下げて他の遊びを見取ることが可能だからである。

　保育者が遊びを「見る」ことのいま一つのの側面は，相互承認の「まなざし」である。保育者が常に室内の遊び全体を俯瞰できるような位置取りをしていることの意義は，遊びの状態を観察し診断するためだけではない。というのは，室内の全ての遊びを俯瞰できるような位置取りをして実際に他の遊びを「見る」ことは，子どもの側からすれば，保育者の「まなざし」を感じる（見守ってくれている）ことになるからである。この意味で，ⓐ（ノリの共同再生の開

始）において，ブロックコーナーの遊びのノリが比較的早く再生され始めていることは極めて興味深い。ノリの再生の開始が最も早いのは，製作コーナーであり，それは前述のように，保育者の生み出すノリが子どもたちのノリを喚起しているからである。しかし，ブロックコーナーのノリの再生開始には，保育者の身体的関与は無い（製作とままごとは保育者が身体的ノリを生み出すことによって再生を喚起している）。それにもかかわらず，比較的早い時間（製作コーナーの次）にノリが共同に再生され始めるのは，ブロックコーナーがTの「まなざし」を最も感受できる（と子どもが感じることのできる）場所にあるからだと考える。小川は，多くの幼稚園で園内研究講師をした経験をもとに，このように保育者が座る位置の正面に位置するコーナーの遊びは安定しやすい，と言う[16]。そうだとすれば，製作コーナーに座っているTの正面に位置するブロックコーナーの遊びのノリの共同再生が，製作コーナーの次に早く開始するのは，偶然のことではない。ブロックコーナーにいる子どもたちは，Tの正面に位置するがゆえに，Tの「まなざし」に捉えられている内にあると感じやすいのであり，それゆえにこそ，遊びのノリの共同再生の開始が早いのである。実際，Tは，製作コーナーに座って手を動かしながら，しばしばブロックコーナーに視線を向けている（下線[8][11][12][15][19][24][31][35]）。

　子どもたちの遊びのノリの共同再生とその維持を可能にするものとして以上にあげた3点は，小川が挙げた「戦略」，具体的には，物的環境として遊びのコーナーが設置されること，その場合，保育者が製作コーナーに座り，各遊びコーナーを俯瞰できるような位置関係になること，保育者が子どものノリを喚起する身体的関与を行うこと，という3点と一致する。
　このように考えるなら，小川が保育者は製作コーナーに座るべきだと主張することの理由が明らかとなるだろう。小川があげた3点のうち，保育実践中に保育者が行いうる「戦略」は，「見る」ことと身体的関与との二つである（物的環境構成は保育実践開始以前に行うものである）。保育実践中に，この二つの「戦略」を実現することを最も可能にする場は，製作コーナーである。製作コー

ナー以外のコーナーの遊び,すなわち,ままごとや積み木は,保育者がノリを身体的に生み出し,子どもとノリを共有しながら,自分の関与している遊びやそれ以外の遊びを観察することは困難である。例えば,ままごとは,子どもの〈ふり〉や〈かたり〉に対して保育者もある役割の〈ふり〉や〈かたり〉で応じなければならず,〈ふり〉と〈かたり〉のノリを子どもと共同に生成しなければならないので,他の遊びに背中を向けざるを得ないことも多く,他の遊びを気にしながら〈ふり〉を演じても,その場が白けてしまい,遊びのノリの活性化を疎外する危険性も高い。また,遊びのノリの生成のされ方は,必ずしも遊びメンバー全員でないことも多く,遊びのノリも複数の場合もあるので,保育者が遊びのノリの生成に没頭してしまう場合,自らの遊びのノリ全体の状況を把握できないことも少なくない。ままごとコーナーの中にはいるが,ただ座っているだけで,遊びのノリから疎外されているような子どもがいることを,保育者がままごとに夢中になっていると見落としてしまうことがあるからである。つまり,保育者がままごと遊びに参加している場合は,室内の遊び全体に対する「まなざし」も観察の目も,持つことは難しい。それに対して,製作コーナーは,子どもがモノに向かい,手を動かすことによってモノをに変化を与え,その変化に応じて手を動かすというように,子どもがモノとの間にある種のノリを生み出すので,保育者は自らも手を動かすことによってノリを生み出しつつ,子どものノリに対して半ば外在的になることが可能である。つまり,製作コーナーは,保育者が製作遊びのノリを生み出すと同時に,それに半ば内在しつつ半ば外在することができるがゆえに(他のコーナーの遊びに対してはもちろん外在している),室内の遊び全体を俯瞰することができ,観察の目も「まなざし」も持つことができる。つまり,製作コーナーこそ,子どものノリの共同生成とその維持のための「戦略」を可能にする場であり,言いかえれば,「内的秩序」感覚の形成のための「戦略」として最も有効な場なのである。

9 「内的秩序」感覚が形成され，「ルール」の芽生えが見られる保育実践例 —M幼稚園のリレー遊びの実践から—

1 「内的秩序」感覚と「ルール」形成の過程
—遊びに内在する規範発生の基盤—

① 「内的秩序」感覚の形成とノリ

　西村清和は，遊びの構造として，「ふれあいの遊戯関係」（遊び手と遊び相手という主客が未分であること），「同調」，「役割交替」，「宙づりにされた相互期待の遊隙」の４つをあげている[17]。西村が遊びの祖型と呼ぶ「いない・いない・ばー」に見るように，遊びは，遊び手と遊び相手という主客が未分である（どちらが遊ぶ者でどちらが遊ばれる者か分からない）関係（「ふれあいの遊戯関係」）で成り立っている。「いないいない」で母親が自分の顔を隠すことによって，両者の間で「ばあ」と顔が現れることへの期待が宙づりにされ，「いまか，いまか」と待つ。ここに，予定と実行の間の仕組まれた隙が生み出される（「宙づりにされた相互期待の遊隙」）。このことは，遊び手同士が別々に「いないいない」や「ばあ」を行っていたのでは成立しないのであって，両者の行動が同調していることによってこそ成り立つのである（同調された〈遊動〉）。また，幼児が15ヶ月にもなると，それまで母親の役割であった顔の消失を自ら行うようになる（役割交替）。

　西村の言う「〈遊動〉の同調」を，私は「ノリの共有」という言葉で捉えてきた。「ノリ」とは，ふるまいに潜在するリズムのことであり[18]，例えば母親が「いないいない」と言いながら顔を覆い隠す身振りをすると幼児も唱和して「いないいない」と両手で顔を覆うのは，「いないいない」と言う母親の身体によって生み出されるノリに幼児がノル（ノリを共有する）ことである。

　このようなノリの共有は，「内的秩序」感覚形成の基盤となるものだと考える。第１章第２節②で述べたように，大澤真幸の論をもとに考えるなら，規範は身体的同調を発生基盤としている。身体が同調する際に「第三者の審級」として擬制的に投射される「抑圧身体」は，最も原初的な規範である，と大澤は論じ

ている[19]。

「ノリ」は，原初的な「第三者の審級」(「抑圧身体」)の位格に属するものである。というのは，ノリとは，同調する複数の身体の志向作用を代表する，擬制されて実在性を帯びたひとつの抽象的な志向作用に他ならないからである。複数の者がノリを共有しているとき，彼らはノリを生み出しつつそのノリに拘束される[20]。例えば，シュプレヒコールが続いている(「アンコール！アンコール！」など)とき，その言葉を唱和するメンバー達は，言葉を発することによって自らノリを生み出す一員となると同時に，その唱和の響きの中に身が置かれていることによって，言葉を発することを動機づけられ，その言葉を唱和するという行為以外の行為(一人だけ他の言葉を発する等)を選択できなくなる。ここにおいては，その言葉を唱和する行為が妥当なものであり，その他の行為は非妥当であることが認定されている。つまり，ノリが共有されているということは，そこにある種の規範が生じているということでもある。それゆえにこそ，ノリは「法(のり)」(坂部恵)なのであり，〈間柄〉をかたどり，象徴体系の基礎的な枠組みを素描する[21]ものとなるのである。

このようなノリに内在する規範は，それとして自覚されることはない。なぜなら，ノリは，複数の身体がノリを生成しつつそのノリに拘束されるという自己準拠的な循環にあるので，ノリから超越し，ノリそのものを対象化する視点を持つことはできないからである[22]。つまり，最も原初的な「第三者の審級」(抑圧身体)は，視点が空間に内属しているがゆえに，規範性を自覚するような超越的な視点を持ちえない。それゆえ，規範は，存在するが，それとして自覚されずに伏在している(第1章第2節③の図6参照)。

② 「ルール」の成立－自覚化されるノリ

規範が対象化され，規範として自覚されるようになるのは，ノリから超越した視点が形成される「集権身体」－「抑圧身体」よりも抽象的な段階の「第三者の審級」－の成立によってである。大澤によれば，原初的「第三者の審級」を固有化した身体が社会的に編成されることによって，より抽象的な段階の「第

三者の審級」(「集権身体」) が成立する。「第三者の審級」の視点は, 空間から超越し, 鳥瞰図的なものとなる。法は, このようにして成立するのであり, 王権社会がその例としてあげられる, と言っている。子どもの遊びにおいて,「法」に相当するものを, すなわち, 規範が自覚化されたもののことを, ここでは「ルール」と呼ぶことにしたい。「ルール」は, 子どもたちが, 遊びに伏在している規範に対して超越した視点を持つことによって自覚化したものである。

ノリの共有が遊びに欠かせない構造だとすれば, 遊びは子どもたちの「内的秩序」感覚を形成し, それを自覚化させる可能性を持っていると言うことができる。しかし, 実際の保育で展開されている全ての遊びが, その可能性を顕在化させるとは限らない。というのは, いわゆる「放牧」保育に見られるように, 遊びが続かず, 次から次へと移ってしまう場合には, ノリが安定せず, したがって規範性も乏しいので, 子どもたちが規範を維持できず, そのためにそれを自覚化する可能性は低いからである。遊びの中で, 子どもたちが「内的秩序」感覚を維持し, それを自覚化して「ルール」として成立させるためには, 少なくとも一つの遊びが長い時間続けられることが必要である。遊びが長く続けられることは, ノリが安定していることであり, したがってその遊びにおいて子どもたちが生み出し, 維持する規範も安定していることになるからである (「抑圧身体」の投射が安定している)。そして, そこから超越した視点が形成されるとすれば, 子どもたちがノリすなわち規範を自覚化することが可能になる。このように, 子どもたちがノリを生成し, 維持することは「内的秩序」感覚が共有されることなのであり, それを自ら対象化する視点を持つことによって自覚化することは「ルール」の成立なのである。

2 遊びの中で「内的秩序」感覚が形成されていることを示す事例

以上のことを具体的な事例をあげることによって示そう。次に示すのは, 遊びにおいて「内的秩序」感覚が形成される過程を示していると考えられる事例である。

M幼稚園[23]では, 登園後保育室で子どもたちが好きな遊びを1時間くらいし

た後，園庭でサッカー，巧技台，砂場などで1時間弱遊び，その後リレーが始まる，という流れが，10月からずっと続いている。事例は，11月のある日のリレー遊びの場面である。

【事例2－3】 リレー遊びの中で生まれる秩序
（事例文中の下線番号は，168－171頁の表の下線番号と一致している）

ⓐ **Tと子どもたちとでエンドレスリレーが始まる（1周目～35周目 11：32頃～11：46頃）**

　サッカーや園庭の遊具，砂場での遊びがひと段落した頃，Tがいつもの場所に黄色と青のポール（いつもリレー遊びのときに用いる）を立てておくと，そこに数人の子どもたちが集まってきて❶，やがて，園庭の半分を使って（サッカーがまだ続いている。167頁図参照）いつものように，Tとその子どもたち数人（4歳児，5歳児両方で5，6人）でエンドレスリレーを始める。コースは歪な楕円形だが，Tはまったく構わず，子どもからバトンを受け取って走り，次の子どもにわたす。Tは走っている子どもにときどき「頑張れ，頑張れ～」と声援を送る。子どもたちも口々に「○○ちゃ～ん，頑張って～」，「頑張れ～」と言う。次第にその場で飛び跳ねながら「頑張れ～」という子どもたちも出てくる。特に，二人の走者の速さが拮抗すると，歓声が上がる❹。

　Tと子どもたちが走り始めてしばらくすると，園庭の各場所での片付けを終えた子どもたちが口々に大きな声で「仲間に入れて」，「リレーが始まってるよ！入～れて！」と言って加わり❻❽，リレーを行うのは14，5名の園児になる。

ⓑ **いろいろな不具合が生じる（36周目～46周目　11：46頃～11：48頃）**

　一応は，青と黄色の二つのチームに分かれているのだが，途中でその場を抜けてしまう（抜けた後，戻ってくる）子どももいたりして，青い帽子をかぶった子どもが一人もいなくなってしまい，Tが「あれ？青が全然いないじゃない？」と言う⓮。黄色い帽子をかぶった何人かの子どもたちが，帽子を青にかえる（それまでスタート位置の近くで子どもたちと一緒にいたTは，その後，リレーから離れた所に行き，様子を見守るようになる）。その間も，バ

トンを受け取りトラックを一周してバトンを次の子に渡す，という循環は途切れることなく続いている。

　黄チームの男児がバトンを落とし，バトンが転がってしまったので走るのをやめる❻と，5歳女児達から「いいよ！走っちゃって！」と不満げな声があがる❻。そのとき，青の女児が走って戻ってきても，次の走者が待っておらず，「青〜！」と言って探し❼，それを見た5歳男児が「（次が）誰だか，よく見てよ！」と強い口調で言う❽。

　次第に走るスピードが上がってきて，スタートラインでバトンを待っている次走者が，前走者がもたもたしていると「速く！」と怒鳴ることもある❾。そのうちに，次走者がスタートラインに立つのと同時に，その次の走者も出てくるようになる㉑。そのために，バトンを受け渡した前走者と次々走者がぶつかりそうになったり，ぶつかったりするようになる㉒。

c　リレーを中断し，不具合を修正するために整列する（46周目以降　11：48頃〜11：51頃）

　46周目のとき，黄色チームより速く戻ってきた青走者は，右隣りに待っていた青の次走者が目に入らず，「いな〜い！」と言ってウロウロする㉓。そのうちに黄色チームが青を追い越して先に行ってしまう㉕。待っていた青の次走者はムッとして「なんで〜！？」と言ってバトンを受け取り，不満な表情で走り出す㉔。

　先に行った黄走者がスタートラインに戻ってくると5歳児のM子たちが「待って！待って！」と叫ぶ㉗が，黄の次走者はそのままバトンを受け取り走り出してしまう。青は，スタートラインで走るのをやめる。そこに黄チームが戻ってくると，女児（5歳児）数人が「待って！待って！」と叫んで黄走者のバトンを奪い取り㉙，皆が手を繋いで整列する㉚。M子は，あぶれた4歳女児の手を引いて列の一番後に並ばせる㉛。

d　スタートとゴールのあるリレーが開始する（11：51〜）

　そして，M子は先頭に立って，第一走者としてスタートラインに立つと，列の前の方に立っている女児数人が唱和して「よ〜い，,,,ドン！」と叫び㉝，次のリレーが始まる。第7走者（最終走者）が走り出すと，M子はスタートラインに立ち，両手を拡げてゴールになる㉞。この後，ときどきM子が中心

となって皆を整列させたり，人数を確認したりしながら㉟，リレーが40分近く続いた。

● リレー開始時（11：30頃）の様子

Tがいつもの場所に青と黄色のポールを立てると，4歳女児5人が集まり，帽子の色を変えて（4歳はもともとは青帽子）並んで待っている❶

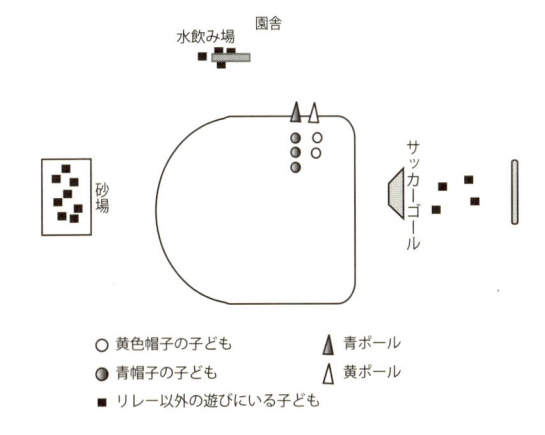

〔俯瞰図：園舎・水飲み場・砂場・サッカーゴール等の配置〕

○ 黄色帽子の子ども　　▲ 青ポール
● 青帽子の子ども　　　△ 黄ポール
■ リレー以外の遊びにいる子ども

時間	俯瞰図	トラックにいる子どもの様子	トラックの中で待っている子どもの様子
11:41	〔図〕	Tが黄色の一員となり，リレーが始まる。<u>1周目はTと青が走る</u>❷。	Tが丸いバトンをすぐに落としたので，「きゃ〜〜」と盛り上がる。
	〔図〕	2周目 3周目 ⋮ 9周目（Tが青を追い越しそうになる） 10周目	T「頑張れ〜頑張れ〜」❸ 子どもたち「キャー」「頑張ってー」「キャー」❹ T「頑張れ〜」❺

時刻	図	状況	発話・行動
11:43		11周目 12周目：黄色（5歳女児）が青を追い抜く。 13周目	5歳女児（M子達）が3人で「仲間に入れて」と言って入る❻。次の走者がバトンを受け取るのを待つ間跳びはねる❼。
11:44		14周目 ・次第に黄が青を引き離す。 ・ ・ 23週目	5歳男児「仲間に入れて」と言って加わる❽。 走者が近づいてくると跳びはねる子が少しずつ増える❾。
11:45		24周目：黄色が23周目の青を抜く。 29周目	黄「きゃー」「わ～！」「やった～」跳び上がって喜ぶ❿。 T「頑張れ～」手を叩く⓫。
		30周目：黄と青（29周目）が並び拮抗する（しかし，黄が速い）。	「J子ちゃ～ん」（唱和）「頑張れ～」⓬ 「○○ちゃ～ん」⓭
11:46		31周目： 黄が1周以上青をリードしたまま走り続ける。	青の女児二人が少しの間その場を離れる（しばらくして戻ってくる）。 4歳児，5歳児男児4人「仲間に入れて」と言って加わる。

		36周目： あいかわらず，黄が1周以上リードしている。	走者以外は黄色帽子ばかりになり，T「青が全然いないじゃない？」**⓮** 数人の子が帽子を青に変える。
11:47		37周目：黄①S男がバトンを渡す時に落とし，バトンが転がり，走れない**⓯**。青（F子）のみが走るが，戻ってきても青の次走者が待っていないので「青〜！」と大声で呼ぶ**⓱**。	M子・H子（いずれも5歳）「いいよ〜走っちゃって」**⓰** 5歳W男「（次が）誰だかよく見てよ！」**⓲**
11:48		41周目：次走者黄②が黄走者（青より少し遅れている）に対して「黄色チーム速くだよ！と跳び上がりながら怒鳴る**⓳**。 走るスピードが全体的に速くなってくる**⓴**。 42周目	
		43周目：次の走者がバトンをもらうためにトラックに出ると，次々走者も出てくるようになる**㉑**。そのために，走者❸❹が次走者❺❻にバトンを渡した直後に，次々走者❼❽にぶつかりそうになったり，ぶつかったりするようになる**㉒**。 45周目	

	(図)	46周目：黄より早く戻ってきた青走者❾は次走者が目に入らず「いな〜い！」と言ってウロウロする㉓。 その間に黄色⓬は先に（青は追い抜かれる）走って行ってしまう㉕。 青⓫は，ムッとしたまま走り始める㉖。	すぐ右側にいた青の次走者⓫は「なんで〜！」とムッとする㉔。
	(図)	47周目：青⓭は止まるが，黄⓮は走り出してしまう。	M子⓯が「待って！待って！」と叫ぶ㉗。 M子⓯たちが次の走者の走るのを止める㉘。 M子⓯たちが「待って！」「待って」と走者に向かって叫ぶ㉙。M子①は，待っている子どもたちの青と黄を対応させて，一組ずつ手を繋がせる㉚。
11:49 11:50	(図)	⓮が戻ってくる M子⓯と黄がスタートラインに並ぶ。 第1走者（M子達）が走り出す。	⓮も列の中に入る。 M子⓯はあぶれている⓰の手を引いて列の一番後ろに連れてゆく㉛。 スタート位置の近くにいる子どもたちが「よーい，，，ドン！」とスタートのかけ声をかける㉜。
11:51	(図)	⋮ 7周目（第7走者が走っている）：M子⓯がスタートラインに立ち両手を拡げてゴールを作る㉞。 その後，5歳女児数人が「よーい，ドン！」と言ってリレーがスタートし，M子がゴールを作る，というふうにしてリレーが続けられた。	M子が「手繋いでみて〜」と言って，走者の人数と列を確認しようとする㉝。 M子は，ときどき黄チームと青チームの人数を確認する㉟。

第2章 「内的秩序」論　171

　事例の子どもたちは，Tと子どもたちで始まったエンドレスリレーが展開する過程において，いろいろな不具合が生じるのだが，それに対して子どもたちがほとんどTの介入無しに，自分たちで不具合を修正し，秩序を保ちながらリレーを続行させている。エンドレスリレーの途中で青チームが走者以外は一人もいなくなり，Tがそれを指摘している（下線❹）が，それ以降，バトンを落として走るのを中断してしまったり（下線❺），次の走者が待っていなかったり（下線❼），次の走者に気づかない，というような，リレーの進行の障害となることが生じても，子どもたちが「いいよ〜走っちゃって」と言ったり（下線❻），「（次が）誰だかよく見てよ！」と注意したり（下線❽）して，リレーを進め，最終的にはM子が皆を整列させ（下線㉗〜㉛），スタートとゴールを設定して再開する（下線㉜㉞）。つまり，事例の子どもたちは，自発的に秩序を維持し，新たな秩序を生み出していると言える。
　このような「内的秩序」感覚は，どんな保育における遊びでも自然発生的かつ普遍的に見られるものではない。秩序が崩壊して遊びが壊れてしまうことも多いし，それとは逆に，教師がルールを守るように言語的に介入して教授学習的に秩序を維持させたり，新たな秩序を導入することも少なくない。事例の子どもたちは，教師の介入無しに，どのようにして自分たちで秩序を維持し，秩序を生み出していくのだろうか。
　結論から言えば，事例の子どもたちはノリの共有を深めているがゆえに，「内的秩序」感覚を維持し，そこから「ルール」を成立させ，新たな秩序（「ルール」）を創出することが可能なのである。子どもたちはスタートラインから出発して1周して元に戻るという循環のノリを共有する経験が身体に蓄積されているのであり，それゆえにノリを維持しようとすることができ，それは，同時に自覚されていない秩序を維持することなのである。また，ノリの共有が深められているがゆえに，ノリ，すなわち秩序を対象化する超越的な視点（「集権身体」の視点）を持つことができ（「ルール」の芽ばえ），そのことがさらに，新たな秩序（「ルール」）の創出へとつながっていると考えられる。そのことを，事例の遊びを身体的ノリの視点から分析することによって示そう。

3 分析

事例の ⓐ～ⓓ の過程は，ノリの視点から見ると，4つの段階として考えられる。ノリの変化に伴って，「第三者の審級」の抽象性のレベルも，次の表のように変化する。

	ノリのありよう	「第三者の審級」
第Ⅰ段階	循環のノリの生起と増大 （ⓐ 1周目～35周目 11:32頃～11:46頃）	「抑圧身体」
第Ⅱ段階	ノリの阻害と促進 （ⓑ 36周目～46周目　11:46頃～11:48頃）	
第Ⅲ段階	ノリの中断と仕切り直し （ⓒ 46, 47周目　11:48頃～11:51頃）	「集権身体」
第Ⅳ段階	ノリの新たな段階 （ⓓ 11:51頃～）	

以下，詳述する。

● 第Ⅰ段階　循環のノリの生起と増大－伏在する規範　（ⓐ 1周目～35周目 11：32頃～11：46頃）

円形のトラックを用いて行われるリレーは，スタートラインから出発してスタートラインに戻り，そこからまた出発して戻る，というような，「行って戻る」という循環のノリによって進められる。このような循環のノリは，リレーに参加するＴと子どもたちが共同に生み出すものである。走者と自分の走る順番を待っている者は応答的にノリを共有していると言える。すなわち，スタート地点を走り出し，そこに戻って来るまでの間，待っている子どもたちはただ立っているのではなく，走っている子どもに潜在的に同調していると考えられる（待っている子どもが跳びはねているのは，潜在的に同調しているノリが顕在化しつつあることを示している。例：下線[7][9]）。したがって，二人の子どもが走る間待っていた子どもは，2回繰り返される「行って戻る」というサイクルに潜在的にノッており，自分の走る番になるとそのノリを顕在化させるの

である。このようにノリが共有されているということは，そこに規範が成立している（「内的秩序」感覚が共有され，維持されている）ことを意味する（先述）。

待っている子どもたちの発言（二つのチームの走者が同列に並び，競っているときに「キャー」「頑張ってー」と言う）は，子どもたちが，走者と身構えを共有していることを示している。この子どもたちの視点は，走者の行為に密着している。

事例のリレー遊びは，このような循環のノリをTと子どもたち数人とが共同に再生することによって始められる。「再生」であるのは，事例の遊びが前日までのリレー遊びの身体的共同想起だからである[24]（「いつものように」：下線❶）。このノリは，循環が繰り返される過程で次第に増大し（かけ声や歓声が上がるようになる：下線❹❺），そこに他の遊びを終えた子どもたちがノリの共同再生に加わり（下線❻❽），それによってノリはさらに増大してゆく。

●**第Ⅱ段階　ノリの阻害と促進**（ⓑ 36周目〜46周目　11：46頃〜11：48頃）

第Ⅰ段階で増大するノリは，ますます増大してゆく（走るスピードが速くなる。下線❷⓪）。それに伴って，歓声が上がることも多くなり（下線❿⓬⓭），リレーが盛り上がっている様子が伺える。

しかし，ノリが増大するに伴って，リレーの進行を阻害するいろいろな不具合が生起する。黄チームの人数が増え，青チームが少しの間激減してしまったり（下線⓮），走者がバトンを落として循環のノリにノリ遅れ，走るのを止めてしまったり（下線⓯），その混乱の中で前走者が戻ってきて次走者の準備ができていなかったりして（下線⓱）ノリが中断されそうになったり，次走者の身構えを次々走者が共有して，スタートラインに出てきてしまったり（下線㉑）して，循環のノリの生成が阻害されそうになるのである。

このような状況に対して，子どもたちは途絶えそうになるノリを続行させるように促す。青チームメンバーが激減したことを指摘するのはTだが（下線⓮），バトンを落としてノリ遅れたS男に，ノリにノルように促すのは（M子達「いいよ〜走っちゃって」下線⓰）M子たちであり，前走者のノリを引き継ぐはず

の次走者の準備ができておらず（スタートラインで待っていない），前走者がバトンを渡すべき次走者を探す（「青〜！」：下線⑰）のを見て，ノリが途絶えないように次走者が準備するように注意する（「（次が）誰だかよく見てよ！」：下線⑱）のはW男である。

　このようなM子たちとW男の発言から伺えるのは，彼らの規範的な視点が行為に密着していることである。大澤によれば，「規範は，自己または他者の行為についての予期の形態で存在している（「あの人は〜するはずだ」）」のであり，「規範的な視点が行為に密着している場合には，規範は，ある行為者によって信じられていた予期が裏切られたときにその予期を提示し，さらに裏切られた者の反応を定常化するところに，その任務を持っている」という[25]。大澤の言う「予期を裏切る者」というのは，ノリにノレない者のことである。M子たちとW男の規範的な視点はノリにノレない者の行為に密着しており，ノリが途絶えそうになる（「信じられていた予期が裏切られた」）ために，ノリを続行させるように促す（「その予期を提示し，さらに裏切られた者の反応を定常化」する）ものである。すなわち，M子たちの発言（「いいよ〜走っちゃって」）は，「S男は，そのまま走ってよい，あるいは，走るべきである」というもので，走れなくなる走者S男によって予期が裏切られ，それを定常化するものであり，W男の発言（「（次が）誰だかよく見てよ！」）は，「待っている子どもたちは，誰が次走者であるか，リレーの進行をよく見ていなければならない」という意味であり，スタートラインで次走者が待っていなかったという行為は予期を裏切るものであり，W男はそれを定常化しようとするのである。

　第Ⅰ段階と第Ⅱ段階を以上のように見てくると，ここにおいては，子どもたちがノリを生成しつつ，ノリに拘束され，その自己準拠的な連関の中でノリを定常化していることが分かる。すなわち，第Ⅰ段階と第Ⅱ段階に成立している「審級性」は，最も原初的な「第三者の審級」（「抑圧身体」）であり，子どもたちは「内的秩序」感覚を維持していると言うことができる。

● 第Ⅲ段階　ノリの中断と仕切り直し－超越した視点による「ルール」の芽ば

え（ⓒ 46周目以降　11：48頃〜 11：51頃）

ⓒではノリがいっそう増大する（走るスピードが速くなる：下線⑳）ことによって，ノリが中断されそうになる。前走者が次走者あるいは次々走者とぶつかりそうになったり，ぶつかったりして（下線㉒），スタート地点が混乱し，そのような中で前走者（F子）が次走者にスムーズにバトンを渡せなかったりするのである（下線㉓）。そのとき，M子が循環のノリを中断させ（「待って！待って！」：下線㉗㉘㉙），混乱したスタート地点を整然とさせるために，待っている子どもたちを秩序正しく整列させて（下線㉚㉛），混乱が生じないようにする。

ここで注目すべきは，M子の言動である。M子の言動（「待って，待って」と言って循環のノリを中断させ，皆を整列させる）は，第Ⅱ段階とは違って，リレー遊びのメンバーのどの行為にも密着したものではない。さらに，第Ⅱ段階のように，ノリにノレない者（予期を裏切る者）に対してのみ命じる（ノリを続行するように）のではなく，ノリにノレている者に対してもノリにノリ損なう者に対しても，整列するように命じている。ここでは，ノレない者のみ非難されるというようなことはない。M子は，ノレる者とノレない者に対して中立の立場にいて，両者を批判的に評価しているのである。この言動が可能なのは，M子が，子どもたちの行為を超越した視点から捉え，ノリを対象化しているからである。このようなM子の視点と行為は，法の持つ抽象性と同様のものであり，「ルール」の芽ばえと言うことができるだろう。すなわち，「抽象化された規範としての法のもとでは，（予期を）裏切られた側と裏切った側との双方の主張が，さしあたって対等な権利の請求と見なされ，その上で中立的な立場から，両者が批判的に評価される」のであり，このような抽象性は「行為の規範性をとらえる視点を，行為そのものから分離したがために要請されるのである」（大澤）。

● 第Ⅳ段階　ノリの新たな段階－超越した視点による新しい秩序の導入
　　　　　（11：51〜）

M子を含めた数人の女の子達が，子どもたちを整列させ，リレーのスタートとゴールを設定する（下線㉜㉞）。それまで始点も終点も無く続いていた循環

のノリに，始点と終点を設定することは，超越した視点によってこそ可能となるものである。こうしてリレーは，それまでのようなエンドレスリレーではなく，走者が一巡したらゴールとなり，一つのレースが終わる，という開始と終止が明確なリレーになる。こうすることよって，ノリはエンドレスリレーにおける循環のノリを基底に持ちながらも，それとは異なる新たな段階に入ることになる。エンドレスリレーにおける循環は，スタート地点から出発して戻ってくるということの繰り返しであった。しかし，第Ⅳ段階におけるリレーは，整列して人数が揃えられ，スタートとゴールが明確化され，複数の走者によって一つのレースとして構成される（エンドレスではなくなる）。このレースが繰り返されるとすれば，それはこれまでの単純な循環がグループ化され，それがまた繰り返される，という一次元上のレベルの循環である。こうして，新たな秩序（「ルール」）が導入されることになる。このことで，循環のノリが視覚的にも確認されやすく，大澤の言う鳥瞰図的視点（第1章第2節③図6参照）が持ちやすくなり，「集権身体」の審級がより明確になり，逸脱行為が鮮明となるがゆえに，「ルール」として提示できるようになる。

　超越的な視点と，それによって導入された新たな「ルール」は，それ以後も維持され続ける。M子はときどき青と黄の人数を確認し（下線㉝）ており，スタートラインは混乱することがなく，また，走者が一巡すると，M子が両手を広げてゴールラインに立ち，ゴールであることを提示している。

　以上のように第Ⅲ段階と第Ⅳ段階においてM子達の立つ視点は，第Ⅱ段階までとは異なり，ノリの自己準拠的な連関から脱し，その超越的な視点からノリを捉えるものである。つまり，第二段階までの審級性よりも一段階抽象的な「審級」（「集権身体」）へと上昇していると言えるだろう。

4　考察　−子どもたちの「内的秩序」感覚と「ルール」の発生はどのようにして可能となるか−

　事例において，子どもたちが秩序を維持しようとする行為が顕在化しているのは，第Ⅱ段階と第Ⅲ段階である。第Ⅱ段階では，ノリの自己準拠的な連関の

第2章 「内的秩序」論　177

中で予期を裏切る者の行為を定常化し（「抑圧身体」），第Ⅲ段階では，ノリから超越した視点から規範性を対象化することによって「ルール」が成立し，さらに新しい秩序を導入している（「集権身体」）。

このような，「抑圧身体」から「集権身体」の成立へという「内的秩序」感覚の共有とそこからの「ルール」の芽生えを可能にするのは，ノリの共有が身体に濃密に蓄積されていることによると考えられる。そのことを説明しよう。

① 第Ⅱ段階における秩序維持の行為－「内的秩序」感覚の共有が維持される

M子達やW男が予期を裏切る者の反応を定常化しようとする行為は，子どもたちの持つノリの身体化されたイメージが安定していることによって生まれるものである。M子やW男は，ノリの身体的記憶と眼前に起きるハプニングによって乱れそうになるノリとの間に違和を感じ（「いつものノリと違う」），乱れそうになっているノリを身体化されたノリの方へと戻そうとするのである。このようにノリを定常化しようとする行為が可能なのは，それまでの循環のノリが安定的に保持され，皆に共有されているからである。身体にノリが蓄積されていき，それによって循環が途絶えることに対する違和を感じることができるからである。実際，事例では，S男がバトンを落としてノリを中断しそうになるまでに，エンドレスリレーは36周もの間途絶えることがないのである（S男がバトンを落とすのは37周目のときである）。しかし，それだけではない。リレー遊びは，毎日同じように遊ばれており，循環のノリの共有の記憶は，子どもたちの身体にすでに蓄積されているのである。つまり，W男達は，事例当日のそれまでのノリとの間に違和を感じると同時に，W男達が想起している前日までのノリとの間に違和を感じているのである。

② 第Ⅲ段階における秩序を整える行為－「ルール」の発生

M子が超越した視点からノリを対象化するのは，前述したような，「抑圧身体」よりも抽象的な「第三者の審級」（「集権身体」）が成立しているからである。大澤は，ピアジェの言う前操作期にゆっくりと「集権身体」の投射が有効にな

るようになり,「集権身体」が安定するのは具体的操作期に入ってからだという仮説を提起している。この論に基づくなら,ノリを,そこから超越した場所から対象化する視点を持つことができるのが5歳児（M子）であるのは,当然と考えられる。このような視点を,4歳児が持つことは難しいだろう。

　しかし,発達的な視点から言えば,「集権身体」の投射の安定が具体的操作期に近くなってからだとしても,現実に展開されているどこの幼稚園や保育所の遊びにおいても,年長児が事例のM子のようにノリを対象化する視点を持つかと言えば,そうではあるまい。

　子どもが遊びに参加しつつ,自分たちで生み出しているノリそのものを対象化するには,そのための条件があると考える。それは,ノリが濃密に蓄積されていることである。眼前に展開されるノリそのものを対象化するには,身体に蓄積されたノリのイメージが抽象化されること[26]が必要である。ノリのイメージが抽象化されるには,それまでに蓄積されたノリの記憶が濃密であり,それと眼前に展開されるノリとの落差を感じることによって可能となる。ノリの蓄積が稀薄であれば,その全体像を一点から把握するようなことは不可能である。前述のように,事例の幼稚園では毎日のように園庭でサッカーや砂場で遊んだ後,リレーをして遊んでおり,子どもたちはノリの共有の体験を積み重ねている。そのことが,ノリそのものの対象化を可能にし,「ルール」を成立させることを可能にすると言えるだろう。

（岩田遵子）

第3節　遊びの「ルール」による規範形成と学級の「内的秩序」感覚の関わり

① 遊びの「ルール」による規範意識の形成は，学級に「内的秩序」感覚の形成に無効か

　前節でリレー遊びにおける規範意識形成の過程とその仕組みについての分析がなされた。ここでは，こうした遊びのルールを守ることによって形成される規範意識の生成が，「学級」という遊びとは異なった生活集団の維持における規範意識の形成に役立ちうるか，ということについて検討する必要がある。その際，西村清和の遊びのルールに関する言説は，避けて通るわけにはいかない。何故なら，西村はピアジェらに代表される通説とも言える見解に反対しているからである。ピアジェらの，遊びには子どもを「社会化」させる働きがあり，遊びのルールは社会のルールと同じ意味でルールと呼ぶことができるという主張に対し，根本的疑義を提起している。そこでまず，ピアジェらの通説を紹介し，西村の批判の要点を述べ，西村の所説への我々の反論を述べるとしよう。

　ピアジェは，「マーブルゲームの中に，一方的尊敬と強制的規則の，いわば原始的長老政治から相互的尊敬と合理的規則の民主政治への連続的発達を認め，これはまた道徳としては，権威の道徳つまり『義務と服従の道徳』から，相互尊敬の道徳，すなわち，『善（義務に対立した）と自律の道徳』への連続的発達を認める。」ピアジェにとって「真の意味における規則とは『契約，すなわち社会活動と結合』することによって義務的となった，社会的，集団的規則である。」そして，この規則を守ることの「社会的快」がこの規則成立の根拠であるとする。

　西村は，マーブルゲームの規則の遵守の根拠を「契約」「同意」「義務」「遵守」「公正」「平等」といった法的，社会倫理的概念にはめて解釈することに反対する。子どもたちは，マーブルゲームを遂行する際に必要なこととして，同意し

た「ルール」に従うという行為や手続きの形式的合理性を主張する。そして「ルール」を犯した場合，公正なやり方で「相互性に基づく懲罰」が下されるべきだとする。しかし，この懲罰や指令は，マーブルゲームに含まれているものではなく，社会行動一般の「ルール」だと西村は言う。公正さを貫こうとする態度は社会生活一般の「ルール」が生活の一部である遊びに顕れたのであって，社会一般と遊びが並行現象だからであり，遊びの社会化ではない，と言う[27]。

　子どもが遊びにおいてある規則を採用するのは，その遊び方が「おもしろい」からであり，それは遊び方を規定するものなのである。それは公正や相互尊重といった社会的「ルール」の反映ではなく，遊びに内属して，遊びを構成する「ルール」なのだという。「確かに，現実の遊びの現象としては，これら集団行動一般を可能にする社会的ルールと遊びを構成する固有のルールとが複雑にからみ合っているのは事実である」という。しかし，この二つの「ルール」は原理を別にするものだと西村は言う。西村は公正や相互尊重といった一般社会の実践を規定する原則を「構成する規則」と言い，社会そのものを規定する「舞台装置」としての規則と，個々の行動を律する構成された規則の二つがあり，これら両者には，根拠付けの審級の相違があり，前者が論理的に先行すると言う。これに対し，遊びのルールは「おもしろさ」のために採用し，同意し，したがっている個々の行動を律する規則である。「ゲーム」はそのルールによって定義され，それゆえに，ゲームの根拠はそのゲーム自身であるという事態こそ遊びの「ルール」だと言う[28]。

　次に，西村は，ゲームの「ルール」の自己規定性，自己目的性，自己関説性の特色をヴィドゲンシュタインの言う言語ゲームとの対比で述べている。西村によれば，言語ゲームという意味はヴィドゲンシュタインにとって両義的であるという。一つは言語の構文法の規則の機能と運用の特色である。この点が，例えばチェスのそれと類比しているという点である。それは世界とは無関係という意味で恣意的であり，自己目的的だという点である。しかし，言語ゲームのもう一つの意味からすれば，それは現実の言語行動の多様性をも意味している。ここでは，言語行動は生活様式と関連している。とはいえ，ヴィドゲン

シュタインが論理学者として言語ゲームということで興味を持ったのは，両者のルール体系の形式的類似性であり，そこでの記号操作，論理計算等であったとする。統辞論的言語体系は，恣意的で生活場面での言語行動を動機づけることは無い。それに対し遊びの恣意的自己目的的構造は，「おもしろさ」を生み出すという自己目的性を持ち，この目的に向かって具体的行動を動機づけるのだと西村は主張する[29]。

そして，この「ルール」と法との違いも明確にしようとする。前述のように，社会的ルールは個々の規則に先行してその社会の原則にかなった一般行動形態として保障する「構成する規則」であり，実践上の原則的「ルール」であり，それは人々の「舞台装置」であるのに対し，ゲームの「ルール」は個々に指定された行動を動員して相手より得点を獲得せよというゲームを「構成するルール」とそのための個々の具体的行為を規定する「構成されたルール」が不可分なのである。前者はこの二つが切り離されている。

社会的「ルール」の場合，「すべし」「ねばならない」といった規範に対する責務が伴うのが法であり，責務不履行や違反に対する刑罰的圧力となる刑法と，契約，婚姻などを有効に行う権利と義務の構造を生み出す「ルール」とがあって，前者「第一次的ルール」，後者を「第二次的ルール」と呼ぶ。この法の「ルール」は「一般的である指令によるコントロール」であり，それは「ある行為を差し控える」働きを成す。つまり「〜するなかれ」というネガティヴな指令として働く。だから法上の手続きは「権利と義務の構造としての法的枠組み，法的実践の舞台装置の設営」なのである。つまり，「法的ルールはある個別的行動を『せよ』と動機づける，具体的コミュニケーションの一形態ではない」。法的「ルール」は特定の行為の後，評価の基準となる[30]。

上述のように，西村は遊びの「ルール」と社会の一般の規範や法の特質との相違を述べ，両者を峻別することによって，遊びによる「社会化」の形成論が必然性がないことを強調しようとする。それ故，遊びやスポーツで賞揚されるフェア・プレーの精神も「面白さ」を追求する遊びの「ルール」とは無関係なものであって，それは遊ぶという現象に第三者が付加した個人や時代の価値付

けでしかないという。しかし，遊びがスポーツと分かち難い分野になると，遊びの「ルール」と社会規範との区別が曖昧にならざるをえなくなることを西村も容認してこう言う。「確かに，統一ルールが整備されてくるにつれ，反則やこれに対する懲罰が厳密になり，またこれに伴って，得点や反則，罰則など，ゲームの経過を一義的に判定する審判制度などの諸規定が厳密になり，少なくとも外見上は法的ルールに似たものとなることは事実である。ゲームのルールは今や，このルールを変更することをも含めて，ハートの言うように，確かに一種の『権能を与えるルール』と結合することになる[31]」。このことは，それまで慣習として行われてきた暗黙の了解（決まり）＝「第一次的ルール」を自覚的に取り出して，言及する役割として「第二次的ルール」が生み出されたことになる。この第二次的「ルール」による暗黙の了解の言語化・意識化が法の成立を意味していると大澤は言う。西村に言わせれば，ゲーム本来の遊びの「ルール」に付加された第二次的ルールとは，「この遊びの事実を外から観察し記述するための，本来この遊びにとっては外的なルールである。そのことは，この第二次的ルールによって裁判権が与えられ，ゲームの進行に決定的影響力を行使し，あるいは，ゲームの成立そのものを宣告する審判自身が，ゲームそのものに参加せず，ゲーム行動を行わないことから明らかである[32]」という。したがって，遊びが「このような一定の社会的コンテクストを持つ」ということは，遊びがスポーツに変貌したことになるのだと西村は主張する。この西村の論でいけば，審判無しには成立しない，例えば，サッカー，ラグビー，野球，テニス，バドミントン，バスケット等の遊びは全てスポーツに属することになる。それゆえ，遊びではないという。

　以上，西村の言説から言えることは，遊びの「ルール」は「おもしろさ」を目的とする恣意的なきまりによる「ルール」であり，舞台装置としての「構成する規則」と個々の具体的振る舞いを規定する「構成された規則」が一体化したものである。それに対し，社会一般の規範は，社会を構成する原理が「舞台装置」として設定されるが，この原理は人々の具体的行動をその都度規制するものではなく，行動を事後的に反省的にこの原理と結びつけられる。それが第

一次的「ルール」であり，それに対し第二次的「ルール」は前者について言及し，構成原理である第一次の「ルール」を意識化させる働きをもつ。その点で「おもしろさ」のために構成し，構成される遊びの「ルール」とは原理的に異質である。しかし，遊びは，社会活動一般の一部として展開されるかぎり，遊びの「ルール」を社会一般の「ルール」とが混同して解釈されることを西村も認めているし，遊びの「ルール」の解釈の妥当性を社会一般の「ルール」遂行の妥当性とだぶらせて発言する者も少なくない。また前述の遊びからスポーツへの変貌において，遊びの「ルール」にハートの言う第二次的「ルール」が付加され，限りなく法の「ルール」に近接するケースもある。西村もそのことを事実として承認している。

にもかかわらず，西村が遊びの「ルール」と社会一般の「ルール」との相違を原理的に強調する意味は何か，が次に問われよう。

西村が遊びの「ルール」の独自性を強調することは，これまで，遊びという現象を取り扱うとき，子どもの人間形成のために遊びの効用を考えるといった扱い方が多かったことへの反論としての意味を持っている。遊びは子どもの発達において「社会化」の機能を持つというピアジェの主張は正しいとしても，遊びはそうした社会化のために行われるわけではない。子どもは「おもしろい」から遊ぶのである。したがって，我々が着目すべきは，遊びを教育的効用として位置づける見方を批判し，もっと遊ぶという営みそのものの独自性に目を向けることであると西村は主張する。西村の主張はその点では誤りではない。

しかし，西村が繰り返し遊びの「ルール」と社会一般の「ルール」の相違を強調することが，遊びが子どもの社会化とは必然的関連は無いということにはならず，むしろ両者の関連性を暗示したり，強調したりする言説を増幅することになりうる。何故なら，遊びの「ルール」における規範性が「おもしろさ」とのみ関連性を持つとしても，「ゲーム」などのように勝敗が結果するような遊びの場合，良い結果の要因を因果的に事後になって反省するとき，良い結果の要因を「努力が勝因」だといったアナロジカルな物語を形成するのは，ごく普通にありうることだからである。その際，その遊びは社会の規範となりうる。

ただ,そうした遊びは,もはや遊びではない,と西村は主張するかもしれない。しかし,だからといって西村が遊びの「ルール」と社会一般の「ルール」の論理的な違いを強調することが,子どもの「社会化」の効用を結果的に否定する証明にはならない。現在,スポーツ紙の解説や見出しなどの影響を受けて交わされるスポーツを観戦するお客などの会話などで,「A捕手は三塁からのホーム・スチールを身を張って死守する」といった比喩性の高い表現でスポーツ選手の行動を描写することは,スポーツにおける選手一人ひとりの行動を規範的に解釈したりする傾向が観客に強いことを示している。その結果,イチローや松井は「おもしろい」から野球を始め,やがてプロになったとはいえ,まだプロとしても「遊び」の楽しさをプロの仕事の中に忘れないとしても,二人の存在が子どもたちの努力のシンボルとして規範的影響を子どもたちに与えることは大いにありうるのである。そして,比喩的表現のアナロジイが成立する割合は,そのアナロジイが社会生活で人々が持っている社会常識に依存している。「人生至る所青山あり」という諺を採用するか,「人を見たら泥棒と思え」という諺を信用するかは,その社会で通用性の高い常識に依存している。スポーツ選手の社会的地位と彼の行動や発言の影響力はゲーム中の行動にしろ,ゲーム外の行動にしろ,一般人の関心の高さに依存するのである。

さらに,遊びの「ルール」における審級性と社会生活一般の審級性は西村の言うように全くレベルの異なるものであって両者の関係は並列的であって因果関係はないというのは正しいであろうか。

遊びにおける「ルール」による審級性と社会一般の規範の審級性のレベルの相違を語ることが両者の関係の無さを示すことなのだろうか。大澤の『身体の比較社会学』によって両者の審級性のレベルの相違[33]は,西村の言うように並列ではなく,上下,つまり,審級として働く場合の超越性のレベルの違いであると考えるならば,両者の審級の働きを関連づけて位置づけることができるのである。とすれば,ゲームにおけるルールの行使は社会一般の規範における「審級」にとって少なくとも有効であるという,西村とは全く反対の結論を導き出すことができるのである。

まず、Ⅴ章、Ⅵ章のリレーの事例分析に見られるように、子どもたちが集団で同じ動きが成立するのは、そこにノリが共有されているからである。そして、そうした集団の動きに参加しつつ、その集団のあり方に規範を働かせて、逸脱した動きを調整するときに働く審級と、法を行使する際に働く審級のレベルを区別し、大澤は、後者は前者よりも抽象度の高い審級であって、前者を「抑圧身体」と呼び、後者を「集権身体」と呼んで区別している。この二つの相違について、次のように言う。

> 抑圧身体の投射は、身体的遂行（行為）の身体的遂行（行為）自身に対する関係を通して、つまり、自己準拠的循環を通して、産み出される。だから抑圧身体は、遂行（行為）そのものの内的な契機である、そこから分離することができない。（中略）このような循環の中からは、遂行から独立して、遂行の規範性を対象化する視点は派生しようがない。行為を対象化する視点（抑圧身体）自身が、行為の部分契機なのだから[34]。

鬼ごっこの「ルール」はこのことを示している。例えば、開戦ドンのゲームで遊び手は陣地から出て的と合う。相手と遭遇してジャンケンをして勝ったら相手を追いかけつかまえる。負けたら捕まらないように逃げる、という「ルール」がある。4歳児などの場合、勢いよく相手めがけて突っ込み、ジャンケンポンをするまではスムーズに行く。しかし、ジャンケンの勝ち負けの結果で自分の行為の選択が正反対に分かれることに対応できない。強気な子は負けることは考えていないので、負けたときの対応がぎくしゃくする。弱気な子は逆である。この遊びの「ルール」の規範を行使する場合、身体的遂行の動きと「抑圧身体」の審級（負けたら逃げる）とが分離していないので、「ルール」が行使できない。そこで、捕まってしまったり、逃げられたりする。この身体的遂行と「ルール」の遂行（審級の行使）の決定が一時、宙づりになり、ここにおもしろさが生まれる。

しかし、5歳になり、このゲームをやりつけるにつれて、そうした宙づりは解消されていく。

これに対し、法における「ルール」はさらに抽象度の高いところから働く規

範である。それは，本章第２節の事例分析にも示されている。事例のM子の抽象的・超越的視点による遊びのノリの再把握が，サッカーとか，野球とかいう得点化を争う競技の場合，厳密に行わなければ勝負の真偽が怪しくなってしまう。そこで西村も認めていたように，「ルール」を遂行するさいの反則に対する罰則が厳密になり，審判制度などの諸規定が法的「ルール」に似たものになるのである，と。しかし，筆者に言わせれば，それは，法の成立のプロセスそのものである。この「第二次的ルール」は遊びの楽しさを生むための「ルール」と違って，異質なものだと西村は主張する。遊ぶ楽しさのために生まれた「ルール」と社会一般のための法とを峻別したいためのこの主張は誤っている。西村はこうした審判制度がなければ行われ得ないものをスポーツと呼び遊びと区別する。しかし，草野球や仲間内でやるラグビーやサッカーの場合，遊びと言えないであろうか。言いかえれば，草野球や仲間内でのサッカーの場合審判という固有の役割を，例えば攻撃時には，攻撃側のひとりが審判を買って出てやっている。審判による裁定に比べると厳密さを欠き，時として味方に有利な判定をすることもある。しかし，それも，極端に走れば，ゲームそのもののおもしろさは半減されるので，お互いの判定は「面白さ」の許容範囲でおさまっている。また逆に，プロ審判の裁定がサッカーの国際試合などで完璧な合法性が貫かれるかどうかは草野球のそれと比べたとき，程度問題であろう。

　近代スポーツにおいても，遊びの楽しさは全く欠落しているのではなく，むしろ遊びの楽しさが競技者を超えて，観客のレベルまで拡張したことによって，必然的にハートの言う第二次的「ルール」が生じたのであり，西村も認めるように，ゲームそのものに参加しない審判の存在は，第三者的視点を取ることで，「遊ぶ楽しさ」を味わっている競争者とそれを見て楽しんでいる観客の間を媒介する役割を果たしているということができる。それは「ルール」の遂行が反則無く行われることを判定するレベルの高い審級性を確保するためであり，「抑圧身体」（大澤）のレベルのように，行為の中でその行為の審級性の確かさを保持することの困難を克服するために他ならない[35]。

　ここまで来れば，法による審級性と遊びの「ルール」の審級性が全く異質だ

からといって，両者が無関係だという西村の言説を擁護することは不可能であろう。西村の主張と異なり，遊びにおける「ルール」の遂行はリレーの事例にもあるように，「抑圧身体」のレベルでの規範の遂行と，さらにそれより抽象度の高い規範の遂行（「集権身体」）のレベルへの移行によって説明された。そしてこの移行は遊びの「ルール」が破られるという状況を乗り越えるために作動していることが確かめられた。しかし，抽象度の高い法という規範と，事例のM子がリレーで発揮した規範とは，西村の言うように無関係なのだろうか。確かに西村の言うように，社会を構成する規範（例：公正，正義）は，社会の「舞台装置」であり，日常的な個々の行動との関連性は見いだされにくい。言い換えれば，第一次的ルールとしての規範は潜在化し，対象化されず，伏在している。ハートの言うように，そうした日常行為が「第二次的ルール」である法によって言及され，責務が果たされているか否かを裁定するのが法である。それ故，「第二次的ルール」としての法は，事後的に違法性を発見し，違反に対する懲罰の仕組みを考える。これが裁判制度である。したがって，法は日常行為の遂行に先立って人々に「〜するなかれ」という規範として働くことが期待されるのである。西村の言うように，「かくかくしかじかをせよ」と直接要請する規範ではない。だから両者は無関係だと言えるだろうか。

　大澤は言う。「法は行為と共にいわば無意識のうちに即自的に遵守されていた規範を対象化し，自覚するときに始まる。だから，法が可能になるためには，判断の対象となる日常的な遂行の領野から総体的に自立し，そのような領野の外部（超越的場所）から把握する視線が構成されなくてはならない[36]」。

　さらにこうした視線の確立を必然化する過程をこう説明する。「原始共同体にあっては，規範は抑圧身体の投射と共に生成されるものであった。抑圧身体の投射は，（中略）自己準拠的な循環を通して産み出される。だから『第三者の審級』である抑圧身体は，遂行し行為そのものの内的契機であり，そこから分離できない。行為するということが，そのまま『第三者の審級』の生成を含意しており，自分自身へと回帰する循環を構成してしまうのである。遂行から独立しなければ，遂行の規範性を対象化する視点は派生しようがない。行為を

対象化する視点(「抑圧身体」)が，行為の部分的契機なのだから[37]」
　法という規範は，「このような自己準拠的な循環を基礎にして，もう一段上位の自己準拠的な循環を構成する」という「集権身体」の創出によって生まれるのだと大澤は言う。この「集権身体」の創成によってはじめて，日常行為を対象化できるのだという。なぜなら，「それは身体の直接的で日常的な相互作用の現場から十分に隔離されているために，行為の部分としての性格は隠され，実質的な痕跡を残さない。第一次の自己準拠の関係は行為に密接しているが，第二の自己準拠のループが構成されることによって，行為そのものから半ば独立した審級として『第三者の審級』が成立するこができる」。かくて，法は人々の日常行為から独立した体系として言語化されてきた。
　しかし，法が法として実効性を持つには，二つの矛盾した要請が課されるという。大澤は「集権身体」の矛盾した要請を，こう述べる。「身体の直接的な相互作用の場面を大幅に越えるさまざまな場面に偏在することができる抽象的身体であること。他方で，それは，具象的な－現前可能な－身体によって代表されなくてはならない」と言う[38]。
　大澤の言うように，法が「集権身体」として作動するためには，交通法規に関して，車を運転する時と，歩行者である時とで，ルールの守り方が共通であるような態度を形成する必要があるということである。本来，「集権身体」としての法の一つである交通法規は，車のドライバーになった時に，「抑圧身体」のレベルに対処しがちである。特に急いでいる時など，横断歩道の渡り方がゆっくりで青が黄にさらに赤に変化しても渡り切れない老人を見て，ドライバーがクラクションを鳴らすといった行為は，「集権身体」としての交通法規が，ドライバーには「抑圧身体」のレベルでしか対応できていない事態にあるといえる。ここでは，人命優先という「集権身体」の規範が，具体的な－現前可能な－身体によって代表されていないのである。遊びの「おもしろさ」の体験は次節で論ずるが，遊びのルールは，「おもしろさ」を成立させるための規範であり，野球におけるピッチャーと打者との「おもしろさ」の宙づりはバッターがピッチャーのストライクを３回振って空振りであれば三振となり，一つアウトを

とられるというルールなしには成立しない，「おもしろさ」という身体性を伴う体験と規範（ルール）との関係を最ものっぴきならない体験として学ぶことこそ規範の必要性を学ぶ土台なのである。

このように考えれば，M子によるリレーの修正行為は，「抑圧身体」と「集権身体」との往復によって望ましい行為が達成されるという事例であり，「集権身体」が法として働くための，トレーニングの場であると考えられる。それゆえ，西村の主張と反対に，遊びの「内的秩序」感覚形成の実践は社会一般における「内的秩序」感覚形成にとって基盤形成になりうるという筆者らの主張は正当化されると考えるのである。

2 遊びと「学級」における「内的秩序」感覚の形成との関わり

戦後，アメリカ民主主義の導入によって，軍国主義的イデオロギーは，教育制度から払拭された。そして，アメリカの「民主主義」イデオロギーが啓蒙的に導入された。しかし，学校制度の中で唯一継承されたものが「学級」というシステムであった。「学級」は単に教授―学習システムの中での「発達」の指標としての学年を示すものではなく，訓育的な多様な機能をもつ学校生活の基盤とも言うべき「生活集団」システムであり，担任教師との対になるフォーマル集団であった。それゆえ，軍国主義的イデオロギーは一掃されたが，同一世代の子どもたちの「内的秩序」感覚の形成の基盤としての役割は保持されてきた。それゆえ，前後，「学級」の人間関係が封建的な階層化の場になっていることが批判の対象とされたり，逆に，民主主義的な平等の人間関係を形成する土台として評価の対象ともなってきたのである[39]。他方，他のクラスに対しては，競争排除し合う学級王国的な閉鎖された集団となる可能性も指摘されてきたのである。

柳治男が『「学級」の歴史学』で指摘するように[40]，「学級」というフォーマル集団の形成の論理は，担任教師の訓育的働きかけのもとに，近代以前の共同

体的感情を導入した野村芳兵衛らの生活綴り方の実践によって生まれたものであった。そして,戦後においても「学級」は,子どもたちの学校空間における「生活共同体」的経験の場として重視されてきた。例えば,小西健二郎らの教育実践は,「学級」経営の工夫によって推進され,「学級」の人間関係づくりには,「学級」のメンバーによる地域における遊びの人間関係が反映されており,教師もそうした人間関係の地域的資源を利用することのメリット,デメリットが語られていた。クラスのまとまりを作るために,ガキ大将の少年の力を借りて,教師がガキ大将との絆をつくることが大切である[41],というようにである。

この指摘から,筆者は「学級」におけるインフォーマルな集団の形成には,地域における異年齢集団のによる遊びの「人間関係形成力」が影響を与えているのではないかという仮説をたて,戦後の学校における放課後の遊びとインフォーマル集団の形成力との関係を歴史的に追跡してみた。すると,高度経済成長に入る初期（1960〜1965）頃までは,「学級」という集団の中に,学業文化の階層性と遊び文化による人間関係性と,農繁休暇の労働体験が残っていた[42]。労働への参加による有能さの評価にもとづく序列も「学級」の中に混在していた。しかし,高度経済成長期を経て1980年代のバブル期になると,学校や「学級」の中に,学業の価値序列が優先し,この序列化は塾や水泳や芸術系のおけいこに通う子どもたちにも拡大し,学習塾・おけいこごとの文化は学校・学級をこえて,学校時間外の子どもたちの生活をも支配している事実が確認された[43]。

そしてこの事態は,学校における休み時間や放課後における子どもの遊びにも大きく影響し,休み時間に教室の外へ出て遊ぶ気力を喪失する子どもも増えてきたのである。学校内外における遊びの喪失の動向と「学級」の崩壊が云々され始めた時期とはほぼ重なり合っていると言えるのである。そして現在,学校における放課後や休み時間における子どもの遊びは,確かに行われてはいるけれども,学校における授業時間外の余暇時間の短さも手伝って,以前よりもはるかに低迷化していると言える。子どもたちは,学校外時間が塾やおけいこごとに支配されることもあって,授業時間外に校庭が利用されず,子どもたち

が教室にとどまっている例も少なくない。また，校庭で遊ぶ子どもたちのインフォーマル集団が，子どもの成績による序列化を反映した形で形成され，校庭での遊びのインフォーマル集団が分裂して，ほとんど交わりを持たないという事実が観察された[44]。つまり，この二つのインフォーマルな遊び集団の形成が，クラス内の人間関係上の分裂（成績上の序列を反映する）を固定化させるのである。それは，フォーマル集団の中に，成績による序列化を顕在化させるインフォーマル集団ができるということである。このように，多くの学校の現実において，「学級」というフォーマル集団を活性化し，子どもたちに「居場所」性をあたえるインフォーマル集団による子どもの内側からの支えが失われるようになってきた。「学級」の人間関係のまとまりは自然発生的に形成されるかのように見える状況は今や失われ，インフォーマル集団の形成に寄与する「遊び」の重要性という神話も無力化したかに思われる。

　しかし，戦後の幼稚園教育は遊び中心の保育という理念で，幼児の遊びが幼児の社会性を育む力があるという理念は生きている。もちろん，多くの幼稚園，特に私立幼稚園では，「遊び中心」の保育に疑問を持っていて，小学校の教授ー学習のスタイルに近い一斉保育をとっている園も少なくない。

　それにもかかわらず，幼稚園教育要領に置いては，建て前として一貫して遊びの重視がうたわれてきた[45]。平成９年に報告された「時代の変化に対応した今後の幼稚園教育の在り方について[46]」の中で次のようなことが述べられている。現在「子ども集団の中で伝えられてきた遊びが成立しにくく，いわゆる『遊びの喪失』が問題になっており」，このため，「幼稚園では幼児の主体的な遊びを確保することが何よりも必要である」。そして，このことは「学校教育の全体の基盤を養う役割」から，「小学校以降の発達を見通した上で」行われるべきだとしている。特に幼児は集団とのかかわりの中で，幼児の自己実現を図ることがきわめて大切で，遊びを通しての集団生活の必要性が幼児期において強調されるべきだとしている。この幼稚園教育における遊びによる集団生活は，一つに活動への意欲や自信の形成において，二つに体験を通じての気づきについて（体験学習），三つに自分自身の感じたことの表現において，四つに友人

関係をつくり，社会関係の形成において，五つに記号表現への関心と気づきにおいて，六つに他者と対話する能力において基盤を形成するとし，小学校生活科や総合的学習への接続が期待されるものだとしている[47]。しかし，生活科や総合学習への期待は学力低下を批判する声によってその期待は裏切られかけている。その最大の要因は，ひとつに，教師の力量の問題と教師の多忙さからくる研究準備の不足の問題と子どもたちの自主的な学習を支える学級集団の脆弱さのゆえであった。小学校生活科が総合的学習への批判は，結果的に学ぶ集団としての「学級」の脆弱さを露呈してしまったと言える。

　これまで，わが国における近代学校は，日常的な「学級」というシステムを基盤として発達してきた。それは，「学級」が単に学習集団に終るのではなく，担任教師の指導による学校内生活集団としての性格を持つものであった。この伝統は，戦後も継承された。しかし，それは，フーコーの言う，個別化し，差異化し，能力的階層化するという近代学校という大きなシステムのもとでの前近代的発想の「共同体」をめざす「学級」であった。戦後の市場経済原理の徹底に伴う，核家族家庭における消費経済の普遍化は，地域や家庭における前近代的共同体的伝統を払拭すると共に，義理人情といったつながりを否定する風潮をも増大させた。家庭や地域における地縁，血縁的人間関係の資源を持たない子どもたちは，学校における「生活共同体」的連帯を要請する上からのフォーマル集団形成への要求に対し，不協和を表明し始めた。「学級崩壊」は，その一つの表現と考えられるのである。一方で，競争的学習集団であることを要請されつつ，擬制的に生活集団的連携を求められることは，それ自体，ダブル・バインドの現象でしかないからである。「学級」が単なる学習集団であり，教科ごとに異なった教師に教授され，異なった教室に通い，それぞれで能力評価の対象とされるのであれば，子どもたちの人間関係に，学力評価の序列化が顕在化することはそれほど明確にあらわれない。しかし，学習集団と生活集団の一体化によって，同一の集団の基盤の上にであれば，学力評価の序列性はかえって顕在化するという結果にもなる。また，教師のパーソナリティ要因が対子ども関係に，望ましくない関係を生み出すことも少なくないという理由から，歴

史的には，学級担任の任期を短縮し，教師対子どもによって形成される「学級」の「おもさ」を軽くする処置もとられてきた。

そして今，「学級」は存在の意義が問われている．「学級」というフォーマル集団を学校側が子どもの意志に関係なく設定することが，「いじめ」や「不登校」，「学習意欲の喪失」等の要因になり，「学級崩壊」を生んだりすると言われている。これは，とりもなおさず，「学級」という教師の側からのフォーマル集団の形成が，子どもたちの内側からのインフォーマル集団の形成によって支えられることの必然性が失われてきたことを物語っている。我々は改めて，子どもたちのインフォーマル集団の内実を問い直す必要がある。そこで子どもたちのインフォーマル集団を形成する土台としての遊びについて考察してきた。では遊びは「学級」における「内的秩序」感覚の形成にどうかわるであろうか。

しかし，児童期の子どもたちを塾などの学習集団としての機能性を重視する機関に移行すべきだという新自由主義的競争原理を全面肯定する見解をとることは正しいであろうか。

我々は，人間として関係の中に生き，よき関係を志向しなければ生きられない存在であり，そうした関係性を保障する時空間を意図的に形成してきた。家庭や地域は，その一つでありそうした関係性を喪失しつつある今，市場経済の中で個別化が進行する中では，比較の問題として学級という時空間を捉え直して見る必要がある。「学級」が同一年齢の子どもや若者が同一の時空間を過ごす最大の場であることは，まぎれもなく確かな事実だからである。とは言え，前述のような近代的システムとしてのダブル・バインド状況であることも，また事実である。

そうした状況を克服するために，子どもの遊びをとらえ直してみようという我々の研究は，あまりにも迂遠な試みでしかないように思われるかもしれない。しかし，我々は，遊びにおける「内的秩序」感覚形成の延長上に，第1章で紹介した本庄教諭の実践に出会っているのである。

本庄教諭の実践は既に見たように，「問題行動のある子」に対し，そうした評価される子としてその子がクラスに存在するということは，クラスの他のメ

ンバーや担任，他のクラスの教師，あるいはそのクラスの父母のまなざしの総和が不断に向けられ，その子がそうした評価以外の自分を発見できないからだ，と。そこで，まず，担任教師からそうした評価に加担せず，その子を肯定的に評価する実践を日常化すると共に，その子への他児の「あの子と組みたくない」といった発言を徹底して否定していくものであった。日常的に根気よく実践された教師の試みによって，「抑圧身体」のレベルでの差別という負の規範性（「抑圧身体」）が，もう一つ高いレベルの規範性（「集権身体」）を教師が具体化することで，解消され，その子がクラスに「居場所」を見つけていくのである。それは，クラスのメンバーの中に，差別的まなざしを克服するより高い審級性が働くようになるからである。もちろん，本庄教諭のこうした「集権身体」による規範が子どもたちに働くためには，日常的な子どもとの対話において，また授業のコミュニケーションにおいて，本庄教諭の応答性が子どもとの間に豊かなノリ（「抑圧身体」による規範）を共有していることが前提になっているのである。我々としては，遊びの中での「集権身体」の形成があるからこそ上述のクラスにおいても成立することができたのであり，幼児期の遊びは本庄実践に連なっていくはずだと信じているのである。

(小川博久)

【注】

① 前節で児童の「居場所」を取り上げた。その中で児童期は自我が確立する時期であり，イデアールでイマジネールな自己が他者に認知される場として確立しているところを「居場所」としたのである。しかし，幼児期の場合，そうした自己の確立に致していないので，養育者や幼児同士が「ノリ」を共有し応答的に動作や発言を共有できる場を「居場所」になりうる場として「居場所」性とした。また，「内的秩序」という概念が幼児主体の側からの感覚であるという意味をもたせるために，「内的秩序」感覚という用語を使うことにする。
② 小川博久『21世紀の保育原理』同文書院　2005　30－31頁
③ 岩田遵子『現代社会における「子ども文化」成立の可能性－ノリを媒介とするコミュニケーションを通して－』風間書房　2005　115頁
④ Chris Moore & Philip J.Donham　大神英裕監訳『ジョイント・アテンション　心の起源とその発達を探る』ナカニシヤ出版　1999　1－14頁
⑤ 小川博久『保育援助論』生活ジャーナル社　2000　236頁
⑥ 小川　同上書　225頁
⑦ 小川博久「いま，遊びを問うことは」小川博久編著『遊びの探求』生活ジャーナル　2001　28頁
⑧ 小川　前掲書　2000　122－143頁
⑨ 松永愛子「N大学付属H幼稚園－自由遊びの現状と問題点」『学校の余暇時間における校庭での遊び－児童の居場所を求めて－』小川博久研究代表　平成14～16年度科学研究費補助金基盤研究(B)(1)研究成果報告書　2005　26－38頁。ここで引用した図と記録は，28頁，34－37頁のもの。
⑩ 鷲田清一『じぶん－この不思議な存在』講談社　1996　143頁
⑪ 松永　同上書　28－30頁
⑫ 前節で小川が述べていることは，小川の著書『保育援助論』に書かれている「戦略」を「ノリ」の視点から捉え直したものである。
⑬ 小川博久は，事例当時（平成16年）M幼稚園の園内研究講師として，1年間，数回にわたって幼稚園を訪れ，実践に関与しながらカンファレンスを行っている。
⑭ 岩田遵子「共同想起としての歌――一緒に歌いたいという動機形成はいかにして可能か」小川博久編著『「遊び」の探究－大人は子どもの遊びにどうかかわりうるか』2001　212－240頁
⑮ 岩田遵子「遊びの援助における『見る』ことと『関わる』ことの関係性－『見る』ことの『当事者的直観』からの峻別の必要性－」東横学園女子短期大学紀要第43号　69－83頁
⑯ 平成17年度聖徳大学通信教育課程大学院博士課程ゼミナールにおける小川の講義
⑰ 西村清和『遊びの現象学』勁草書房　1989　20－47頁
⑱ 「ノリ」については第1章の注⑫に同じ
⑲ 79－82頁参照
⑳ ノリを生み出しつつ，そのノリにノルことは，ノリに「拘束される」ことでもある。
㉑ 坂部恵『仮面の解釈学』東京大学出版会　1976　81頁
㉒ 大澤によれば，最も原初的な「第三者の審級」（「抑圧身体」）は，「遂行（行為）そのものの内的な契機であり，そこから分離することができない」のであり，「行為するということが「第三者の審級」の生成を含意しており，自分自身へと回帰する循環を構成してしまう」ために，「このような循環の中からは，遂行から独立して，遂行の規範性を対象化する視点は派生しようがない」のである。大澤　前掲書　1992　406－407頁参照

㉓ ②のM幼稚園と同一の園
㉔ ②で述べた室内遊びの場合と同様である。
㉕ 大澤　前掲書　1992　409頁
㉖ ノリ自体は，時間的な経過を必要とするものだが，その全体像をある1点から把握してとらえることを，抽象化ということができる。
㉗ 西村清和　前掲書　279－287頁
㉘ 同上書　286頁
㉙ 同上書　287－295頁
㉚ 同上書　300頁
㉛ 同上書　308頁
㉜ 同上書　309頁
㉝ 大澤　前掲書　58－66頁
㉞ 同上書　406頁
㉟ 同上書　138－144頁
㊱ 同上書　406頁
㊲ 同上書　406頁
㊳ 同上書　408頁
㊴ 宮坂哲文『生活指導の基礎理論』誠信書房　1962　参照
㊵ 柳治男『「学級」の歴史学』講談社　2006　148頁
㊶ 小西健二郎『学級革命』牧書店　1955　参照
㊷ 小川博久「『特別活動』の必要性を改めて問い直そう」特集・現代の子どもと特別活動『特別活動10』1981　11月号　45－48頁
㊸ 同上書　48頁
㊹ 小川博久『学校の余暇時間における校庭での遊び－児童の居場所を求めて－』平成14～16年度科学研究費補助金基盤研究(B)研究成果報告書　2005　138－156頁
㊺ 文部科学省『「幼稚園教育要領」解説』フレーベル館　2008　15頁
㊻ 『時代の変化に対応した今後の幼稚園教育の在り方に関する調査研究協力者会議』1997　2頁
㊼ 同上書　28頁

第3章

遊　　　び
－子どもが創造する規範と「居場所」の生成の視点から－

第1節　子どもにとって遊びとは何か

1　遊びは教育活動になりうるか[1]

　この問いに答えるために，高橋勝の論文「近代教育学における『遊び』と『作業』の意味づけ－〈遊動〉から〈技術〉へ－」[2]を足がかりにしたいと思う。その理由は，高橋が近代教育学における遊びのとらえ方を総括し，それに対し批判し，新たな遊びの意義を提案しているからである。高橋によれば，近代教育思想においては，自己活動は，子どもの発達を助成しようとするための鍵概念であり，自然・他者・事物との相互作用において，その相互作用の流れ自体に身を委ね，そのかかわりそのものを享受するという意味での自己活動から，この相互作用を通して，自然・事物を目的・手段の系において統御し，製作を加えていくという意味での労働に至る過程を問題にするとしている[3]。つまり，近代教育思想はこの遊びから労働に至る過程について教育的な分節化を行ってきたと主張する。しかし高橋に言わせれば，この遊びから作業へのルートは非連続性を含む」といい，遊びが分節化され，一元化に序列化される過程で，遊びにおける多義的生活状況，他者との相互作用によって絶えず組み替えられる人格的世界を，ますます排除し，自壊させてきたと主張する[4]。そこで高橋は，技術へと一元化に組み替えられない遊びの意味をカイヨワの言う遊びの一側面であるパイディア（paidia）= child play，「統御されない，気まぐれ，戯れ」，言い換えると〈遊動〉に求めている[5]。

　このことは，高橋がケルシェンシュタイナーに代表される近代教育思想における①純然たる「遊び」 ➡ ②規則ある遊び ➡ ③目標を設定してする仕事 ➡ ④緊張と克己の特徴をもつ作業への意志という近代教育学における遊びの位置づけを基本的に否定したことを意味している[6]。高橋がここで上述の遊びの位置づけを否定した理由は，作業や労働が身体という対象を受動的な役

割をもつものとして位置づけた点であり，もう一つは，上記のことと関連して，そうした身体においては，他者との相互関係性が生まれないとした点である。そこで高橋は遊びを「〈他者〉・〈モノ〉とともに揺れ動き，ともに生きる状態として肯定的にとらえることを求めるのである。高橋によれば，それを〈遊動〉というが，それは，自他，主客の未分化な一つの流れそのものに身を委ねる行為である。そこにはプロジェクトする主体は存在しない。ガダマーの言葉を借りれば，「どこで終わるか，あてどない往復運動」であるという[7]。

遊びのもつ根源的意味を「中間的意味」とよび，ブランコを例にあげる。「子どもはブランコと遊ぶのではなく，ブランコで遊ぶのである。そこでは子どもとブランコの間，すなわち関係そのものに遊びがある。それは労働や作業とは根源的に異なったもう一つの経験をそのものに遊びがある。それは，労働や作業とは根源的に異なった一つの経験を子どもに開示するはずである」このように高橋は，遊びを労働や作業を峻別する[8]。そしてその二つの構えを人間に必要な両義性として再びとりあげる。そしてこう言う。

> 「人間の発達の両極面（遊びと労働）はお互いに密接な関係にあることを強調したいのである。それゆえ，発達に応じて変化する遊びを，成人期においても育成するだけでなく，それ以上に遊びの基本的態度をおとなであることを実証する職業世界の中に保持すること，そのことが人間学的に必要なことである。」[9]

高橋のこの主張は，望ましさの発言としては許容できるとしても，このままでは空論に等しい。理由としては，遊びと労働（「作業」）との関係を上述のように区分したままにすること，言い換えれば，遊びの規定をカイヨワの言うpaidia（気まぐれ）とし，Ludus（意図する，企てとしての遊び）としての遊びとの関係を断ち切ってしまっては，現実の子どもの遊びも成立しないし，ましてや，「遊びの基本的態度を，大人であることを実証する職業世界の中に生き生きと保持すること」などできるはずはないのである。そもそも遊びから作業を経て労働へという近代教育思想における基本的発想は，恣意的な選択ではなく，近代市民社会の人材養成の要請に照応しているのであって，その発達の

方向性は労働者養成であるかぎり，〈遊動〉といった〈自他不分離〉の状況は克服されるのは歴史的必然であり，高橋の究極的願望を実現するという課題こそ最も至難なことといわざるを得ない。なぜなら，近代学校が志向する子どもの発達の道筋に沿って，教育目標が設定されるかぎり，相互に関連性が断たれた〈遊動〉としての「遊び」と労働の両極性を成立させることは不可能だからである。

　遊びの規定において，ガーダマーに依拠する西村清和も高橋と共通の基盤に立っている。西村も遊びを他の文化的活動から峻別する独自な意味をもつものとしてとらえる。西村も遊びの基底に〈遊動〉という概念を置き，ブランコをその典型例としてあげる。すなわち〈遊動〉は主客未分化な関係であり，そこには「ゆきつ，もどりつつあるパトス的関係が存在し，ゆきつもどりつする関係は適度な緊張と弛緩の宙づり状態がそこに現出する。それはまさにブランコを「遊ぶ」のではなく，ブランコで「遊ぶ」のである⑩。言い換えれば，「遊ぶ」主体が遊びを規定するのではなく，遊びが主体を規定するのである。」この遊びのとらえ方に依拠するかぎり，遊びを教育論として展開する意図も可能性もありえないといえる。なぜなら，西村は遊びが企てのある営み（＝教育論）であることを拒否しているからである。

　しかし，筆者は子どもの遊びを教育活動と位置づけたいのである。それゆえ，遊びを教育論として構想したいのである。ところが，高橋や西村の遊び論に依拠するかぎり，その可能性はないように思われる。遊びから作業へ，作業から労働へという近代教育思想における位置づけにおいては，作業の前段階においてみられるかもしれない〈遊動〉は，作業に移行するに至って，消滅してしまうのであり，このルートだと，遊びはせいぜい，労働や作業を導入する手段にしかならないように思われるからである。だからこそ，高橋は，学校の教育活動の中に，主客未分化な〈遊動〉としての「遊び」と，労働や作業を切り離し，その上で両者の両極的併存を願ったのである。しかし，そうした考え方こそ非現実的であることは既に述べた通りである。筆者らは，高橋のこうした立論とは異なって次のことを結論（仮説）として先取りしたい。まず第一に，子ども

の遊びも大人の遊びも，カイヨワの指摘するように，その具体的な営みは，主客未分化な〈遊動〉的側面，つまり，paidia と企て的側面 Ludus を含むものと考えざるをえない。但し，ここでの企てや目標は労働のそれとは根本的に異なるものである。そしてそこでの企ては〈遊動〉そのものを楽しむための企てである。それを領域としての遊びとよぶことにする。そしてこの遊びは西村の主張する独自な領域としての「遊び」と中核において〈遊動〉という面で重なりあう。

次に，高橋が非連続性を主張した作業や労働であるが，たしかに，主客未分化な〈遊動〉と，知的な活動を含む作業や労働は，高橋が主張するように，明確な目標をもつ企てであるかぎり，乖離していく。しかし，いかに知的な企てをもつ作業や労働であっても，未開発な探求分野における問題解決や，最適な表現のあり方をめぐる探求の分野においては，試行錯誤が繰り返され，その過程において主客未分化な領域が広がる瞬間がある。また，未成熟者が熟練者の到達した技を求めて試行を繰り返す過程にも，主客未分化な瞬間が訪れることがある。そこにも我々は〈遊動〉を見ることができると考える（チクセントミハイリはそれを「フロー」とよんでいる）。以上のことを論証するために，筆者は，大澤真幸の『身体の比較社会学』の理論を援用し，〈遊動〉の人間行動における位置けを問い直すことにしたい。

2　〈遊動〉概念の問題性

高橋は遊びの中核にあるものを説明するために〈遊動〉という概念を用いた。その点では西村清和も同様である。高橋の言う〈遊動〉の概念を西村のそれと比較する意味で，再度引用しよう。

「〈遊動〉関係とは，人と対象との象徴的相互行為を表す。それは，自他，主客の未分化な一つの流れそのものに身を委ねた行為である。それは，プロジェクトする主体は存在しない。いやそもそも〈遊動〉には主体なるものがない」とし，ガーダマーの次の文言を引用する。「どこで終わるのか目標のはっきり

しない，あてどない往復運動」が含まれているとする。次に西村は〈遊動〉の概念について「この二つの歯車のあいだには遊びがある」という表現から「あるかぎられた範囲内での連動の自由が存在する」という意味を引き出し，そこで「遊び」が生ずる余地を遊隙とし，そこで生ずるあてどなくゆれ動く，往還の反復の振りを〈遊動〉とよぶ。そして，「遊び」の〈遊動〉とは，まずは，〈遊動〉の生成，現出にかかわる活動であるとした。こう定義した場合,問題はこの「〈遊動〉にかかわる仕方」である。この〈遊動〉に意図的に，しかも企てをもってかかわることは，「遊び」の否定になる可能性が大きい。西村は坂部恵が「机にふれる」という表現について考察した点に着目しする。それは「ふれるものとふれられるものの相互篏入，転移交叉，ふれあいといったような力動的な場における生起という構造をもっていることを示す」，いわば主客のあいだの転換可能性という点であるという。かくて西村は，「遊び」をこう定義する。「遊びとは，ある特定の活動というよりも，この関係に立つものの，ある独特のありかた，存在様態である。それは，ものとわたしのあいだでいづれが主体とも客体ともわかちがたく，つかずはなれずゆきつもどりする〈遊動〉のパトス的関係である」とする。

　以上，西村の「遊び」論における〈遊動〉概念と，高橋のそれとの間には，明らかに〈遊動〉概念を共有する点で共通性を伺うことができる。しかし，そこから高橋と西村の論の展開に微妙な相違が明らかになる。高橋は教育学者として遊びをとりあげ，遊びから労働という企てに向かう形式のルートは，遊びの本質である〈遊動〉を排除する方向であるがゆえに，遊び本来の意義を喪失してしまうとして，結論的には，遊びと労働の両極的意義を各々非連続性的な形で尊重することを主張する。しかし，教育という企ての中で〈遊動〉を存立させる手だてを具体的に提示しえていない。

　一方西村は，遊びという営みは〈遊動〉によって成立している以上，それは，企ての営みとはかかわりをもちえない。西村はガーダマーの文言を引用して「主体から出発する思考方式の限界点にみちびかれる」[11]（傍点，引用者）ところに「遊び」の存在規定があるとする。「遊び」が西村の言うように「企ての主体」

としてのあり方とは異った，独特の存在様態によるものであり，「遊ぶという行動様態はつねに同時に遊ばれることでもある」と主張するとき，「遊び」は教育論といった企ての論とははっきりと峻別されてしまうのである。それに対し，西村の著作から多くの示唆を得たという高橋は，〈遊動〉としての「遊び」の立場から一旦は，「遊びから作業へ」という近代教育思想の遊び論を否定しながら，結論としては，レールスの語を借りて「遊びの基本的態度を，おとなであることを実証する職業の境に生き生きと保持することは人間的に必要なことだ」というとき，高橋はいったいどういう形で〈遊動〉を教育論として位置づけようとしているのであろうか。その点が全く不明なのである。

3　〈遊動〉概念の再構築

　我々もまた〈遊動〉が成立する存在様態を「遊び」と考える高橋や西村の立場から，子どもの遊びをとらえていきたい。そして子どもの遊びの価値を人間形成的に容認したりする教育学の立場に立つ我々は，西村の言うように，〈遊動〉としての「遊び」の独自性を容認するとしても，企てとしての教育とは無関係であるとは考えない。つまり〈遊動〉としての「遊び」それ自体は企ての営みとはかかわりないとしても，そうした〈遊動〉が生起する条件を間接的に企てることはできると信じている。そして，そうした〈遊動〉は教育的に意義をもつと考えるからである。具体的にいえば，西村の言うように，ブランコの遊びには，ブランコに乗ってゆれるという宙づり体験そのものに〈遊動〉がある。そのブランコという装置を幼稚園の園庭に遊具＝教具として設置することは，我々がこの〈遊動〉体験を教育的意義があると考えるからである。西村によれば，ブランコの〈遊動〉それ自体は企ての営みではない。しかし，そうした〈遊動〉体験を幼児に提供したいと考える配慮は教育的なものである。言い換えれば，我々にとって，〈遊動〉という存在様態そのものを直接に企てることはできないとしても，間接的に用意することは可能である（そしてこの可能性は蓋然性の問題である）。これまで，我々は，こうした企てを日常的生活行

為として，あるいは教育的行為として行ってきた。幼稚園における保育者の援助行為はその一例である。

　保育者は，日常，登園時から自由遊びの時間を設定する。保育者は室内，室外の保育環境を整える。保育室には，製作コーナーやままごとコーナー，積木のコーナーなどを設置し，必要な遊具や素材を用意することで，登園直後の幼児たちの遊び出しを待つ。幼児たちはいつものように登園し，各々のロッカーで園服に着換えた後，自分の興味に従って，各々の場で好きな活動に取り組み始める。一般にこうした幼児の活動への取り組みを幼児たちの活動への主体的取り組みと呼んできた。そして保育者は各々の幼児が自分のやりたい活動に取り組めたかを見定め，自分のやりたい活動が見つからないとか，かりに取り組む活動があったとしても，その活動を十全にやり切れなかったりしたときには，適切で適時な援助をすることで，各々の幼児がやった，できたという実感がもてるようにするというのが保育者の役割であった。何かの具体的な活動を達成したときには，「先生，先生，みて，みて」といい，自分の達成感を顕示するのが幼児の特性である。こういう姿勢を我々は子どもが主体的に取り組んでいる姿であり，これが幼児の遊びだと考えてきた。しかし，西村のいう「遊び」の定義からすれば，それは，〈遊動〉ではない。なぜなら，こうした活動は，幼児一人ひとりが，あるいは幼児集団が主体的に活動に取り組んだ活動ではあっても，つまり企ての試みではあっても，そこに〈遊動〉が成立しているとはいえないからである。

　とはいえ，こうした幼児一人ひとりが主体的に活動に取り組む姿は，幼児たちの〈遊動〉の生起を間接的に用意する営みだとはいえよう。もちろん幼児たちの間に〈遊動〉の成立を十全に保障したことにはならない。なぜならそうした存在様態を成立させるのは幼児であって保育者ではないからである。保育における幼児の遊びを観察してきた筆者の経験からすれば，各々のコーナーでの遊びが盛り上がってきて，保育室全体が活性化し，各々のコーナーの幼児の動きが保育者の援助などの関与を必要としない状況になることがある。そんなとき，筆者は保育者に幼児の活動の外側に撤退し，観察者に徹することを推める。

保育室全体が幼児たちの世界としてまとまったイメージを呈するのである。こうした状況は，保育者の援助のアドバイスを課されている園内講師にとっては，僥倖ともいえる出来事である。幼児集団の間に主客未分化の〈遊動〉が生起した瞬間と筆者は考える。

　この筆者の体験からすれば，〈遊動〉は幼児たちの主体的企ての展開の先に偶然現われるという印象をもっている。それゆえ，筆者は，高橋や西村の考える〈遊動〉としての遊びから作業へさらに労働へといった近代思想の考え方から切り離して考えたり，〈遊動〉としての遊びの独自性を他の文化から切り離して考えるという立場を見直す必要があると考えるのである。その点での手がかりとなるのが大澤真幸の理論である。〈遊動〉という主客未分化で行きつもどりつする運動を大澤は「過程身体」という概念でとらえている[12]。そしてその「過程身体」が人間の企てとしての営みや物象化された制度や権力という働きへとどう変換するかを「抑圧身体」や「集権身体」という概念で語っている。そこでこれらの概念を使って遊びをとらえてみることにする。

4　〈遊動〉に通底するものとしての大澤の「過程身体」と「抑圧身体」について

　大澤は，メルロ・ポンテイを引用して「過程身体」の作用をこう述べる。画家マルシヤンの体験は，かれが森を見ていることが同時に森に見られているという体験である。大澤はこの体験をこう説明する。志向作用は同時にあらゆる身体的志向作用（知覚・運動等）は今，この座にある身体に対するものとして事象を把握する。マルシヤンの体験は樹をみつめているまさにちょうどそのときに（身体の自己中心化＝求心化作用），樹が私を見つめて私に語りかけているかのように感ずる（志向点を他所へと移点させるような操作＝遠心化作用）が働いている。「志向作用に伴う二重の双方向的操作を同時同権的に作動させている身体の様相」を大澤は「過程身体」とよぶ[13]。

　高橋や西村の言う〈遊動〉の概念が大澤の言う「過程身体」という概念と同

義だと考えることができれば，遊びの〈遊動〉もまずは，この「過程身体」の作用においては求心化・遠心化の二重の思考性が働いているということである。大澤によれば，ここには，〈他者〉の覚知，言い換えれば，求心化に対して異和的であるような志向作用の帰属点として現われた「身体」（遠心化），つまり「差異」の発生であり，言い換えれば，外部の宇宙の存在である。それは〈自己〉に対して〈他者〉という差異の発生であるという。例えば，幼児（2～3ヶ月）の社会的微笑反応を一例としてあげる。「幼児は『自己』が『外部』から観察している他者の表情を，言わば自分の身体の『内部』の反応の如く，『錯認』し，それを『自己』の身体の方に宿らせてしまうのである[14]。また，対象を直覚的に表情を宿したものとして再覚してしまう表情知覚も「対象を知覚する（求心化作用）まさにそのときに遠心化作用が協働し，知覚された対象そのものの場所に志向作用の能動性が帰属せしめられる」ことによって成立するとされる。こうした「過程身体」の働きは，「各志向点に対し宇宙」を「お互いに異なる空間として分離することになると共に表情知覚の例のように分離された界面を相互に浸透しあうことになる。」[15]

その結果として二重作用によって「この身体（求心点）に帰属すると同時に，共起しているあの身体（遠心点）＝〈他者〉にも帰属するものとして『励起』させてしまうのである。」この「過程身体」の作用が〈遊動〉の意味そのものだとすれば，社会的微笑にも，表情知覚にも，またアニミズム的思考にも〈遊動〉が働いていることになる。

さらに，この「過程身体」の作用において「同じ一つの志向作用を共帰属させている複数の身体（〈他者〉達）の間の差異は，まさに共帰属性のゆえに，無関連化(無意識化)するから，それら複数の身体達は，間身体的な連鎖の内に連接されてしまう」[16]という。成人の「欠伸」の伝染や，幼児が保育室でいっせいに泣き出したり，渡り鳥が一斉に飛び立つといった例は，「過程身体」＝〈遊動〉のなせるわざということができる。

しかし，西村の言う「遊び」における「主体と客体との間のゆきつもどりつつある関係」を考えると，「過程身体の間身体的連鎖」だけでは説明できない。

なぜなら，〈自己〉と〈他者〉という区別は志向作用の求心点と遠心点を示す絶対的差異でしかなく，「自己」と「他者」の分離を説明するには，「抑圧身体」という概念が必要になるのである。

　大澤は，「抑圧身体」を次のように規定する。「もし間身体的連鎖の上で同時に顕現し感受されている〈他者〉達の数が十分大きく，かつそれら〈他者〉達に帰属しているものと感受されている異和的志向作用の強度と対象を弁別する機能が十分高ければ，―中略―志向作用の対象が間身体的連鎖に組み込まれているどの特個的な個体の志向作用に対しても既往性の相のもとに現出し，かつどの特個的固体の志向作用に対しても自ら恣意的な改変から独立したものとして現前する」[17]。この現前するものを「真実態」とよぶことができる。この独立したものとして現前するという錯視は，個々の志向作用への「形式」としても自存する。したがって個々の志向作用からみれば，「学習すべきもの」と見做され，「規範に従ったもの」として現象する。この形式はさながら無限の志向作用への現前が，それの現われの如くに擬制され（意味の一般化）かつまた，個々の志向作用から独立し，その現前に先立って存在しているかの如くに規定される（意味の論理的先行性）。かくて「学習さるべきもの」として正統化された間身体的連鎖としての形式は，意味をもち，規範性をもつものとして，個々の志向作用を代表し，抽象的身体として擬制される。言い換えれば，「各個別の志向作用を正統なる志向作用―中略―の方へと強制する拘束力の発源点として，抽象的な第三者的身体が擬制される」[18]。これを「抑圧身体」と大澤はいう。

　この第三者的身体は「他者の行為・指示の選択が自己の行為・指示の選択を一方的に限定するものとして，自己の行為・指示に接続されるという意味で『権力を行使する』ことになる」。こうした抽象的身体を「第三者の審級」とよぶ。つまり「第三者の審級」はある範域（集合）をなす身体達の妥当な（可能的・現実的）志向作用のすべてを代表するものとして現れる超越的志向作用の帰属場所になるのである。そしてこの「第三者の審級」が働く作用圏（「第三者の審級」すなわち「帰属する規範に帰属する諸身体の集合」）には，対象 x を意味 a として同定する志向作用が働いている）という直覚が存在する。そのこと

でこの操作が認知される。こうした抽象的・超越的身体を『抑圧身体』と呼んだのであった[19]。

この規範という超越性が諸身体自身の特殊な相互作用を通して投射する過程によって「第三者の審級」は一度生産されると，個々の志向作用に先立って，妥当な志向作用の範域を指定したかのように現われる。つまり，現に経験されている具体的志向作用に対して論理的に選考する場所に存していたかのように擬制される。これを「第三者の審級の先行投射」とよぶ。もちろんこの効果は蓋然性に依存するものではある。たとえば，一匹の羊の恐怖反応が群れの全体に拡がってパニック状態が生まれたというように[20]。

ちなみに，この大澤の「原身体」「過程身体」「抑圧身体」等の概念は現代物理学にみられる場の理論をアナロジイとして考えるとわかりやすい。「原身体」は「場」に置きかえられ，その「場」に展開される。「過程身体」は現代物理学の基本概念である「波動」に置き換えられる。そしてこの「波動」によって生ずる結節点（特異点）が現代物理学の言う「粒子」運動であり，大澤のいう「抑圧身体」となる。「過程身体」の連鎖的運動（間身体的連鎖）の結果として成立した特異点としての「抑圧身体」は，個々の志向作用を代表し，抽象的身体として擬制され，正統なる志向作用を及ぼすものとして，審級性（規範性）を発揮し，「過程身体」（波動）を統制する力（権力）となり，そこに「形式」が生まれ，それが「場」（原身体）の「過程身体」（波動）をあらかじめ制御する働き（先行投射）を予告することになる。

5　大澤において遊びはどう語られうるか

以上，大澤の「過程身体」から「抑圧身体」の概念について詳述したのは，高橋や西村が「遊び」を〈遊動〉という概念で語っていたからであり，西村のいう主体と客体との間の〈遊動〉として「遊び」をとらえるとき，ここでいう〈遊動〉は大澤のいう「過程身体」と「抑圧身体」という二つの概念にまたがる現象として「遊び」がとらえられると思うからである。では，大澤は遊びをどの

ように考えているであろうか。大澤は直接，遊びについては論じていない。しかし，大澤は，「過程身体」と「抑圧身体」の関係において発生する現象として分裂病体験をあげる。それは，「規範的審級が弱体であるがゆえに顕在化する過程身体や原身体の抵抗に由来している」という。そしてまた，ここで「抑圧身体」の「審級」性が弱体である場合に生ずる現象として「雰囲気」をあげている。この「雰囲気」によって幼児期における「平行遊び」や「ごっこ遊び」といった現象が発生する状況を説明することができる。

　大澤は「雰囲気」についてこう述べている[21]。それは「複数の身体の相互作用の結果」であり，「各身体は，遠心化作用によってお互いにある志向作用を〈自己〉に帰属するものであると同時に－〈自己〉に帰属するもの以上に－〈他者〉に帰属するものとして（も）覚識してしまっているのである」。そして「雰囲気」とは，「単純な間身体的連鎖からの離脱が微少であるような段階にあっては，抑圧身体が身体たちの共在する現場で，比較的その場限りであるようなかたちに醸成された状況性のことである。この『雰囲気』はその場全体の『意志』であるかの如くに機能し，諸身体達の推敲を限定する場合」がある。「このような『雰囲気』はほとんど臨界的に極小された『規範』であると言える。ここでは個々の身体ならざる『全体』一種の超越的な第三者である『抑圧身体』としての品格を持っているのである。」そしてその雰囲気において成立する3歳児の「平行遊び」についてこう言っている。

　「本質的には一人遊びと同じに見えるのだが実はそうではない。子どもは他の子どもがいなくなれば，遊びへの興味を失ってしまうし，別のことをやっているにもかかわらず，玩具を取られると喧嘩をする。」そしてそれまでは二人は現前するやりとりはなくともふれあいの『遊戯関係』にあったと推測される。「この事実は，身体が共在しているというただそれだけのことによって諸身体を捉える独自の『審級』が成立しているということ，遊びにおける行為の形式性は，その審級の効力の中にのみ有意味なものとして構成されうるのだということ」[22]を示している。つまり，ここでの審級の効力はまさに「雰囲気」なのである。

また次の例のように，ごっこ遊びを支配している次のような事例の「雰囲気」をごっこ遊びの「規範」といっていいだろう[23]。ある幼稚園で4歳児が4人で前日まで「ままごと」の場として積木で仕切られた所に入っていた。しかし数日間続いたせいかその日はあまり発展せず，子どもたちはそのコーナーに入ったまま，ほとんど会話もなく，所在なさげにじっとしたまま20分ほど過ぎていた。そして無言の不活性状態の中で幼児Aが突然「お引っ越ししようか」という提案がなされ，その場を跡にしたのである。いったいあの幼児Aの発言がなぜなされたのだろうか。遊びもたのしくないのになぜ，20分もあの場にとどまっていたのだろうか，遊びのメンバーは昨日までと変らなかったので，昨日までとっても盛り上っていたという保育者の証言からすれば，昨日までの幼児たちの間に共有されていたままごとの楽しさの「雰囲気」の持続を願う気持ちが四人をこの場に留めさせたのではないだろうか。幼児のAの発言は「お引っ越し」によってその「雰囲気」の持続と再生を願う発言ではなかったろうか。4人の行動を一致させたのはこの雰囲気という「規範」ではなかったか，同じ仲間が遊び始めても，何かの拍子にふっと消えてしまいかねない，ごっこ遊びの楽しい「雰囲気」は，このメンバーがつかまえようとしてとらえることのできるものでもなく，とはいえあるきっかけでその「雰囲気」につつまれてしまうという〈遊動〉のパトス的関係が4人の幼児に集合的記憶として残ったことが上述のような幼児Aの発言となったと思われる。

　イナイ・イナイ・バーの遊びも幼児期において発現する典型的な遊びの原型だといわれている。これも大澤の概念を使えば，「過程身体」と「抑圧身体」の間で成立する現象である。イナイ・イナイ・バーは一般に最も親しい養育者（例，母親）との間に成立するといわれている。8ヶ月前後の幼児には，人物の恒常性が成立するといわれている。その人物が現われたり，隠れたりすることは，この「安定的対象」の恒常性がこの遊びで不安的効果を生みだす。大澤は，ピアジェを引用して，幼児の「感覚運動期」における「循環反応」（ある行為の結果として遭遇した経験を一種の律動的な周期で何回も原運動を再演することで取り戻そうとすること）に着目し，それは「行為が，また行為との関連で

その対象が，意味（原始的な用在的意義）によって同定されていることを要件とする。そこでは，行為が『〜する行為』そして，またはその対象が，予科的期待を伴った形で『〜すると〜なるもの』として把持されるに至っていなければならない」としている。イナイ・イナイ・バーの繰り返しにおいて，母親像が一時的に喪失するため，この循環反応は，それによって，母親の身体像という対象を確定しようとする動きといえる。身体像は，「規範に従属するものとしての身体の外界への関与の様式を空間化したものであり，したがって，（母親という存在の－筆者注）身体像の回復は，自らが従属する規範の効力を再構築しようとすること」だからである[24]。

　イナイ・イナイ・バーのような活動が幼児と代表的養育者である母親との間に成立するのは，生後6ヶ月〜8ヶ月頃になって，見知らぬ他者に対して「人見知り」という現象が現われる時期と重なっていることと関係している[25]。大澤はこの現象についてこういう。「第一に，幼児にとって，母親の身体と自らの身体をその中核的要素とする全体が，外部から区別された特殊な閉域を形成しており，幼児はその閉域を『親和的領域』として同定している。しかし，第二に，幼児にとってその閉域の範囲を決定する『定義権』は自己に帰属せず，母親の方に一方的に帰属しているかのように現われる。－中略－この段階の幼児にとって母親の身体と自己の身体を含む全体は，個々の身体に還元できないまとまりとして現われるような超越的な第三者として母親の身体が機能している」「人見知り反応を示す幼児にとって，母親の身体が原始的な抑圧身体として現象して」おり，「母－子の身体を含む『全体』が抑圧身体の作用圏を構成していて，この作用圏が外として意味づけられるのが『人見知り』なのだ」というのである。この「人見知り」の時期とほぼ同時期かそれ以降に現われるイナイ・イナイ・バーの遊びは，前述のように，母親の作用圏にあるときに，母親の身体が「イナイ・イナイ・バーの合図で，一時，消失し，次の瞬間現われるという，前述の循環反応は，母親の身体の外界に対する関与の様式を空間化する形で，母親の身体像を規範化するのである」。ちなみに，「イナイ・イナイ・バーという母親の言葉がけも，消失・発現という行為と連鎖しており，身体像

の形式と並行して所与となる対象への志向作用がその都度，その対象を『所与の具体的現出には還元できないなにものか』として把持するときの『なにものか』＝意味が『意味を意味する媒体』＝記号として表出されるのである」[26]。

　大澤は，象徴あそびが発生するのも，ほぼ同じ時期と考えている。象徴あそびは，幼児にとって母親（他者）が「抑圧身体」として，言い換えれば，「まさに権威ある者として構成されていてはじめて期待できるもの」[27]である。J・Sブルーナーは，幼児期に最初に現われる遊びとして，スプーンで食物を飲む所作の再現をあげている。それは母親（養育者）がスプーンで，離乳食を与える所作を模倣して，飲み物のない状況で幼児がスプーンを自分の口にもっていくという動作を喜んで繰り返すことを挙げ，幼児の遊びの発生としている。言い換えれば，「自己の身体を特定の規範に従った形式＝役割において把持すること（「母親」の役割行為を演ずることを通して，特定の規範に合った動きを演ずること－筆者注）」[28]である。また，同様に，「事物を特定のモノに見立てること（石を包丁に見立てる），つまり事物を特定の意味において見立てる」ことも，自ら母親という「抑圧身体」の規範を自ら演ずる形で成立するというわけである。つまり，「ごっこ」の成立である。以上の例は，幼児の発達過程に現われる自然発生的な遊びと一応呼んでおこう[29]。これらの遊びは，幼児たちの企てによって始まる遊びという活動であるが，この活動を領域の遊びとよび，それは幼児たちの間にある〈遊動〉体験を期待しての企てである。しかし，この企てと〈遊動〉は必然的関係ではなく，あくまでの蓋然性の問題でしかない。しかしこの企て自体が大人の企てのように目的方法といったものを有するのではなく，祝祭的，呪術性をおびることが多く，「ふれあいの遊戯関係」を招来する可能性も高くなる。

6 領域としての遊び

1 ごっこ遊び

　前述のように，領域としての遊びは，西村の言うように，遊びの中核にある「ふれあいの遊戯関係」を含みながら，その中核の「おもしろさ」を生みだすための仕掛けを用意することを企てとする分野である。西村のいうブランコにしても，宙づり体験を生みだすためには，その出発においてブランコに乗る者は，ブランコのゆれが最大になるよう反りが限界になる地点までブランコを引き上げたり，途中でゆれが大きくなるようブランコを漕がなければならない。言い換えれば，作用者は，自分が期待する動きを生みだすために一定の努力を試みる。それは企てである。この所作は遊びの中核にある〈遊動〉ではなく，それは〈遊動〉「ふれあいの遊戯関係」を生み出すための準備的企てなのである。こう考えれば，どんな種類の遊びにも，企てが含まれているといっていいのである。幼児たちが好むすべり台も，すべり台の階段の頂上まで登っていくのは，企てであり，そこから滑り降りることで生ずる〈遊動〉を求めてする企てが含まれているのである。日常生活の中で，領域としての遊びが成立するためには，日常生活の「ノリ（リズム）」から，遊びの「ノリ」への変換が必要になる[30]。特に，大人になればなるほど，日常生活のハビトウスや制度の枠組みの中で，遊びにおける〈遊動〉という宙づり体験が突然に現出することはきわめてまれである。一般にそこには，企てによるノリの変換が必要なのである。変換のための企ては前述のような発達の筋道に沿って発生するごっこあそびの様な遊びの場合，明確な企てによって遊びが起されることはないが，大澤の言う「雰囲気」として，遊びと日常性との区別は生まれてくる。幼児は，結婚式などではしゃぎ，葬儀などでは神妙な態度がとれるなどの例にみられるように，「雰囲気」に敏感である。幼児同士が遊ぶ時間を共有したいという共範意識はごっこ遊びの場合，先にあげた平行遊びの例よりもはっきりとあらわれる。

　たとえば，5歳のごっこ遊びなどで，母親役をやりたい幼児が二人以上現わ

れるような場合，普通，母親役は一人であるというごっこ状況は，危機に遭遇する。ちなみに，3，4歳のごっこでは複数の母親役でも一向に問題はないのである。子どもたちはお互いに「私，お母さんよ」と言い，「いいえ，私がお母さんのことよ」などと言い合う。決着がつかなければ，遊びが壊れるか，グループは分裂してしまう。ごっこ遊び状況を成立させているモノや場についても，日常性とは区別される。かつて筆者があるごっこ遊びに参加している女児にこういったことがある。「ねえ，コーヒー一杯，ごちそうしてくれる」といって日常使っている大きなマグカップをさし出したことがある。すると，私のさし出したカップを見て，その女児は，はずかしそうに，「あのね，私たち，うそっこなの」といったのである。たしかに，ままごとのコーナーをみると，そこには，ミニチュアのカップはあっても，普通の大きさのカップはなかったのである。幼児たちは，暗黙の了解として，日常生活を支配している規範のシステムをどこかで模倣する一方で，ごっこ遊びがつくり出した状況の共範意識を共有しながら，自らの見たて行為によって，遊びの中での新たな規範（役割や見立て）を創出し，それに従って行動していたのである。最初の事例は，ごっこ世界の「雰囲気」という弱い規範性（抑圧身体）は二人の幼児が「母親」という役割の規範を各々が記号化したことによって，危うくなった事例であり，後の事例は，マグカップという日常生活の中での流動物を飲む道具という規範をごっこの世界につき出したことによって，ごっこ世界の「雰囲気」を形成した弱い規範性が壊され，リアルな日常生活の規範の中での「ごっこ」の位置が表出されてしまった（うそっこだという）例である。つまりベイトソンのいう遊びのダブルバインドの機制それ自体が露出し，解消されてしまうのである[31]。

　矢野によれば，チャンバラごっこに集中する二人の子どもが，何かのはずみで，剣先が相手の肌にふれ，痛い思いをすることで，チャンバラごっこがリアルなけんかに転化した事例をあげているが，先の女児の「うそっこだもん」もこのチャンバラごっこの事例と同じである[32]。このように，ごっこ遊びにおける「みたて」の状況は，メンバー同士のみたての「フリ」が共有され，「みたて」の言葉が共有され続ける限りにおいて「ごっこ世界」の「雰囲気」がメンバー

に保持されるが，一度,「みたて」行為が他児の「みたて」によって受継がれて行かないと,「ごっこ」世界の「雰囲気」は失われ，日常にもどってしまうのである。この「みたて」世界と日常生活との隔壁はきわめて薄いもので，次の瞬間には失われてしまい，日常にもどってしまうのである。たとえば，ままごとで，幼児たちがコーナーで遊んでいたとしよう。コーナーには，台所もテーブルも，食器類も皆，ミニチュアで用意されている。遊びが始まるとき,「みたて」世界を構成するのは，エプロンをつけるという「ふりみたて」は母親役のイメージであり，この幼児が「ごはんにする」という「せりふみたて」で他児が「テーブル」を囲みはじめれば,食事が始まる「ごっこ世界」の「雰囲気」が生成される。そのとき，テーブルに置かれた食器や食べ物は，このいずれも「みたて」られなくても，上述の「みたて」の継続で，状況のすべてが「みたて」世界のものとなる。しかし，もし,「ごはんにしようか」の「せりふ」が他児によって全く無視されたら，テーブルのミニチュアの食器類も単なる玩具のままで残るのである。幼児は薄皮一枚を隔てて「みたて」世界＝〈遊動〉に遊ぶのである[33]。

2　伝承遊び

　伝承遊びは，江戸中期，幼児期～児童期の子どもが労働から解放され，モラトリアムの時間を与えられた集団によって生まれた遊びである。とはいえ，高年齢の児童は，専業主婦の労働の足手纏いに幼児の子守り役を課されていたのである。高年齢の児童は，子守りという労働をしつつ，遊び集団を形成した。それゆえ,「ふれあいの遊戯関係」へ辿る過程は，日常性から〈遊動〉へと漸次的に進行する。まず遊び友達を誘う手だては，企てではあるがその企て自体，日常性からの離脱の手だてが含まれている。それは，韻律による誘導である[34]。「～ちゃん遊ぼうよ」というひきのばされた抑揚感のある呼びかけは，日常的な話しの「ノリ」とは異なるのりであり，仕事のために他者に語りかける話かけとは違う非日常性を含んでいる。さらに集った子どもたちの中から，足手纏いにならない遊び手を選別し，特に年少児を「みそっかす」にする手段として

「鬼ごっこするものこの指とまれ」と言う指を高くつき上げるパフォーマンスも，年齢の低い子どもが届かずタッチできないがため排除されるようにする企てであるにもかかわらず，唱うように韻律的に行われるがゆえに，祝祭的イメージによって，非日常の雰囲気をかもし出す。さらに，鬼遊びにおける鬼決めも，数かぞえ歌，ジャンケンも歌唱として唱えられる。なかでも「ずいずいずっころがし」といった歌遊びによる鬼決めになると，メンバー全員に両手で拳をつくらせ，親指と他の指の間にできる窪みを上向き出させ，その窪みに年長者が人差し指をつき入れながら「ずいずいずっころがし，ごまみそずい，ちゃつぼにおわれて　とっぴんしゃん……」と歌いながら，歌詞の最後の言葉のときに突っ込んだ窪みの子が鬼になる。鬼は子どもにとっては，昼間だからつきあえるが夜だと怖いトリックスターであり，自分が鬼になるかならないかは運命の定めるところであり，ゾクゾクワクワクである。一度，鬼になれば，相手に魔力を発揮するので，子からすれば恐ろしき相手であり，逃れたい存在である。それゆえ，この鬼決めの段階になると，気がついてみれば，「ふれあいの遊戯関係」つまり〈遊動〉に入ってしまっている。なぜなら，だれが鬼になるかはだれにもわからず，全く運命に委ねられているからである。

　では鬼遊びとは何だろうか。

　具体意的には，「おおかみと三匹の子ぶた」「ねことねずみ」「はじめの一歩」「だるまさんころんだ」「影ふみ鬼」「目かくし鬼」など多種多様である。一般には追いかけっこであり，日本では鬼というトリックスターを登場させる遊びとして発展した。追いかけっこは高等哺乳動物の幼児期に行われる行動であり，成熟期に必要とされる敵を襲う攻撃力，敵から身を護る逃亡力を親の庇護の元で競う模擬行動であるといえる。親に庇護されるがゆえに親和関係を土台としていることが真の攻撃や逃亡にならないゆえであろう。この追っかけっこが鬼遊びとして進化し，トリックスターとしての鬼の持つ善悪の二面性は，基本型としては鬼が追い，子が逃げるという型を生んだ。鬼が子をつかまえ，子どもが逃げるという基本型は同時に，鬼の善悪の二面性から，この遊びの潜在意識として，追う－逃げるというパターンの背景に「つかまりたい（つかまえたくな

い）—つかまりたくない（つかまえられたくない）」というアンビバレンツな心理を生みだしたのである。このアンビバレンツな動機をルールとして定式化したものに「おおかみさん今何時」や「目かくし鬼」がある。前者について説明しよう[35]。

　一定の距離に一人の鬼と複数の子が対峙し，鬼は子たちに背を向けて目を閉じている。そこで子たちが「狼さん，今何時？」と声をかける。すると鬼役の狼は，例えば，「昼の12時」と答える。すると子たちは，狼に近づいて距離をつめる。次に子たちは，「狼さん，今何時」と訊ねる。狼は，例えば，「夕方の5時」と答える。子たちはまた距離をつめて，狼に接近する。この繰り返しの後，最後に狼の返事が「夜中の12時」と言った途端，狼は子をつかまえに走り出す。そこで狼と子達の追う—逃げるという追いかけっこが始まる。この遊びでは，鬼遊びの追う—逃げるという基本型に潜むアンビバレンツな〈つかまえたくない—つかまりたい〉という動機を顕在化した「ルール」（規範化した遊び）となっている。狼に「今，何時」と尋ねる度に，狼との距離を縮めることは，「つかまりたい」という動機の顕在化である。一方鬼役の狼は，つかまえる瞬間の宣言である「夜中の12時」と言う前に，それまでの時間を引き延ばして，適当な時間を言うという応答は，「まだ，つかまえたくない」ということの表明である。このやりとりを通して，鬼も子も「追う—逃げる」という決定的瞬間が来るまでの緊張と解放のクライマックスへの宙づりが現われる。しかも小刻みな時間の応答と距離の短縮化が宙づり感を増幅させる。このプロセスを通じて，鬼がつかまえようとしているのかそれとも子がつかまえられたいと思っているのかあいまいな不即不離な状況を両者は共有しつつ時間は進行する。そしてついに，「夜中の12時」という鬼の宣言とともに，一挙に追う—逃げるという動きが反転して，それまでの状況を解き放つかのような現象に激変する。今度は，狼が追いかけてつかまえようとしているのか，むしろ子が狼を誘惑しているのか不明であるかのように遊びが展開する。ここでも不即不離の「ふれあいの遊戯関係」〈遊動〉が至福の時間として展開する。そしてこの遊戯関係は，狼が子をつかまえたところで終りを迎える。この終りは，子どもが遊びの

ルール（規範）に従って子どもをつかまえた瞬間であり，葛藤を楽しんだ末に「規範」（「ルール」）が成就した瞬間でもある。つまり，規範を守ることで楽しさを味わえたということは，楽しい時間を過ごしたことで規範の必要性を通感するのである。

先に，ごっこ遊びにおけるダブルバインドの機制について述べたが，このダブルバインドの機制は鬼遊びにおいても働いていると考えられる。上述の鬼遊びにおいて，追う－逃げるという基本型には，つかまえたい（つかまえたくない）－逃げたい（つかまりたい）というアンビバレントな動機がひそむことを述べた。この動機がこの遊びにおける「ふれあいの遊戯関係」の宙づり感〈遊動〉を成立させるのであるが，このアンビバレントな動機はなぜ生まれるのであろうか。

筆者は先に，この遊びと同形の追っかけっこが幼少期の高等哺乳動物にみられると述べたそこで，攻撃したり逃亡したりする模擬型が繰り返されるのは，親の庇護のもとで親和関係にあるからだと述べた[36]。その延長線に鬼遊びがあるとすれば，この鬼遊びは，親しい人間関係のある子ども同士の中で成立するといえる。つまり，子ども同士は日常，親しい関係にあり，親しさの規範で結ばれている。言い換えれば，親しい関係のつきあい（社交）はどうあるべきかの規範を身につけている[37]。それはお互いに近接していく関係である。しかし，この感情は慣習化されているがゆえに自覚化されにくい。その関係の中で鬼遊びの追う－逃げるという関係は，外面的な行動の上では，相反する関係である。この二重性がダブルバインドの遠因である。

大澤は遊びにおける規範は「過程身体」と「抑圧身体」の関係で言うとすれば，日常生活の規範関係とどのような関係として説明するであろうか。遊びについて大澤は直接語ってはいない。しかし，「笑い」についてはこう述べている。

「笑い」が「行為を規範的に規制するサンクションの機能を有することを我々はよく知っている。人は他者に笑われることを（嘲笑されること）を避けようとし，また他者に笑われること（喜ばれること，他者を楽しませること）を敢えて行おうとする」[38]といい，笑うことの効力についてこういう。「行為する

身体がその場に共在する『笑う身体』に対し遠心化し，間身体的連鎖を構成することを機縁にして，彼の行為を承認したり，拒否したりする『意志』が規範的拘束力をもつものとして実体化されるためである」[39]と。そして「その『意志』は，萌芽的で状況への依存度の高い抑圧身体である。」[40]つまり日常生活における社交の規範関係より弱い規範のもとで展開されるのである。

　大澤のこの文言は，「遊ぶ身体」と置きかえても通用すると考えられる。なぜなら，同者とも「喜ばれること，他者を楽しませること」を敢えて行おうとするということは，自分も楽しもうとすることだからである。既に述べた「〜ちゃん遊ぼうよ」という友達への呼びかけは，まさに「遊ぶ身体」への同調や「ノリ」を誘出する行為といえるのである。同様に，鬼になり，子を追いかけるという「遊ぶ身体」は，お互いに仲良しの安定した関係にあるという日常生活における行為規範（「抑圧身体」）とは別に，「遊ぶ身体」に遠心化し，間身体的連鎖を構成し，「遊ぶ楽しさ（楽しみ楽しませる）の規範（「抑圧身体」）を選択することである。そしてこの役割遂行は鬼役にしろ子役にしろ，瞬時に自らの望ましい規範を形成するべく行動しなければならない。

　鬼遊びは，前述のように，「遊び身体」が楽しさを求めるという『意志』によって規範的拘束力をもつものとして実体化される活動であるが，この意志は，萌芽的状況への依存度が高いと大澤は述べていた[41]。こうした特徴が典型的に見られる鬼遊びがある。それは「えんがちょ」といって子役を追いまわし，相手にタッチすると，子役は鬼に変わり，鬼がどんどん変わっていく遊び（一般に「かわり鬼」ともいう）である。これは「えんがちょ」という符丁（危応ましいもの，例えば，病気の原因）によって，鬼が子にタッチすることで負の規範がタッチされた子に取り憑くことで，鬼は負の規範から解放され子に戻る。子役は鬼から逃れることに必死であるが，一度タッチされると，もう逃げられない（負の規範をさけられない）ということと，これまで，負の規範を避けようと必死で逃げてきたということとの間で，決定不能に陥るのである。つまり，子役は一瞬動けなくなるのである。そして，次の瞬間，鬼に自分が憑依したことに気づくと，子を追いかけるのである。この一瞬の宙づり状態から，追いかけ始まり，

相手をさがし、「えんがちょ」といいながら、タッチするという一連の動きについて大澤は、規範形成における「過程身体」から「抑圧身体」が形成される働きとして、こう説明する。「抑圧身体」と「過程身体」（及び「原身体性」）は、本質的に異なる二つの水準ではない、「抑圧身体」は「過程身体」の変容形態でしかない。経験の内圧的領域を規定し、その同一性を確定するには、超越的審級を必要とするが、その超越的審級身体が、再び経験の内圧性によって構成されているのである。としてそこから「身体の自己指示性が直接に露呈しているとき、対象の意味による同定操作が、その否定を効果的に排除することができず、決定不能な両義性をはらむのである。」[41]それは、「規範に従属する身体の規範的同一性が決定不能であるという事実が発生するということ」である。

　それは先に、鬼にタッチされて、子が一瞬、次の動きが出てこない状況に他ならない。そこからタッチされた子は鬼となって子を追い、タッチする行為へと動いていく動きを大澤は「伝達」[42]という作用だという。社会一般の行為においては、この一瞬の躊躇はまさに、判断中止であり、否定的な評価がされがちであるが、鬼遊びにおいては、鬼が善悪のトリックスターであるという仕掛けと、日常生活の親和関係にある子どもたちが「遊び身体」としてのサンクションにおいて成立しているという点において、あえて、アンビバレントな状況「雰囲気」をセットし展開しているがゆえに、その一瞬のとまどいが〈遊動〉をひき起こすのである。ドンジャンケンや開戦ドンといった遊びも、「えんがちょ」と同質の遊びと言うことができる。

3　ゲーム

　伝承遊びの代表格としての鬼遊びなどと異なり、ゲームは一般に、合理化された「ルール」によって営まれる遊びといってよいだろう。合理的「ルール」がなぜ必要かといえば、それによって勝負が競われるからである。逆の言い方をすれば、定量的基準という合理的基準がなければ、勝負を決定することはできない。定量的な数値によってゲームの勝負が自明化されるということは勝敗を決定する基準（規範）が「抑圧身体」性の決定不能性を離れて「集権身体」

化し,「抑圧身体」を超越し,抽象化されたことである。この合理的基準によって勝敗が決定されるということは,それによって遊びとスポーツ競技などとの区別が生まれやすくなるなるということである。近代スポーツは,この勝敗を競うことのために,遊びであったものが,シリアスワークになり,この競技自体が近代の職能と化し,スポーツが市場価値をもち,スポーツが職業としての利害関係や国益などを含むようになるのである。今やシリアスワークとして遊びと全くかけ離れた世界へと変貌したかのように思われるのである。それゆえ,スポーツ選手でもオリンピックの代表になる人やアメリカ大リーグの選手でも巨額の契約金で有名な人は,収入のために働いていると思われがちである。それゆえ,そこには遊びの核心ともいうべき〈遊動〉は存在しないと考えられがちである。

　しかし,筆者は,そうは思わない。たしかに,経済的価値がからむスポーツであればある程,スポーツという事業が企てとして行われる部分は拡大する。そうした部分を排除しても,例えば,野球の試合を行うまでに行う企て的要素ははずせない。野球を例にとると,勝つための練習や訓練は,企てであり〈遊動〉といった実感からはほど遠い営みの連続である。またいざ試合が始まる寸前や始まってからも,〈遊動〉体験が,直ちに来るか来ないかは,当初は,選手によってマチマチである。試合開始のサイレンが鳴り,両チームが挨拶をし,アンパイアの合図で,ピッチャーが投球動作に入り,相手チームの一番バッターがバッターボックスで構える。こうした動作を始める企ては,それぞれストライクを奪って相手から1アウトを取るという投手の企てと,投手の企てを打ち砕いてヒット（あるいは,ホームラン）をしようという打者の企てのぶつかり合いであり,この相互の企ては,どちらかが実現するか,どちらが実現しないかの宙づり状態である以上,一般の企てのようにルーチン化しない。もちろんプロ選手になればなるほど,相互に相手の企てに乗ってしまったかのような企てがあるけれども,勝負どころでは,対決する関係においては企てはぶつからざるを得ない,その際は,お互いに企ての実現可能性について宙づり感に襲われることも,しばしばであり,そこでは企ては,試行錯誤を伴い,企ての実現性も,ラッ

キーチャンス的要素を伴わざるをえない，一般に，スポーツ選手の多くは縁起をかつぐ（験をかつぐ）傾向があり，企ての成功は"運が良かったり，運がついている"と思うことも多い。それは，いかに企てようと，その成否を決めるのは，運命であるという実感であり，相互に企ての成否が宙づりになるということである。その実感こそ，遊びの〈遊動〉体験につながるものであり，この体験は，野球のような集団ゲームにおいては，集団全体や，観客席においても生起する可能性がある。

　ここでの選手の企ての変換は，投げるリズムに打つリズムの応答となり，走るリズムと守るリズムの攻防の積み重ねの中で，エラーや盗塁があり，それが得点となり，攻防の空気が一方に片寄ると，次の回はその攻防が反転するというシーソーゲームが繰り返される。こうしたやり取りが応援団の喚声のかけ合いとなり，勝利を求める企ては，成功するかと思えば失敗する。精密な企てが次の瞬間相手の企ての前に瓦解し，張り詰める空気とそれを破る動き，そして停滞から激動へさらなる均衡へ，こうした動きは，選手も観客も，企てつつもそれを裏切る出来事の展開に，半ば身を任さざるをえない状況が出現する。選手は，全身で企てに努めても不可測の結果に，運命に操られているかのような状況を体験する。こういう状況こそ〈遊動〉が出現し，この〈遊動〉は子どもが遊びに我を忘れるのと同じだと考えられるのである。かくて，企てが結果を予期しえない状況においては,遊びの〈遊動〉は，僥倖としてありうるのである。

7　仕事の中でのアドベンチャーとしての〈遊動〉

　〈遊動〉を西村は遊びの本質と考えているが，以上において展開してきた私の論の筋道からすれば，〈遊動〉体験は遊び以外の仕事にも起こりうると考えざるを得ない。なぜなら，大人たちの実業の中にも，その目標を一応立てたとしても，その目標が実現するか否かは必ずしも明確に予測できず，試行錯誤的[43]模索をせざるを得ない領域はたくさんある。例えば，科学的探索や新たな創作の試みや経済活動における投機的試みなど，試行錯誤をせざるをえない分野

であろう。一般に研究における extrapolation という営みは，既成の理論では読み解くことができず，様々な試行を繰り返す，その際，様々な思いつきのアイディアが実行に移されることがあり得るであろう。その中で，新たな発見に到るまでの間に，当事者の企てが失敗が繰り返されるが，ある瞬間，あるアイディアが成功の暗示を与える。その後は，失敗の危険を感じながらも運命の啓示のように問題解決へと進む。この過程に〈遊動〉の体験に出会うことが考えられるのである。

　幼児の砂遊びは，幼児企てとして遊ぼうとしているわけではない。平行遊びの例と同じように，幼児の日常生活の延長線上にあると考えれば，大人の仕事の延長線上に現れる〈遊動〉と共通なものと考えられる。そこで上述の仕事の中での試行錯誤の果てに現われる〈遊動〉を具体的に考える手がかりとして幼児の砂遊びにおける試行錯誤をとりあげてみよう。幼児の砂遊びに型抜きという活動がある。3歳児などに頻繁に現われる活動である。コーヒーカップのような容器に砂を一杯にし，それを逆さにして，容器だけを引き抜くと，容器の内の砂が円柱型の造形となって現われる。幼児は，ある時期それを繰り返しやって，砂場の端のコンクリートに，この形が延々と並ぶことがある。この活動は一見，単純にパターン化されているように見えるが，そのプロセスを詳しく追跡すると，意外とそこに試行錯誤のドラマが見えるのである。幼児とって，砂を容器につめてしっかり押すと，型を抜いたときに形が壊われることなく，しっかり現われる。しかし，砂に含まれる水の量が少なかったり，あるいは多過ぎたりすれば，抜いたときに，形が崩れてしまう。また，砂を強く押さえつけすぎると，容器を抜くときに，コンクリートに軽くぶつけて容器と砂を分離させるのであるが，そのぶつけ方が強すぎると，それで砂の形が崩れる可能性もある。幼児にとっては，容器に砂を詰めて，逆さにコンクリートに立てて，抜きき取るまでは砂は見えなくなり，形が現われるまでは，容器はブラックボックスになる。結果は上手にできたり，失敗したりする。砂をカップに詰めて，それをひっくり返して抜くという操作が成功か失敗かは，まさに試行錯誤であり，上手くいけば，その喜びは，もう一回，その喜びを再生したいと思い，失敗す

れば，今度は上手にいくぞという願いを込めて繰り返す。型を抜く作業をその成功，不成功はその都度，幼児を〈遊動〉体験に誘う。

　こうした試行錯誤は，一輪車に乗ってある程度，マスターするまでの過程とも照合する。毎回の試行において上手にいく場合と失敗する場合の確率が相半ばするレベルから，自分の力量が上達していく過程は，自分の企てが上手くいったかと思うと，上手くいかない場合との行ったり来たりであり，自分の技量をあやつっているのは自分ではなく，何か運命にあやつられているかのような感覚におそわれ，上達する感覚も宙づりの感覚に近いのである。しかし，やがて自分の操作で自在に操ることができるという実感に達すると，一輪車は「遊ぶ」対象ではなくなってしまう。

　一輪車でも，二輪車でも，それを遊びとするためには，例えば，二輪車の場合，マウンテンバイクの競技のように，操作のレベルの困難度を上げることで，試行錯誤体験を増大させる。それは言い換えれば，自己の操作能力で，道具を支配し，そのことでその操作を慣習化させ，無自覚的行為になっていく。しかしそうすることを自ら妨害するために，企てのレベルを高めることで，始めは常に一つ一つの企てに意識的になり，その達成に努力を尽くす。しかしそれでも，そこに失敗の可能性はついてまわる。しかし，そうした試行錯誤はやがて，成功の確率を増大させていき，自分の身体が状況に対応するようになり，自分の企て以上に状況に対応している自分を発見する。こうした状態を「カン」や「コツ」を身につけつつある段階に達するという。そこでは自分の企てをこえて，自己の身体が「ノッテ」いるという実感をうる。しかし，これも失敗とは背中合わせである。これはやはり，〈遊動〉という宙づり体験である。この場合の当事の実感は，自然体の方が上手く行くということである。それは企てる努力の果ての脱力的平衡感覚＝〈遊動〉にたどりつくを意味している。

　今村仁司によれば[64]，近代社会は，遊びと労働を対立するものと考えてきた。ここでの労働は，経済的効率性に基づいて行う仕事のことであり，それは時間量で仕事を計測するという立場である。労働という視点でとらえられる仕事は，美的活動としての側面をそぎ落し，別の活動として分離させたという。しかし，

原始的な活動としての生産活動においては，美的に仕事をするという側面が含まれていたという。そしてこの美的活動には必然的に遊戯性が含まれていたというのである。遊びの中核ともいえる〈遊動〉体験は，企てという目的意識を超えたところにあるとすれば，それは，大人にとっても子どもにとっても，究極の英知なのである。

8 規範を身体化する機会としての遊び

　子どもの遊びは教育的になぜ有用であるのかという問いが最後に残されている。これまで，〈遊動〉それ自体は発生するものであり，西村の言うように企てとして成立するものではないことを見てきた。しかし，我々人間は，様々な企てを遊びと見做してきた。しかし，遊びの意味を「ふれあいの遊戯関係」〈遊動〉としてとらえたとき，それは，直接，企てとしてひき起こすことが困難であることが明らかになってきた。幼児の遊びにおいても，「遊ぼう」と企てたとしても，結果として「つまらない」ものとして終ってしまうこともあるのである。その中で「領域」としての遊びは，伝承遊びやゲームのように，日常生活における安定した慣習性を前提に，「遊ぶ身体」であることのサンクションにおいて，領域としての遊びが企てられ，その企て自体の規範が日常の規範とはアンビバレンツであるがゆえに〈遊動〉を引き起こす確率の高い活動となり，そうであるがゆえに，〈遊動〉を体験することができるのである。

　では，そうした遊びを何ゆえに，教育活動として導入する必然性があるのか。これまで，遊びの教育的意義については様々なことが言われてきた。しかし，それはすべて，経験することは，それをしないより何がしかの成果があるものだという程度の経験律でしかない。しかも，〈遊動〉体験は，西村の言うように，価値について宙づり体験でしかなく，学校における教授活動のように，一定の望ましい価値を含む知識を学習し，集積していくという形で学ばれるものは，何もないのである。しかも，ゲームのように，勝敗によって勝者と敗者を見下すような体験は少くとも正面から正当化される教育的価値ではないとされ

てきた。いったい〈遊動〉を体験することの教育的意義はどこにあるのか。
　我々の答は，次のようなものである。
　我々人間は，この世界に生きていくかぎり，類的存在としての規範を守らなければならない，学校で道徳教育を重視するゆえんがここにある。しかし，この所，この道徳教育は，知識として伝えられても，その重要性を類的存在としての我々のものとして実感して守るということが日々困難になっている。むしろ，こうした社会規範は，我々個人の自由や自らの意志を踏み躙るものとして，あるいは，他者の強制としてしか受けとれなくなる傾向が強い。その具体的事例は，私が他の論文で指摘したように，交通道徳に対する一般人の受けとめ方に現われている。交通「ルール」こそ，都市生活を安全に送る市民共通の規範であり，必要欠くべからざる「ルール」であるはずなのに，同じ人間がドライバーになったときと，歩行者になったときでは，同じ出来事に対し，受けとめ方が逆になってしまうことにあらわれている[45]。
　それゆえ，社会生活の規範を作ったのは，我々であり，かつ我々のためであること，しかもその規範なしには，我々は楽しく共同生活を守ることはできないことを身体知のレベルで身につまされて体験する機会はどこにあるのであろうか。
　そこで，見い出されるのが，遊びなのである。高橋は遊びの意義は，〈遊動〉にあるとした。それは，自他，主客の未分化な一つの流れに身を委ねることであるとし，それは〈他者〉〈モノ〉とともに揺れ動き，ともに生きる状態として肯定的にとらえることであるとした。筆者らも，高橋のこの主張に賛同する。つまり遊びは，生きることを体験すること，生きる喜びの体験なのである。それは，自分の力の努力だけで生まれるのではなく，自分と他者，モノと自己が未分化に一体化した体験であるという。そして高橋や西村が言うように，ブランコはその具体的な現われだとすれば，ブランコ体験は，ブランコを自分が動かすのでもなく，ブランコに動かされるのでもない世界と一体化した幸福体験を間接的に用意するための教育的配慮（ブランコを教具として設置すること）が幼稚園でなされるのはなぜか。〈遊動〉体験こそが楽しいという体験だとし

たら，それは如何にして発生するか。それは主客不分離の体験だからであろう。この体験が身体に与える影響は，「楽しいという実感は，行為者の意図や努力だけで生ずるものではない。かといって何かに身を委ねるだけでいいというものでもない。行動者の努力や意志による支配が壁にぶち打ってニッチもサッチもいかない。しかし，試行錯誤の末に，ふっと力が抜けたような瞬間に，事がスムーズに展開する。その時の実感は，自分の関与もあるが，何かそれ以外の力でものごとが働かされているような実感で事が進む，そうした体験こそ，主客未分の〈遊動〉体験である。この幸福体験は，人間の努力の必要性とその限界の自覚において体験するものである。その意味での幸福体験は，人間が生きるために必要な人間哲学を身体で味わう機会である。それが遊びの教育的意義である。但し，この教育的意義は体験するものであって，教えられるものではない。それゆえ，教授内容とはなりにくいものではある。

　第2に，我々教育関係者が遊びの教育的意義として考えるべきは，領域としての遊びを時空間として提供することを通して，生きるための規範の基礎体験を提供することである。西村の言うような，遊びのための規範は法律などの規範と異なり，楽しむための「ルール」である。したがって日常生活を律する法的規範とは質を異にしているという。しかし，この「ルール」を無視したら遊びそれ自体は成立しないのである。バッターボックスに立って，ピッチャーの投げる球を三回振ってバットに当らなかったら，交代しなければならない。この「ルール」を選手が守らなかったら，その時点で遊びは不成立になる。その意味では，野球に参加している限り，この「ルール」は守らなければならない。つまり，この「ルール」は身につまされる「ルール」であり，これを身をはって守らなければ，野球を遊ぶことはできない。遊びの楽しさや遊びにおける〈遊動〉は，この規範を身体知としてのっぴきならない形で受けとめることでしか，遊びの楽しさに到達できないのである。こうした身体知を媒介にした規範形成の機会こそ，教育現場が子どもに提供できる原体験であると思うのである。先に，運動会で行われる騎馬戦で，どちらのチームも，相手に帽子を取られたくないと逃げまわる子どもたちの姿を見たとき，かれらは，ゲームとして争うこ

との楽しさを求めようとしていないと思わざるをえない。お互いに騎馬に乗る人間の帽子を奪い合うことは，自分が勝ちにいく企てがぶつかり合うことで，帽子を奪われる確率も高くなる。争い合う当事者自身，努力の限りを尽くすという企てそのものが，争いの過程で，その実現がお互いに予測できなくなり，実力が伯仲する場合には，その結果として，宙づりが生まれ，応援する者までも〈遊動〉体験に取り込まれる。結果は偶然によって，あたかも運が決定するように生じてしまう。こうした死力を尽した戦いを通じて〈遊動〉体験がやってくる。この体験は「ルール」を遵守することとは不即不離の関係にある。一回性の〈遊動〉体験は，再び繰り返すことを求め，それに伴い，規範（ルール）の遵守の実感は，この体感に伴っていく。その体験は不正をして勝つことの忌わしさを教えるのである。

　西村はこうした遊びにおける「ルール」体験は法について学ぶことと無関係だと考えているが，今村仁司は，人間が生来持っている自己保存の知恵があり，それは人間を本来，暴力的にする潜在性をもつのに対し，遊びは「人間と人間の共同性にとって原理上破壊的であるものを生産的無害なものにする行為である－遊戯の場では，生来は快適で敵対的な闘争も，単なる闘技や競技になる。－どんなに破壊的にみえる闘争も，遊戯の場では，さわやかな肉体的，精神的快楽に転化する。遊戯という知恵は，対自然関係と対人間関係の両面における根源的暴力と死を全く別のものに作りかえたり，機能転換させる」[46]この機能転換を可能にするものが，これは遊びである（日常生活の出来事ではない）ということを遊び手に認知させる規範なのである。遊びを共有するための規範（ルール）が〈遊動〉を体験するための必然性装置であることを体験することが，自己保存から発生する暴力や死を回避する知恵につながるとするならば，それは子どもにとって最も基本的な生きるための知恵なのであり，そこに教育的意義を見いだすことは，全く当然のことなのである。ただし，この遊び体験は教えることのできるものではなく，その楽しさの体験を伝承し，その成立条件を用意することでしか保障しえないものであることは，深く熟知すべきであろう。

（小川博久）

第2節　遊びが規範形成過程に及ぼす意義
　　　　　―伝承遊びの構造と事例の分析を通して―

1　伝承遊びに内在する〈遊動〉　―花一匁を例に―

　前節で小川が論じたように，伝承遊びは，その構造に〈遊動〉を内在させている。この〈遊動〉とは，「過程身体」から「抑圧身体」への上昇の不安定性（大澤真幸）に起因している。そのことを，花一匁を例に具体的に論じよう。結論から言えば，花一匁は「抑圧身体」の投射に必然的に伴う「贈与（略奪）」を成立させようとする（相対するグループが，略奪する子どもを指名し，ジャンケンによって勝った側が相手方グループの子どもを略奪する）が，「抑圧身体」と「過程身体」の依存関係が顕在化している（一般には隠蔽される）ために，「贈与」の帰結する権力に不安定さを生じ，それが〈遊動〉となる遊びである。いわば，「贈与」における「過程身体」と「抑圧身体」の循環関係の顕在化によって「抑圧身体」樹立の困難さを直接に展開させる遊びである。

　大澤は，ある集団や社会における規範が，その集団のどこか外部から到来するのではなく，「過程身体」の次元に発生の基盤を持ち，それが変容した「抑圧身体」によってもたらされることを論じている[47]。「過程身体」と「抑圧身体」が依存関係にあるために，「抑圧身体」の成立が不安定なものであり，花一匁がそのことを直接に展開する遊びであるとすれば，花一匁を遊ぶことは，規範発生のメカニズムを身体的に体験するものだと言える。すなわち，規範が内在性の水準から形成され，同時にその内在性によって崩壊する危険性を孕むことを身体的に習得するのである。以下そのことを論じよう。

1　花一匁についての従来の論の問題点

　花一匁に共同体の交換との同型性を見たのは，本田和子である[48]。花一匁を歌垣の面影を残すものととらえる本田は，歌垣の本質が共同体がその外部との

交換を行う市にあり，歌垣は共同体の外側で行われる男女の集会であったと述べる西郷信綱の論考[49]から，花一匁と歌垣との類似性を見取る。歌垣における歌のかけ合いは，「闘歌」の性格を持ち，そこには協同，相互依存，友情のある一方で，対立，警戒，競争があり，それは市の取引において悪態をついたり，けちをつけたりしながら交易する「セリ」と同型のものなのだが，それは「向かい合って手を繋いだ子どもたちが，歌をかけ合い，足を踏みならして闘う」花一匁にも「見事なまでの同型性を見ることができる」，と言い，花一匁の歌詞と遊びの時の身ぶりを対立と友情のそれとして位置づける。そして，このような歌詞と身ぶりの末に「あのスリリングな指名」が行われるのだ，と言う。「あのスリリングな指名」とは，本田が「『花一匁』を遊ぶとき，わたしの名前は呼んで欲しくはないが，是非呼ばれたい，そんなアンビヴァランスで私を引き裂いた」という，「呼ばれたくないが呼ばれたい」という両義性であり，本田が花一匁という遊びの魅力としてとらえるものである。

　西村清和も，花一匁という遊びの魅力についての本田の論を基本的には踏襲している[50]。西村は，本田の論を引用しつつ，「自分の名を『呼んで欲しくはないが是非呼ばれたい』というアンビヴァランスとは，『いまか・いまか』と宙づりにされた指名の瞬間へと，『勝ってうれしい……』と前進し，『負けてくやしい……』と後退する〈遊動〉のなかで仕掛けられ増幅されていく，スリリングな快感である」と言う。つまり，西村は，花一匁という遊びの宙づりは指名にあると考えており，この遊びの歌詞のやりとりや二つのグループの応答的な動きを，指名の宙づり感を強めてゆく仕掛けとして位置づけているのである。

　しかしながら，花一匁の宙づり（魅力）を，指名されることにのみ求める本田と西村の論は問題があると考える。というのは，両者は，個人という観念は成立しえないはずの前近代の伝承遊びの本質を，個人を指名することの宙づりに見ているからである。両者の解釈は，伝承遊びという前近代の産物を，近代主義的に解釈していることに他ならない。個人の指名の宙づりにのみこの遊びの本質があると解釈してしまうと，指名された個人同士の（ジャンケンによる）勝敗が，グループの勝敗に結びつくのはなぜなのか，を説明することがで

きない。個人の勝敗が集団の勝敗に結びつくのは，個人が単なる個人ではなく，集団の全体性を代表し，集団全体と同置されていることに他ならない。指名された者同士のジャンケンを双方のグループのメンバーが見守り，勝った側の子どもが属するグループのメンバーは勝ちが決まったときに飛び上がって喜ぶのは，指名された子同士のジャンケンの勝敗が単なる個人のものではなく，集団間のものであることの表れである。つまり，この遊びにおいて重要なのは個人ではなく，集団なのである。また，西村のように，歌や身振りを指名の宙づり感を増幅するための仕掛けとしてのみ解釈してしまうと，負けた側が「負けてくやしい」と闘争心剥き出しで歌いながら前進するという事実を説明することができない。この歌と身振りの闘争的エネルギーは，自分たちのグループに所属していた子を相手方に略奪されたという結果によって産み出されるものである。そうだとすれば，歌と身振りは指名の宙づり感を増幅させるための単なる仕掛けにすぎないわけでは，決してない。

　こう考えるなら，この遊びにおいて重要なのは，誰が指名されるかという個人的な問題ではなく，二つの共同体的な集団のやりとりであるはずである。花一匁は，二つの共同体的な集団が，そのメンバーを奪い合い，最終的に一方の集団のメンバーがいなくなると終結する遊びなのである。つまり，花一匁は，集団の構成員を贈与（略奪）資源とする交換の遊びであり，宙づりは「資源」に選ばれるかどうかという個人の心情にあるのではなく，贈与（略奪）交換の過程にあると考えるべきである。

　したがって，私は，花一匁を二つの共同体的な集団の交換の遊びとしてとらえるという本田の論の一部を踏襲しながらも，本田とは異なって，その遊びの宙づりが個人の指名にあるのではなく，共同体的集団の贈与（略奪）交換にあるととらえたい。ここにおける贈与（略奪）は，原始的な共同体に見られる贈与（クラやファーラヴェラヴェ[51]）と同型的な構造を持つと同時に，それが現実とは異なる遊びのそれであるがゆえに，共同体の贈与とは異なる点もある。結論から言えば，花一匁は，贈与が付随する「抑圧身体」の樹立そのものが宙づりとなる遊びである。そのことを以下に論じよう。まず，大澤真幸の論によっ

て原始的共同体における贈与の構造を示し，それと花一匁の贈与（略奪）との同型性と相違点を示しながら花一匁の構造を示そう。

2 大澤の論における贈与の機制

① 身体の自己準拠的基底性と贈与

大澤真幸は，原始共同体に見られる贈与（共同体から共同体への一方向のフロー）が，規範をもたらす審級（「抑圧身体」）の成立に必然的に付随するものであると論じている[52]。前節で小川が述べたように，「抑圧身体」の樹立は，身体の自己準拠的基底性のゆえに，規範内容の意味的な決定不能性を結果し，そのために必然的に振動が生じることになる「意味の伝達」が行われる。大澤によれば，贈与は，このような「意味の伝達」の社会現象での対応に他ならない。つまり，贈与は，決定不能性を縮減するための戦略だというのである。贈与（伝達）によって，「抑圧身体」の樹立に伴う意味的な同定の困難は減殺される。振動は時間的に規範的な正の状態と負の状態を隔離するので，「『規範的に正でもあり，負でもあるところのもの』を『規範的に正であるときには負ではなく，負であるときには正ではないところのもの』と，変換する」からである[53]。こうすることによって身体の自己準拠的な基底性は隠蔽されることになる。このような贈与は，受け渡される資源のフローの始点から捉えれば一般に言われる「贈与」であり，終点の方から見れば「略奪」である。略奪は「裏返された贈与」であり，「本性において贈与と異ならない」[54]。

② 贈与（略奪）における権力

「抑圧身体」が成立することは，権力が作用することである。抑圧身体の成立には贈与が不可欠だとすれば，そこにおける権力について言及しておく必要がある。

大澤は贈与における権力を二つの側面から論じている。一つは贈与を支持する権力であり，共同体の贈与において，贈与の資格を持つのは，共同体の諸身体に対して君臨する「抑圧身体」すなわち首長であり，共同体の全体性を代表

する。つまり，贈与が成立するには，贈与を行う共同体の規範を成立させる権力が実効的であることが条件であり，贈与はその副次的な効果であるかのように現象する[55]。

いま一つは贈与が帰結する権力であり，贈与は与え手と受け手の間に支配-服従の上下関係を持ち込む。それは，贈与が「他者」の「抑圧身体」に従属することだからである。これには二つの場合があり，一つは，贈与される物が与え手から外化しないとみなされ，与え手が受け手を支配する。受け手は自身の自己同一性を与え手の一部として定位してしまう場合である。受け手は与え手の「抑圧身体」に従属するのである。これとは逆に，贈与される物が本来受け手に属しているとみなされ，受け手が与え手を支配する場合がある。「略奪」と呼ばれる交換がそれである。略奪において，与え手は自身の自己同一性を受け手の一部として定位してしまい，与え手は受け手の「抑圧身体」に従属するのである[56]。

3　花一匁の構造

花一匁を，指名する個人の選択が宙づりにされている遊びととらえるのではなく，二つの共同体的な集団の贈与（略奪）交換としてとらえるとすれば，宙づり（どんな遊びにも見られる構造）は，集団間の贈与（略奪）交換のやりとりの中にあるはずである。それはどのような宙づりなのか。この問題について論じるために，花一匁における贈与（略奪）の構造における，原始共同体の贈与（略奪）の構造との同型的な側面と相違面について述べよう。

① 原始共同体における贈与（略奪）との同型性

花一匁と原始共同体の贈与（略奪）は，次の二つの点において同型的である。

一つは，贈与（略奪）交換の行われる二つの共同体的集団の関係性である。大澤によれば，「贈与・略奪の行為は，潜在的には敵対的な対他関係を前提にしている」[57]。敵対的な対他関係とは「『他者』が自己の志向作用（意図）を否定する可能性のがあるものとして直面している場合であ」り，それゆえ「贈

与において直面している『他者』は，『自己』を否定するかもしれない危険な可能性である」[58]。例えばクラにおいて，与え手は受け手を劣位におくような方法をとる（服を脱がせる，受け手を叱りつける，財を投げつけるなど）。それに対して，受け手の側は，それに抵抗を示す（沈黙をまもり，与え手の言葉に耳を貸さなかったり，投げつけられた財をすぐには拾おうとしない，など）。

本田が指摘したように[59]，花一匁において相対する二つの共同体的集団の関係も，敵対関係にある。花一匁は，その歌詞からも明らかなように，一方が「隣のおばさんちょっと来ておくれ」と要求すると「鬼が怖くて行かれない」と拒否し，「お釜かぶってちょっと来ておくれ」と要求すると「お釜底抜け行かれない」と拒否し，「お布団かぶってちょっと来ておくれ」と要求すると「お布団ビリビリ行かれない」と拒否し，「あの子が欲しい」と言えば「あの子じゃ分からん」と拒否し，「この子が欲しい」と言えば「この子じゃ分からん」と拒否する，というように，略奪しようとする側（受け手）の要求は，いろいろと理由をつけられて相手方にことごとく拒否される。与え手になる可能性のある集団は，受け手になる可能性のある集団に対して敵対的である。また，その身ぶりは，双方が相手側に向かって前進してゆき，最後に相手側を足で蹴る，という闘争的なものである。このように花一匁の略奪において直面する相手方集団は，「『自己』を否定するかもしれない危険な可能性」なのである。

二つ目に挙げられるのは，贈与（略奪）が「抑圧身体」を成立させ，二つの集団の間に支配―服従という権力の上下関係が持ち込まれることである。前述したように，原始共同体の贈与（略奪）においては，与え手（あるいは受け手）が受け手（あるいは与え手）を支配する。花一匁は，受け手が与え手を支配する場合である。資源（身体）の受け手が「勝ち」，与え手は「負け」となり[60]，上下関係が生じることになる。

このように贈与によって上下関係が生じるのは，贈与される媒介物が，それが所属する集団から完全には外化していないからである。原始共同体の贈与において，贈られる財は，「贈与者から外化＝疎外＝譲渡されることがない」[61]。それゆえに，受け手は与え手の自己同一性の内に参入することになり，言いか

えれば，受け手は与え手の「抑圧身体」下に参入する，あるいは，逆に，与え手が受け手の自己同一性の内に参入し，与え手は受け手の「抑圧身体」の作用圏内に参入することになる。

　花一匁の場合，略奪によって二つの集団に上下関係が生じるのは，略奪される身体とそれが所属していた集団とが同一視されているからである。それゆえに，略奪された身体が受け手集団の一部となるということは，略奪された身体の所属していた集団（与え手）は受け手集団の一部として自らを定位することになる。つまり，与え手集団は受け手の「抑圧身体」の作用圏に包摂されるのである。

② 原始共同体における贈与（略奪）との違い

　しかしながら，以上のように同型性が認められる一方で，原始共同体における贈与と花一匁におけるそれとは，異なる部分も少なくない。

　例えば，原始共同体の贈与においては，二つの共同体間に贈与が成立すると，敵対関係にあった両者は，敵対性を克服し，最高度の友好関係を帰結する。その関係が支配―服従の関係である。この上下関係は容易に覆ることはない。財の移行は決定的であり，そこに反対方向の贈与や略奪は想定されていないからである。一旦二つの共同体を作用圏下に置く「抑圧身体」が樹立される（正確には，一方の「抑圧身体」の作用圏に他方が包摂される）と，それが維持されるのである。これに対して，花一匁は，二つの集団上に樹立された「抑圧身体」が容易には維持されない。贈与（略奪）によって一旦受け手集団の「抑圧身体」の作用圏に与え手集団が包摂され，上下関係が決められても，その直後に，それが逆転する可能性があるのである。勝ち集団は，ジャンケンに勝ち続けなくては相手方を支配することはできない。ジャンケンに負ければ，今度は与え手に回るので，相手方に服従することになる。樹立された「抑圧身体」はすぐに解消し，別の「抑圧身体」にとって変わられることがあり，この意味で「抑圧身体」の樹立は不安定である。

　また，原始共同体の贈与は，一方向的であり，それが純粋化されるような工

夫が施されている。先述した交換の行われる二つの共同体の関係が敵対的であるというのが，それである。与え手と受け手が敵対的であるのは，等価交換を明確に拒否するためのものであり，贈与の一方向性（無私の贈与）を確保するためのものである。このように，一方向的なフローにおいては，贈与の場合も略奪の場合も，「フローの端点（始点あるいは終点）にある身体から眺めれば，このフローに対する志向は，その当の身体にのみ（さしあたって）局在しているかのよう」であり,「資源を一方向的にフローさせようとする志向（意図）は，自分だけがもち，相手には必ずしもそのような志向（意図）は存在していない，と各身体は認知している」のである[62]。贈与の場合，もし相手に感謝されるようなことがあれば，与え手に対して返済することになり，贈与の一方向性を維持できなくなる。略奪の場合は「相手に略奪されること（価値の喪失を引き受けること）に対する覚悟が，最初から存在していてはならない」のであり，そのような覚悟を相手に認めることは，「報復への志向が相手に存在しており，自己の略奪が，反対方向の略奪によって相殺されてしまうことを認めていることになる」のである[63]。

　これに対して，花一匁における贈与は一方向的ではない。花一匁は，先に述べたようなやりとりのあと，二つの集団がそれぞれ指名する子を決めて，双方が「○○ちゃんが欲しい」「××ちゃんが欲しい」と略奪の意志を表明するのである。つまり，二つの共同体的集団は，原始共同体における贈与の場合と同様に敵対関係にある（それは，贈与の一方向性を確保するためのものであった）にもかかわらず，フローに対する志向は，「その当の身体にのみに局在」するのではなく，双方に存在するのである。

③　花一匁の構造

　以上のような原始共同体の贈与交換と花一匁におけるそれが同型性を持つと同時に相違面を持つことは，いかにして説明することができるだろうか。原始共同体と花一匁は，贈与の行われる二つの共同体あるいは集団の，贈与交換以前の関係性（敵対関係）と贈与が帰結する関係性（「抑圧身体」の樹立による

上下関係)においては同型的である。しかし，原始共同体の交換において，資源のフローに対する志向の一方向性を確保する（敵対関係はそのためである）のに対して，花一匁は（二つの集団が敵対関係であるにもかかわらず），フローに対する志向の一方向性は確保されず，双方向的である。また，原始共同体の贈与は樹立された「抑圧身体」を維持するのに対して，花一匁は，「抑圧身体」の樹立はすぐに解消し，不安定であり，二つの集団の上下関係は，すぐに覆される可能性を持ってしまう。つまり，贈与によって「抑圧身体」が樹立され，それによって上下関係を帰結することは同じでも，花一匁においてはその関係が維持されないのである。それはなぜか。

　筆者の考えでは，それは，花一匁における贈与交換が，原始共同体における贈与を模した遊びであるがゆえである。花一匁は遊びであるがゆえに，〈遊動〉を成立させる構造をその本質としている。〈遊動〉は，前節で小川が論じたように，「過程身体」における主客未分の行きつ戻りつする運動と「過程身体」から「抑圧身体」の樹立とその解消による運動という二つの側面を持つ。花一匁は，その二つの側面を様式化することによって構造化された遊びであり，それゆえに，「抑圧身体」の自己準拠的基底性による不安定さ（先述）を直接に展開する遊びとなっているのである。そのことが，フローを双方向のものとして現象させ，また，一旦決定した上下関係をその直後に覆すのである。つまり，花一匁は原始共同体の贈与を模しているがゆえに，それとの同型性を持つ。しかし，同時に，〈遊動〉を本質とする遊びであり，それを構造化しているがゆえに，「抑圧身体」の不安定さそのものが構造化され，その樹立（正確には，どちらの集団の「抑圧身体」が二つの集団上に樹立されるか）が宙づりとなっており，それが原始共同体の贈与とは異なる面を生み出しているのである。そのことを，花一匁に構造化されている〈遊動〉の二つの側面を示すことによって説明しよう。

❶　「『抑圧身体』の『宙づり』による〈遊動〉」－歌詞の意味的側面に見られる関係性の宙づり－

表1

フレーズ	歌詞		動き	
	勝ち（贈与の受け手＝略奪する側）	負け（贈与の与え手＝略奪される側）	勝ち	負け
1	かーってうれしいはないちもんめ		→	→
2		まけーてくやしいはないちもんめ	←	←
3	となりのおばさんちょっときておくれ		→	→
4		おにーがいるからいかれない	←	←
5	おかーまかぶってちょっときておくれ		→	→
6		おかーまそこぬけいかれない	←	←
7	おふとんかぶってちょっときておくれ		→	→
8		おふとんびりびりいかれない	←	←
9	あの子がほしい		→	→
10		あの子じゃわからん	←	←
11	この子がほしい		→	→
12		この子じゃわからん	←	←
13	相談しよう		→	→
14		そうしよう	←	←
	（それぞれ相談する）			
15	きーまった			
16		きーまった		
17	○○ちゃんがほしい		→	→
18		◇◇ちゃんがほしい	←	←
	ジャンケン			
	ジャンケンに負けた子どもの身体が贈与（略奪）される			

　花一匁は18のフレーズからなっている（表1）。この18のフレーズの歌詞を見ると，最初の第1フレーズから第12フレーズまでは，上下関係が明確である。すなわち，前回の贈与で受け手となった側（「勝ち」集団）が，今回も贈与の受け手（略奪する側）になろうとしており，前回の贈与で与え手となった側（「負け」集団）が今回の贈与でも与え手（略奪される側）になろうとしていることが，歌詞には明確に表れている。ここにおいて，与え手集団は受け手集団の「抑圧身体」の作用圏に包摂されており，前回の贈与によって樹立された「抑圧身体」は維持されていると言えるだろう。第1から第12フレーズの歌詞は，受け手の要求に与え手が取り合わず，それをことごとく拒否するものである。これは，クラなどと同型的な敵対性を示していると言ってよい。こ

こにおいては贈与の一方向性を確保しようとする営みが見られるのである。

しかし,第13,14フレーズは様相を異にする。「相談しよう」「そうしよう」というのは,受け手側の提案に与え手が同意を示すものだからである。この同意は,その直後の動きから見て明らかなように,受け手（略奪しようとする側）集団だけでなく,与え手（略奪される側）集団も,誰を略奪するかを相談することの同意である。ここにおいて,贈与の一方向性は喪失している。同様に,受け手と与え手という上下関係も喪失している。どちらも,受け手になる（略奪する）意志を持っているからである。言いかえれば,先ほどまで維持されていた「抑圧身体」は,解消してしまっているのである。その後,ときに両集団によって同時に発せられることもある第15,16フレーズは,それぞれの集団の話し合いの結果でありながら,発せられるのは同じ言葉であり,それに続く第17,18フレーズは,いずれも略奪の意志（贈与の受け手となる意志）を表明するものである。ここにいたって両者は対等な関係にある。つまり,一方向的な贈与の帰結する関係は崩壊しており,全体の上に成立していた「抑圧身体」は解消し,二つのそれぞれの集団上に投射されている対等な二つの「抑圧身体」へと分離していると言うことができる。ジャンケンによって資源のフローする方向を決め,どちらの集団の「抑圧身体」が両集団上に樹立されるかを決定するのはそれゆえである。

このように歌詞を見るならば,この遊びの1サイクル（フレーズ1～18を経て,ジャンケンで勝敗が決まり,身体の贈与が完了するまで）の過程は,最初のうちは贈与の一方向性が明確であったものが,次第に崩れていくのに伴って,二つの集団の関係が明確な上下関係から対等な関係へと変化するというものである。全体（二つの集団）を作用圏として成立していた「抑圧身体」が解消へと向かい,二つの集団それぞれの「抑圧身体」へと分離するのである。そして,そこにジャンケンの勝敗という偶然性によって,再び全体を作用圏とする「抑圧身体」の樹立（それによる上下関係）と贈与の一方向性及び敵対関係が新たにもたらされる。こうして,この遊びは,贈与の一方向性と明確な敵対性,及び「抑圧身体」（上下関係）が,1サイクルの中で次第に曖昧化される

ことによって宙づりにされてゆき，偶然性によって新たに明確な関係が決定される，ということの繰り返しとして展開される。

このような「抑圧身体」の樹立による明確な関係性（贈与の一方向性，敵対性，上下関係）が宙づりにされ，曖昧化されることよって高められる緊張と，それからの解放という変化の運動を〈遊動〉と呼ぶことができる。ここでは，この〈遊動〉を「『抑圧身体』の宙づりによる〈遊動〉」と呼ぶことにしたい。「『抑圧身体』の宙づりによる〈遊動〉」において，ジャンケンという偶然性は，宙づりにされ，不決定になっていた関係性を「抑圧身体」の樹立によって再び明確に決定し，宙づりから解放するための装置である。ジャンケンは，それ自体勝敗を宙づりにし，ジャンケンの結果は宙づりからの解放を結果する。しかし，ジャンケンそのものの宙づりは，「『抑圧身体』の宙づりによる〈遊動〉」のごく一部にすぎない。1回のサイクルにおいて，明確だった関係が次第に曖昧になるにつれて，宙づり感も強められてゆき，その極点においてジャンケンの宙づりが組み入れられるのである。ジャンケンによって贈与が成立した直後に歌われる「勝ってうれしい，，」「負けてくやしい，，，」というフレーズを勢いよく闘争的に歌いながら，「勝ち」集団が誇らしげに相手を挑発し，「負け」集団がそれに反発するように挑発し返す身ぶりをするのは，このような宙づりによる緊張から解放されるからに他ならない。

❷ 「『過程身体』における主客未分の〈遊動〉」－行きつ戻りつする動き－

以上のような「『抑圧身体』の宙づりによる〈遊動〉」は，どのようにして生み出されるのだろうか。つまり，遊びの前半では，贈与の一方向性とそのための敵対関係，また「抑圧身体」が維持されていることによる上下関係が明確であるにもかかわらず，途中で敵対関係が曖昧化し，上下関係が喪失して「抑圧身体」が解消し，双方が受け手となる可能性を持つような対等な関係へと変容するのは，なぜか。

それは，花一匁における贈与（略奪）が，二つの集団の行きつ戻りつする，主・客の分かちがたい動きの中で行われるからである。この主・客の分かちが

たい行きつ戻りつする動きをいま一つの〈遊動〉と言うことができる。小川が前節で指摘したように，このような〈遊動〉は大澤の言う「過程身体」の水準のものだと言うことができる。それゆえ，この〈遊動〉を「『過程身体』における主客未分の〈遊動〉」と呼びたい。花一匁という遊びは，行きつ戻りつの動きによって「『過程身体』における主客未分の〈遊動〉」が現象する場の中に，「抑圧身体」が宙づりにされてゆき，そのことによって「『抑圧身体』の宙づりによる〈遊動〉」が生み出されるのである。言いかえれば，『抑圧身体』の宙づりによる〈遊動〉」は，「『過程身体』における主客未分の〈遊動〉」によって生じている。そのことを説明しよう。

　花一匁における二つの共同体的集団の動きは，行きつ戻りつする〈遊動〉的な動きが様式化されたものである。二つの集団は，前進して相手を蹴る動きと後退する動きを相互に繰り返す（表1の「動き」の欄参照）。いま仮に，前者を「攻める」身ぶり，後者を「攻められる」身ぶりとすると，一方のグループが「攻める」と他方が「攻められ」，次のフレーズではそれが逆転することを繰り返す。例えば，第1フレーズで，「勝ち」集団が「攻める」間，「負け」集団は「攻められる」のだが，第2フレーズではそれが逆転して「負け」集団が「攻め」，「勝ち」集団が「攻められる」。つまり，二つの集団は相補的かつ応答的に動くのである。こうして第1フレーズから第14フレーズまで「攻める－攻められる」という動きが反転しながら繰り返される。このような「攻める－攻められる」というのは「触れる＝触れられる」に見られる能動と受動の反転，交換に顕著に見られる主客未分の〈遊動〉に他ならない。このような〈遊動〉の主客未分性は，歌詞が乗せられるリズムが，「攻める」場合も「攻められる」場合も同じであることによって一層強められるだろう。歌詞の意味的側面によって敵対関係がつくり出されてはいるが，歌詞が発せられるリズムは同じであり，音の動き（旋律）もおおよそ同じであるので，攻める側と攻められる側はリズムと旋律をほぼ共有しているのだから。つまり，二つの集団の相補的・応答的な動きは，ノリの共有に支えられているのである。

　このような〈遊動〉のありようは，第1フレーズから第14フレーズまで，ずっ

と同じなのではなく,途中で変化する。第8フレーズまでは,「攻め」の動きも「攻められる」動きも8箇間（8拍分）あるのだが,第9フレーズから第14フレーズまでは4箇間（4拍分）となり,〈遊動〉の振幅が狭くなる。「攻める－攻められる」という反転,交換の速度が速くなり,緊張感が増大するのである。このことによって,主客の一体化はより進むことになるだろう。

最初は明確であった集団の関係性が,次第に曖昧になっていくのはそれゆえである。「攻める－攻められる」の反転が繰り返されるうちに,次第に主客の一体化が露わになり,もはやどちらが受け手でどちらが与え手なのか,どちらが支配する側でどちらが服従する側なのか,分からなくなってくるのである。

以上のように,花一匁という遊びは,行きつ戻りつする動き（「『過程身体』における主客未分の〈遊動〉」）によって,「抑圧身体」（関係性）が宙づりにされてゆき,偶然性によって宙づりから解放される,という緊張と弛緩の〈遊動〉が定式化されたものである。こう考えるならば,この遊びの宙づりは,個人の指名に収斂されるべきではないし,行きつ戻りつする動きは,単に指名の宙づり感を増大させるための仕掛けにすぎないわけでもない。宙づりにされるのは,一方向的なフローとそのための敵対関係,「抑圧身体」の成立による二つの集団の関係性であって,それを生み出す装置こそ,行きつ戻りつする動き（「主客未分の〈遊動〉」）なのである。

4 遊びの規範形成における意義 －〈遊動〉と身体の基底的自己準拠－

花一匁に定式化されている以上のような〈遊動〉は,「抑圧身体」と「過程身体」の依存関係（身体の基底的自己準拠性）によって生み出される。贈与の一方向性,そのための敵対関係,贈与の帰結する上下関係は,「抑圧身体」の樹立に伴うものである。一方,主・客が反転し,行きつ戻りつする「主客未分の〈遊動〉」は,「過程身体」の水準の活性化である。大澤は,「抑圧身体」は,「過程身体」以外のどこか外部から到来する実体なのではなく,「過程身体の位相に基礎を持ちつつ,そこからの転倒として出来したものである」と言っている。つまり,

「抑圧身体と過程身体(および〈原身体性〉)は,実的に異なる二つの水準ではな」く,「抑圧身体は過程身体上に生起する諸志向点の集合的な効果であ」り,そうであるなら「抑圧身体は,過程身体の一個の変容形態でしかない」のである[64]。それゆえに,「抑圧身体」は安定的に維持されるのは難しい。例えば,「過程身体」の水準が活性化すると,「過程身体」上に成立していた「抑圧身体」の樹立が危うくなる。「抑圧身体」が限りなく「過程身体」の水準の方へ引き戻されることになり,樹立されている「抑圧身体」と活性化された「過程身体」との間で緊張が高まるだろう。そして,そこに新たな「抑圧身体」が持ち込まれれば,「過程身体」の活性化が一旦沈静化し,「抑圧身体」の安定性が増すので解放感を生むことになる。花一匁において定式化されている〈遊動〉は,このような「過程身体」と「抑圧身体」の依存関係が生み出す緊張と弛緩なのである。花一匁は,「過程身体」と「抑圧身体」のこのような往還運動を直接に展開した遊びだと考える。

　遊びの最初に設定されている二つの集団の上下関係(「勝ち」と「負け」)は,その直前の資源のフローによって決まるものである。すなわち,そのサイクルの直前(前のサイクルの終局)に贈与が成立しており(ジャンケンに勝った者が属する集団が,資源の受け手となる),上下関係はその贈与の帰結として「抑圧身体」が樹立されたことによって生じている。受け手が与え手を支配する,というこの構図は,原始共同体において贈与が帰結する権力関係と同型的である。すなわち,花一匁における二つの共同体的集団のうち,ジャンケンに負けて資源の与え手となる集団の「抑圧身体」は,相手方(ジャンケンに勝ち資源の受け手となる集団)の「抑圧身体」の作用圏内に入るのである。そのことが,新しいサイクル冒頭の「勝ってうれしい,,」「負けてくやしい,,」という上下関係として表明されるのである。

　この新しいサイクルにおいては,支配する集団が再び受け手としての様々な要求を出す(ちょっときておくれ,○○かぶってちょっときておくれ)が,与え手として服従する集団はまともには相手にしない。このような敵対関係は,それによって贈与の一方向性を確保することになる(先述)。ここにおいて成

立している「抑圧身体」は，「主客未分の〈遊動〉」によって曖昧なものとなる。というのは，「主客未分の〈遊動〉」によって「過程身体」の水準が活性化するために，「抑圧身体」の維持が次第に危うくなってくるためである。最初は，二つの共同体の上に投射される「抑圧身体」（「勝ち」組の「抑圧身体」）によって，二つの集団はそれぞれ受け手と与え手，支配する側と服従する側として意味的に同定されていたのだが，この「抑圧身体」の維持が次第に困難になり，その樹立が危うくなることによって，それらの意味的な同定が曖昧になってゆき，関係性が宙づりにされるのである。この宙づりの緊張感は，活性化した「過程身体」とそれによって維持の困難になりつつある「抑圧身体」との間の緊張によって生じるのである。こうして，二つの集団は対等になる。それが，双方とも受け手になろうとするという現象として表れるのである。

　こうして「過程身体」の水準の活性化によって「抑圧身体」の不安定さが増し，二つの集団を意味的に同定する基準が曖昧となることによって両者が対等になると，もはや，上下関係も贈与の方向性も，両集団の内在的な基準によっては決定しようがない（基準が曖昧なのだから）。それゆえ，運（ジャンケン）に任せることになるのである。

　運，あるいは偶然性とは，両集団の超越的な基準であり，新たな「抑圧身体」である。運（偶然性）が「抑圧身体」だというのは，鬼を決めるときのジャンケンを思い起こせばよい。鬼決めは，歌や歌を伴ったジャンケンによって行われるが，それは，共同体の超越者に決定を委ねることである。鬼決めのジャンケンが歌を伴うのは，歌が超越者との交信に用いられる言葉だからである。超越者は共同体の規範を決定する「抑圧身体」である。

　こうして，ジャンケンによって新たな「抑圧身体」が樹立されると，贈与が成立し，関係性の宙づりは解消され，二つの集団の上下関係が帰結される。こうして，与え手と受け手，支配する側，服従する側，という集団を意味的に同定する規範が成立するので，二つの集団は自らをいずれかとして同定し，先述したような歌のやりとりを行い，新しいサイクルが始まるのである。新しいサイクルの冒頭の歌い出しと身ぶりが闘争的エネルギーに溢れているのは，「抑

圧身体」が樹立されることによって,「過程身体」と「抑圧身体」の間の緊張関係から解放されたことによって生じるエネルギーなのである。

　以上のように考えると,花一匁は,偶然性による「抑圧身体」の樹立によって二つの集団の関係性が決定するが,「過程身体」の水準を活性化する「主客未分の〈遊動〉」によって,その「抑圧身体」の維持が極めて困難になり,規範が曖昧化し,そこにまた新たな「抑圧身体」が持ち込まれる,というような「抑圧身体」と「過程身体」の往還運動にある。その往還は,「抑圧身体」が「過程身体」に基盤を持つという両者の依存関係によって,「抑圧身体」の樹立が不安定であることを,直接に展開したものである。花一匁に定型化された〈遊動〉を体験することとは,以上のような「抑圧身体」と「過程身体」の往還運動を子どもの身体が生み出すことである。

　大澤は,規範の成立は「抑圧身体」の成立であることを論じている。「抑圧身体」の成立は,「抑圧身体」と「過程身体」が依存関係にあるがゆえに不安定であるとすれば,花一匁という伝承遊びは,「過程身体」と「抑圧身体」の往還運動を体験することによって,規範が外部から到来するのではなく,内在的な水準からの変容,転態によって成立し,同時にその内在性によって崩壊する危険性を孕むことを,子どもたちが身体的に習得するものだと言えるだろう。伝承遊びを遊ぶことの,規範形成における意義はここにある。

2　〈遊動〉を重視する援助とは何か

　伝承遊びは〈遊動〉が定式化されたものであるからといって,学校教育において伝承遊びを導入しさえすれば子どもたちが〈遊動〉を体験できるとは限らない。近代学校教育制度における教授－学習活動による場合は,〈遊動〉が周縁へと追いやられる可能性が高い。教師の指示命令に従って子どもが動き,(花一匁の場合に) 形としては二つのグループの相補的な動きが作られても,そこに〈遊動〉が生成するとは限らない。例えば,子どもが後退すべきときに前進してしまう場合,教師が歌や動きを中断し,後進するように注意したり,また,

中断しなくても教師の指示によって子どもが後退するとすれば，外側から見れば二つの集団の動きは相補的になる。しかし，子どもたち自身が相手集団との「主客未分の〈遊動〉」を生み出し，主・客の反転する関係にあるかといえば，そうではない。個々の子どもが教師の指示に従って，それぞれが自らの動き方を意志的にコントロールすることの単なる集合体は，〈遊動〉にはなりえない，ということである。このことを，西村は，〈遊動〉の始まりは，「企ての主体の自由な決断によるのではない」のだと言っている。そして，続けて次のように言う。なぜなら〈遊動〉の始まりは「遊び手の内部に反響させた同調の動き」だからである[65]。

そうだとすれば，近代学校教育制度において，子どもたちが〈遊動〉を体験するには，すなわち，子どもたちの中に〈遊動〉を生起させるには，教師はどうすればよいのだろうか。つまり，子どもたちが〈遊動〉を生み出し，その〈遊動〉を保障するための援助，言いかえれば，子どもたち自身が伝承遊びに構造化された「過程身体」と「抑圧身体」の往還運動を産み出すための援助とは，何か。

結論から述べれば，教師が〈遊動〉の担い手として〈遊動〉を生み出し（教師のモデル性），それに子どもたちが同調してきた（ノッてきた）ときに，子どもたちのノリを支えながら，次第に子どもたち自身で〈遊動〉を生み出していけるように，教師が〈遊動〉の担い手から撤退することである。この場合，子どもたち自身で〈遊動〉を生み出しているかどうかを見届けるための観察眼が必要である。

以下，このことを，幼稚園における花一匁の実践事例をもとに論じよう。この事例は，教師が，子どもたち自身で花一匁に定式化された〈遊動〉を生み出して行くような関与を行っているものである。すなわち，事例においては教師が最初は〈遊動〉の担い手となり，子どもたち自身で〈遊動〉を生み出していることを確認しながら途中で担い手であることから徐々に撤退し，最終的には完全に撤退することによって，子どもたちが自身で〈遊動〉を生み出しつつそれにノルことができるようになっているのである。

1 事 例

【事例3－1】[66] 花一匁（図中の●は保育者T, ○は子ども, ①はK子, ②は実習生）

①T（保育者）と4歳児9人で花一匁が始まる

　4歳児8人が園の子どもたちがいつも花一匁をして遊んでいる（2週間ほど毎日続いている）場所（遊具庫の側）に集まって何か話している❶。TがH子に手を引かれてやってくる。「『かってうれしい』やろう」とTに言う。Tと子どもたち9人の計10人がイ,ロの二手に分かれ（子ども3人のグループがイ,子ども6人＋Tのグループがロ）それぞれ手を繋ぐ。Tが「かーってうれしい,,」と歌いながら歩き始める❷と, 突っ立っていたロの子どもたちがTに強く手を引っ張られて, ヨタヨタと転びそうになりながら歩き始める❸。Tたちの相手方（イ）の子どもたちは, しばらく突っ立ったままだが, ロの9人がドタドタと迫ってくるので, 数歩後ずさりする❹（図1）。

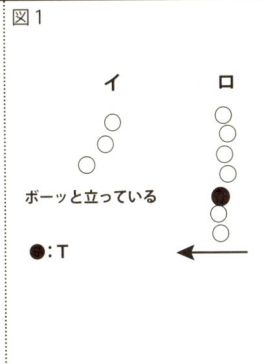

　Tは, 自分たちのパートに続けて相手方（イ）のパート（「まけーてくやしい,,」）も歌いながら後進する❺と, Tに手を引かれているロの子どもたちは歌わないが, Tと一緒に後進する❻。それに合わせて, イの子どもたちは歌わない（本来は歌うべき）が前進する（歌っているのはTのみで子ども達は歌っていない）❼が, 足は振り上げない。こうして, Tが花一匁の歌をひとりで全て（相手方のパートも）歌いながらロの動きを再生すると, それに合わせて子どもたちは声は出ないものの, 少しずつ動きを再生し始める❽。

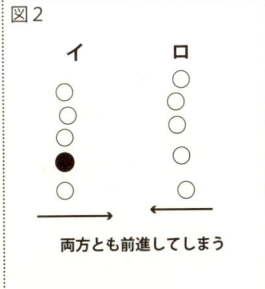

　Tがジャンケンで負けてイに移動する。子どもたちは特に声を上げたりすることはない❾が, ロにいたS子がTの後を追ってイに移動してしまう。イはTと子ども4人になる。そこに, K子が新しくロに加わり, 2回目が始まる。Tが1回目と同じように,「かーってうれしい,,」と歌いながら前進すると, イの子どもたちはTの歩調に合わせて一緒に前進する❿。ところが, 後進しなくてはならないロの子どもたちも, 前進してしまう（図2）⓫。Tは構わず歌いながら前進して行くと, ロは途中で立ち止まり, それから数歩後進する。

②子どもの歌と動きが元気になって, 子ども同士で唱和する姿も見られる

　Tがそれに続くフレーズ（「まけーて,,」）を歌いかけるが, それと同時にK子（1回目の最後に加わった）が大きな声を張り上げてと歌に合わせて勇ましく前進し始める⓬。Tは歌うのをやめて, 本来のイの身振り（歌わずに後進するのみ）を行う⓭。K子の大きな声と身振りにつられるように, ロの他の子どもたちも勢いよく前進し（た

図1

　イ　　　ロ
　　○　　○
　○　　　○
　○　　　○
　　　　　●
ボーッと立っている　○
　　　　　←
●：T

図2

　イ　　　ロ
　○　　　○
　○　　　○
　○　　　○
　●　　　○
　○
　→　　　←
両方とも前進してしまう

だし，小走りになる子もい少し先へ行くために，列は乱れる），8歩めで一緒に足を振り上げる（比較的揃っている）⑭。

　ロの身振りと歌が終わると，それに続けてイ（Tと子ども4人）が歌いながら前進し始める⑮。Tの「となりのおばさん,,」と歌う声に，部分的に唱和しながら，前フレーズでロの子どもたちの勇ましい身振りに対抗して，小走りで前に（ロの方に）出て行き，足を思い切り振り上げる⑯。ロは，個々の動きはばらばらなものの，前進するイの動きに応じて後進する⑰（図3）。K子は，歌のリズムに合わせて歩くが，小走りに迫ってくるイの子どもたちの前にいるロの子どもたちは，それに合わせて小走りで後退し，中には必要以上に後ろに下がる子もいて，足並みが歌のリズムとは合わず，列は乱れがち)。

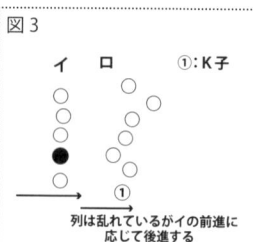

　続いてロが「おにーがいるから,,」と歌いながら前進する。数人が小走りに前進し（前のフレーズのイの子ども達の身振りに対抗して）前に突出し，早めに足を振り上げるので列が乱れるが，K子と数人は2拍子の拍節に合わせて歩き，足を振り上げる。（図4）

　イが「おかーまかぶってちょっときておくれ」と，前々フレーズと同様に前進すると，ロ（K子たち）は小走りで後ろに大きく下がり，その勢いでそのすぐ後に前進するタイミングが遅れたり，また小走りで前に突進する子がいたりして，列は乱れがちだが，T（イ）がロのパートをあまり歌わなくても，自分たちで歌いながら，イの後進に合わせて前進し，また，イが前進してくると後進するようになる⑱（図4）。

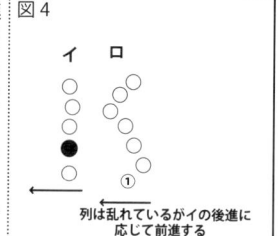

③一時的に乱れて歌と動きが停滞することがあるが，Tが相手側の歌も歌うことによって子どもたちの歌と動きは回復する

　3回目の途中で転倒する子がいたり，「入れて」と言って次から次に子どもが加わったり（6人加わる），遊びの外で大きな声がして，それに気を取られた子どもたちの歌と動きは停滞しがちになり，突っ立ったまま動かない子もいる⑲。しかし，Tは歌も動きも止めることなく，「入れて」という子には歌いながら頷き，動きが滞りがちになる両側の子どもの手を引いて，前進したり後進したりしながら（図5），イロ両方のパートを歌う⑳。

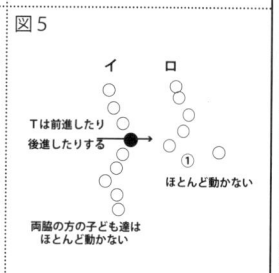

図3

イ　ロ　　①：K子

列は乱れているがイの前進に応じて後進する

図4

イ　ロ

列は乱れているがイの後進に応じて前進する

図5

イ　ロ

Tは前進したり後進したりする　　ほとんど動かない

両脇の方の子ども達はほとんど動かない

双方のグループが，指名する子を決めるために相談し，それが終わるとどちらのグループからも「きーまった」「きーまった」と勢いよく声があがる[21]。本来はイが先に指名する子を言うのだが，ロの方が先に「P子ちゃんがほしい」と歌い，それに続けてイが「S子ちゃんがほしい」と歌う[22]。P子（イ）とS子（ロ）がジャンケンし，P子が勝つ。S子は負けた瞬間「きゃあ」と悲鳴をあげ，ロの他の子どもたちも「あ〜あ」とずっこける[23]。T（イ）はP子が勝った瞬間，「イエーイ」と手を叩き，他のイの子どもたちは「やったあ」と跳び上がる[24]。
　4回目の後半や5回目には，次から次へと花一匁に子どもが加わり，人数が増えたために，同じグループ内で前進する子と後進する子がいたりして繋いでる手が離れ，列が分離して動きと歌が中断する。その間，Tはイ（自分のグループ）のパートを歌いながら前進し，後進しながらロのパートを歌って，イロ両方のパートを歌う。
　5回目のジャンケンではイが勝ったのでイが歌い出す番だが，イは16人（Tを含む），ロは9人という大人数なので，がやがやと騒がしく子どもたちはいろいろな方向を向いている[25]。それを見てTは，イの子どもたちに向かって「せーの」と言い「かーってうれしい，，」と歌いながら歩き出す[26]と，すぐに子どもたちが元気よく唱和して，Tと歩調を合わせて歩き出す（図6）。ロの子どもたちはそれに合わせて後進し，続いて元気よく「まけーてくやしい，，」と歌い出して前進する。こうして6回目が始まるが，どちらのグループも人数が多く列が横に長いので，フレーズの歌い出しがバラバラになりがちになる（特にTの相手方のロ）[27]。Tは再びイロ両方のパートを声を大きくしながら歌い，拍をとるように上体を揺らして歩く[28]。子どもたちはそれに合わせて元気よく歌いながら歩く[29]。

④実習生が加わり，Tは抜けて，歌のみ参加する。
　5回目の最後に，一人の子どもと共に実習生がロに加わり，それを見てTは，イから抜けて，その後方に位置し，中腰で遊びの様子を見る[30]。ジャンケンでイが勝ったので，イが歌い出さなければならないが，子どもたちはなかなか歌い出さない[31]。それを見ていたTが「せーの」と言い続けて「勝ーってうれしい，，」と歌い出す[32]（図7）。すると，イの子どもたちは，即座にそれに元気よく唱和して前へ歩き出す[33]。ロのグループは，大きな声で歌うK子と実習生がいるので動きも歌も元気よく展開される[34]。Tはしばらく中腰で遊びの様子を見ながら，イのパートを歌う。

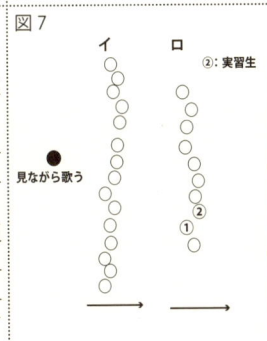

図6　イ　ロ

図7　イ　ロ
②：実習生
見ながら歌う

⑤双方の動きと歌が安定し，Tは観察するだけになる
　7回目の後半になると，Tは歌うのを止め㉟，中腰のまま遊びの様子を見ている㊱。子どもたちはTの歌がなくとも，元気よく唱和しながら，歩調を合わせて前進したり後進したりしている㊲。
　7回目のジャンケンで負けた実習生がロからイに移動すると，イは実習生と共に「かーっていれしい」と大きな声で歌いだして前進を始めて8回目が始まる㊳。するとロは，K子の元気な声につられるかのように唱和して，「まけーてくやしい,,」と勇ましく歩いてくる㊴。Tは，その様子をしばらく見ている。

⑥Tはその場を離れて，他の遊びに加わる
　その後Tは，子どもたちが実習生と共に花一匁を遊ぶ様子を見ながら，それまで遊びを見ていた場所を離れ㊵，園庭の別の場所で行われていた他の遊び（中当て）に加わった。

　この事例には，教師がモデルを提示することによって，子どもたちの〈遊動〉が喚起され，自分たち自身で〈遊動〉を生み出すようになる過程が示されている。事例では，最初のうち，子どもたちの動きはばらばらであり，ジャンケンの勝敗によってメンバーが移動しても喜んだり悔しがることもない。つまり，花一匁の「『過程身体』の主客未分による〈遊動〉」も，「『抑圧身体』の宙づりによる〈遊動〉」も，全く成立していない。しかし，教師がグループの子どもたちの手を引き，自分のグループの歌だけでなく相手のグループの歌も歌いながら前進と後退を繰り返すうちに，次第に子どもたちもそれに同調し，二つの集団が相補的で応答的な動きをするようになり，ジャンケンによってメンバーが移動することに一喜一憂するようになる。二つの〈遊動〉が成立し始めるのである。そして，最終的には，教師が遊びから抜けても，二つの集団の相補的な動きや，メンバーの移動の際の感情表現は続いている。つまり，教師の関与が無くとも，子どもたち同士で〈遊動〉を生み出すようになっているのである。

2　分　析

　以上のような過程は，教師の関与のあり方と子どもたちの〈遊動〉の状態の視点から，次の4つの段階に分けることができる。（①〜⑥は事例の各場面の番号）

第Ⅰ段階	教師のモデルによって、〈遊動〉が成立し始める段階（①）
第Ⅱ段階	教師のモデルによって、〈遊動〉がおおよそ維持される段階（②③）
第Ⅲ段階	教師が観察しつつ、〈遊動〉の一部を再生することによって、〈遊動〉が維持される段階（④）
第Ⅳ段階	教師の関与が無くとも、〈遊動〉が維持される段階（⑤⑥）

以下詳述する。

● **第Ⅰ段階　教師のモデルによって、〈遊動〉が成立し始める段階（①）**

　子どもたちは、花一匁をしようと集まってはいるが、子どもたちだけでは花一匁に定式化された〈遊動〉は生起しない（下線❶）ので、教師が行きつ戻りつの動きの様式化された動きと歌を再生し始めることによって「『過程身体』における主客未分の〈遊動〉」を体現する（下線❷）。この様式化された動きは、先述のように相補的かつ応答的であり、教師が再生するのは互いに相補的な二つの動きの一方である。しかし、歌については、教師は自分のグループのパートだけでなく、相手方の歌も歌っている。歌を媒介とする敵対的な関係性を一人二役で再生することによって、その身体上に「『抑圧身体』の宙づりによる〈遊動〉」を体現するのである。しかし、最初のうち、子どもたちはヨタヨタと転びそうになりながら歩いたり（下線❸）、ボーっと突っ立っていて（下線❹）、教師の生み出す動きにはほとんどノレないし、歌にも同調しない（下線❻❼）。このように行きつ戻りつの動きによる「主客未分の〈遊動〉」が全く生起していないので、「抑圧身体」の樹立も宙づりにはならない（「抑圧身体」の宙づりは、「主客未分の〈遊動〉」によって仕組まれるのであった）。したがって、宙づりによる緊張と解放は成立し得ないので、ジャンケンの勝敗によって身体の贈与が行われても、子どもたちはそれを喜んだり、悔しがったりする様子が見られない（下線❾）。教師は、花一匁に構造化されている「過程身体」と「抑圧身体」の往還運動を、自身の身体上に体現してみせるのだが、最初のうち、それは子どもたちの身体には共有されない。

そのうちに，子どもたちは少しずつ動き始める。最初は，教師のいるグループの子どもたちが教師の動きに同調した動きをするようになり（下線❽❿），それと同時に，教師の相手方グループも教師の動きに同型的にノッてしまい（下線⓫），相補的な動きにはならない。ただし，これは次第に教師の動きに同調し始めた兆しである。

● **第Ⅱ段階　教師のモデルによって，〈遊動〉がおおよそ維持される段階**（②③）
　教師が様式化された動きと歌（自分の側の歌と相手方の歌）とを再生し続けていると，二つの集団の子どもたちの動きの相補性と応答性が次第に成立してくる（下線⓱）。教師の提示する様式化された動きが子どもたちの間に行きつ戻りつの動きを生起させ，それによって「主客未分の〈遊動〉」を喚起するのである。それに続いて，敵対的な関係性が，歌の応答的なやりとりとして成立し始める（教師が相手側の歌を歌わなくても，相手方のグループの子どもたちが自分たちで歌も再生するようになる。下線⓬⓭⓰）。教師が自らの身体上に一人二役で再現していた敵対性が，行きつ戻りつの動きをする二つの集団の応答的なやりとりへと移乗してゆくのである。こうして，子どもたちは「主客未分の〈遊動〉」を生み出しながら，それにノリつつ，歌詞を媒介として敵対的な関係を生み出すようになる。花一匁に定式化された〈遊動〉が成立の兆しを見せ始めるのである。これは，「過程身体」上にある諸身体の上に生起する志向点が収斂しながら，「抑圧身体」として成立しつつ過程にあると考えられる。教師が自身の身体上に体現させていた「過程身体」と「抑圧身体」の往還運動を，子どもたちの身体が次第に共有し始めたのである。
　こうして生み出される敵対関係は，「主客未分の〈遊動〉」によって「攻める−攻められる」の反転が繰り返されるうちにどちらが受け手（「勝ち」組）でどちらが与え手（「負け」組）なのか分からなくなってゆく。「過程身体」の水準が活性化し，二つの集団の関係を意味的に同定していた「抑圧身体」の維持が困難になってゆくためである。指名する子を双方のグループが相談した直後に発せられる「きーまった」をどちらのグループも元気よく唱和し（本来与え

手であるべき集団も受け手になる意欲満々ということである：下線㉑)，「負け」グループが「勝ち」グループよりも先んじて指名する子の名前を歌ってしまう（下線㉒）のは，それゆえである。この過程の中で，双方の関係性が宙づりにされることによって緊張感が高められていく。ジャンケンの勝敗によって，贈与の方向と与え手・受け手が決定すると，双方のグループの子どもたちから歓声とため息が発せられるのは，その緊張から解放されたことの表れである。ここでは「『抑圧身体』の宙づりによる〈遊動〉」も成立していることが窺える。「過程身体」の活性化によって「抑圧身体」が危うくなった状態に，偶然性によって新たな「抑圧身体」が樹立される，という「過程身体」と「抑圧身体」の往還が成立しているのである。ここにおいて，花一匁に構造化された「過程身体」と「抑圧身体」の往還運動は，教師の身体上にのみ提示されていた状態から，子どもたちと教師とによって共有されるものになったと言えるだろう。

　以後，しばらくの間は，メンバーが増えたり，小さなハプニングが生じるたびに，行ったり戻ったりする相補的な動きは停滞し，歌も発せられなくなる（下線㉕㉗）。「主客未分の〈遊動〉」も「『抑圧身体』の宙づりによる〈遊動〉」も，産出が危うくなるのである。そのとき，教師は再び自分のグループのパートだけでなく相手側のパートも歌う（下線㉖㉘）ことによって自身の身体上に一人二役での敵対性を再現し，様式化された行きつ戻りつの動きの一方を中断することなく提示し続ける。すると子どもたちの身体はすぐに動きの相補性・応答性を回復し（下線㉙），歌による応答的な敵対関係も再現される。こうして，教師は，子どもたちによる〈遊動〉の産出が危うくなると，自身の身体上に〈遊動〉性を体現することによって子どもたちの身体に〈遊動〉性を喚起する。それによって，子どもたちによる花一匁の定式化された〈遊動〉の産出は維持されるのである。言いかえれば，花一匁に構造化された「過程身体」と「抑圧身体」の往還運動を子どもたちが教師と共有しているということである。

● 第Ⅲ段階　教師が観察しつつ，〈遊動〉の一部を再生することによって，〈遊動〉が維持される段階（④）

実習生が加わるのを契機として，教師は，それまで所属していたイから抜ける（下線㉚）。教師は行きつ戻りつの動きから抜けることによって「主客未分の〈遊動〉」の産出から撤退するのである。そして，後方に位置して（図7参照）子どもたちの遊びの様子を見ている。子どもたち自身による〈遊動〉の産出のありようを観察するのである。ところが，新サイクルの歌い出しと動きがなかなか始まらず，〈遊動〉が現象としては表れない（下線㉛）ので，〈遊動〉の一部（歌）のみを提示する（下線㉜）。それによって，子どもたちは〈遊動〉の契機を与えられて，〈遊動〉を生み出しつつそれにノルことを再開する（下線㉝㉞）。

　子どもたち自身によって歌と動きがなかなか開始されていないが，それは第Ⅱ段階におけるような〈遊動〉の停滞とは異なる。というのは，教師が〈遊動〉の契機を与えるだけで，すぐに子どもたち自身によって〈遊動〉が体現されるからである（イは元気よく唱和している：下線㉝）。〈遊動〉は子どもたちの身体に濃密に潜在化しており，契機が与えられるとすぐに顕在化する状態にあると考えるべきである。つまり，身体の贈与が成立して新しい「抑圧身体」が樹立されたことによる解放感を子どもたちの身体は感知しており，それゆえに，解放感による闘争的エネルギーを潜在させているのである。そうであるがゆえに，教師の歌を契機として喚起される子どもたちの唱和は，勢いのある歌と動きになり得るのである。これは，子どもたちは，それまで教師と共有していた（花一匁に構造化された）「過程身体」と「抑圧身体」の往還運動を，その身体に潜在させており，教師からは半ば独立的に自分たちで産出することが可能となっている，ということである。こうして，教師に契機を与えられることによって，潜在していた運動が顕在化し，子どもたち自身による「過程身体」と「抑圧身体」の往還運動が展開されていくことになるのである。

● 第Ⅳ段階　教師の関与からは独立的に〈遊動〉が維持される（⑤⑥）
　子どもたちによる〈遊動〉の産出と維持が再開されると，すなわち「過程身体」と「抑圧身体」の往還運動が再開されると，教師は〈遊動〉の一部（歌のみ）

の提示を中止し（下線㉟），再び，子どもたちの〈遊動〉生成のありようを観察することに専念している（下線㊱）。教師が歌わなくとも，子どもたちの動きは相補的・応答的であり（下線㊲），身体の贈与成立後の歌い出しと身ぶりも闘争的である（下線㊳㊴）。もはや，〈遊動〉の産出に対する教師の関与が一切無くとも，子どもたちによって「主客未分の〈遊動〉」と「『抑圧身体』の宙づりによる〈遊動〉」は維持されているのである。言いかえれば，教師からは独立して，子どもたち自身によって「過程身体」と「抑圧身体」の往還運動が展開されていくのである。教師は，それを見届けてから，その場を去っている（下線㊵）。

3　子どもたち自身によって〈遊動〉を生起させ，維持するための援助とは何か　―規範意識形成のための援助のありよう―

　子どもたちの中に〈遊動〉を生起させ，それに子どもたちがノリつつ，さらに〈遊動〉を生み出していくためには，教師の援助はいかなるものであるべきか。言いかえれば，子どもたち自身が伝承遊びに構造化された「過程身体」と「抑圧身体」の往還運動を生み出し，それによって規範の発生原理を身体的に習得し，子どもが規範意識を形成していくために，教師はどのような援助をすることが可能なのか。以上の分析をもとにすれば，次の二点をあげることができる。その一つは，教師が〈遊動〉を身体上に提示して子どもたちの〈遊動〉を喚起する状況を構成すること，であり，二つには，子どもの〈遊動〉のありようを読み取りつつ，それに基づいて〈遊動〉から撤退することである。以下，詳述しよう。

［1］　モデルとしてのパフォーマンスの提示

　西村の言うように，〈遊動〉は意志的な決定によって開始されるのではない。「さそいかけという遊びの発端が，遊び手の内部に反響された同調の動きというべき」である。言いかえれば，教師が言語的な指示によって定型的な動きを強要しても，そこには〈遊動〉は生まれないということである。なぜなら，言

語的指示は，子どもの外部から持ち込まれる規範であり，子どもの身体における「過程身体」と「抑圧身体」の往還運動を分断してしまうからである。伝承遊びに定式化されている「過程身体」と「抑圧身体」の往還運動が生まれるためには，教師がその運動を身体的パフォーマンスとして提示する必要がある。というのは，教師の身体的パフォーマンスは子どもにとってモデルとなるがゆえに，子どもたちがそれに身体的に同調することによって，子どもたちの中に「過程身体」と「抑圧身体」の往還運動が生起する可能性が高いからである。

　事例の教師は，行きつ戻りつの様式化された動きを提示しつつ，歌によって二つの集団の上下関係を提示している。教師の身体上に「過程身体」と「抑圧身体」の往還運動が体現されるのである。子どもたちは，「行きつ戻りつ」の動きに身体的に同調し，それとほぼ同時に，それぞれの集団が教師の歌に唱和して，二つの集団の関係性を表現してゆく。つまり，教師の提示する往還運動は，子どもたちがそれに身体的に同調することによって，子どもたちへと移乗されてゆくのである。このように規範の発生原理を教師がモデルとして身体的に体現することが，子どもたちの規範意識の形成につながるのである。

　なお，事例では，比較的短い時間で子どもの〈遊動〉が喚起されているが，ときには，子どもの中に〈遊動〉が喚起されるまでに相当な時間を要する場合もある。その場合に教師は，身体的パフォーマンスを長い間続けること必要となることもある。このように言語的指示にはよらずに，子どもの身体に〈遊動〉が沸き起こるのを待つことが，子どもの時間を重んじた関与と言えるだろう。

② 観察に基づく〈遊動〉からの撤退

　事例の教師が行っているように教師が遊びから抜けてもその場から去らずに後方の位置に留まり，子どもたちの様子を観察するという援助のあり方は，きわめて注目すべきである。というのは，このような方法によってこそ，子どもたちが自分たちで〈遊動〉を生み出して行くことを可能にするからである。この援助のあり方が注目すべきなのは，第一に，教師が〈遊動〉の産出から，自身の身体を撤退させる方向に向かっているからである。教師の行為は規範性を

帯びているので，教師が〈遊動〉に関与し続けることは，子どもたちの〈遊動〉の自立性が保障されない。子どもたちの〈遊動〉の自立性を保障するためには，最初のうちは教師が〈遊動〉の産出に関与することはあっても，最終的にはそこから撤退すべきなのである。

　第二に，その場から去らずに観察するという援助のあり方は，教師の動き方を子どもたちの〈遊動〉のありようをもとに構想することを可能にするからである。教師は，子どもたちの〈遊動〉の産出の維持が損なわれないように撤退する必要がある。そのためには，ある時点から完全に撤退するのではなく，徐々に撤退することが必要な場合が多い。言いかえれば，〈遊動〉の産出に，全面的には関与しないが，その一部のみに関与することも必要なのである。教師が，〈遊動〉の産出からどのように撤退するか，言いかえれば，〈遊動〉の産出にどの程度関与するかを決定するためには，子どもたちの〈遊動〉の産出のありようを読み取る[67]必要がある。教師はその読み取りに基づいて，〈遊動〉からの撤退の方法を，すなわち，〈遊動〉の産出にどの程度関与するかを構想する。

　事例の場合，教師は行きつ戻りつの〈遊動〉の動きからは撤退した状態のまま，〈遊動〉の一部（歌）のみの提示という関与の仕方を選択している。これは教師が，それまでのように〈遊動〉の産出に全面的に関与しなくても，子どもたちが〈遊動〉を自分たちで産出できる状態にあると判断していると同時に，何の関与も無かったら，子どもたちによる〈遊動〉の回復が現実化しないであろうとも判断しているからである。

　以上のように，教師のパフォーマンスのモデル性と観察に基づく撤退という援助のあり方は，伝承遊びに定式化されている〈遊動〉が子どもたち自身のものとなることを可能にする。伝承遊びに定式化されている〈遊動〉が先述のように「抑圧身体」と「過程身体」の往還運動にあり，それが規範生成の原理の体験だとすれば，このような教師の援助のあり方こそ，子どもたちの規範意識の形成につながるものだと言えるだろう。

（岩田遵子）

【注】
① 遊びという概念を次のように区別して使いたい。遊びが日常生活の中で遊ぼうと意図することは遊びは勉強するとか仕事するとかショッピングをするとかという日常の営みの一つであるがゆえに１つの企てであると考えて，この場合は遊びと言う言葉に「　　」をつけずに使う。この企ての中で〈遊動〉という関係が成立したときに，この遊びには「　　」をつけて使いたいと思う。その意味で「遊び」は非日常体験といえる。
② 高橋勝「近代教育学における『遊び』と『作業』の意味づけ」近代教育フォーラム　創刊号　1992　39－59頁
③ 同上書　39頁
④ 同上書　40頁
⑤ 同上書　44頁
⑥ 同上書　48頁
⑦ 同上書　51頁
⑧ 同上書　50頁
⑨ 同上書　52頁
⑩ 西村清和『遊びの現象学』勁草書房　1989　48－56頁
⑪ 同上書　33頁
⑫ 大澤真幸「第2章　過程身体と抑圧身体」『身体の比較社会学Ⅰ』勁草書房　1990　25－144頁
⑬ 同上書　27頁
⑭ 同上書　46頁
⑮ 同上書　48頁
⑯ 同上書　50頁
⑰ 同上書　58頁
⑱ 同上書　58－60頁
⑲ 同上書　61頁
⑳ 同上書　62頁
㉑ 同上書　68頁
㉒ 同上書　90頁の注⑫の文参照
㉓ 小川博久「遊びと表現－楽しさを共有する援助」講演記録　東京学芸大学付属幼稚園研究紀要（2007・2008年度）2008　65頁
㉔ 大澤真幸　前掲書　80－81頁
㉕ 同上書　81頁
㉖ 同上書　84頁
㉗ 同上書　83頁
㉘ J・ブルーナ著　佐藤三郎訳『乳幼児の知性』誠信書房　1976　78頁
㉙ 大澤真幸　前掲書　83頁
㉚ 「ノリ」の概念については，岩田遵子の『現代社会における「子どもの文化」成立の可能性－ノリを媒介とするコミュニケーションを通して－』風間書房　2007
㉛ 小川博久「遊びと表現－楽しさを共有する援助」前掲書　65頁
㉜ 矢野智司『合理主義と非合理主義の二項対立を超えて－遊びの論理学と近大合理主義－』教育哲学研究　第63号　1991　11頁
㉝ 石渡登志江「5歳児のごっこ遊びにおける「ふり見立て」の役割」小川博久編著『「遊び」の探求』生活ジャーナル　2001　265－294頁
㉞ 小川博久「鬼遊びうたと鬼遊びの関係－鬼遊びの規定要因として－」『日本保育学

会第36回大会研究論文集』1983　464－465頁
㉟　小川博久「日本の伝承遊びの現代教育的意義」『野外文化教育学会紀要』「野外文化教育」第6号　2007　80頁
㊱　小川博久「鬼遊びの構造(1)－「追う－逃げる」の行動特性の分析－」『日本教育大学協会幼児教育部門会幼児教育研究』1983　81－102頁
㊲　山崎正和『社交する人間』中央公論新社　2003　34頁
㊳　大澤真幸『身体の比較社会学Ⅰ』勁草書房　1990　86頁
㊴　同上書　89頁
㊵　同上書　87頁
㊶　同上書　141頁
㊷　同上書　165頁
㊸　小川博久「遊びの意義の再考－教育とは何だろう－」『財団法人福島県私立幼稚園振興会研究紀要』第20号　2008　31頁
㊹　今村仁司「仕事と遊戯」黒坂三和子編『自然への共鳴　第2巻　日本人と環境とのつながり』新思索社　1989　243－256頁
㊺　小川博久「日本の伝承遊びの現代教育的意義」前掲書　80頁
㊻　今村仁司「仕事と遊戯」前掲書　243－256頁
㊼　第1章第2節③②　序列化とは別の規範的象徴体系の成立はどのように構想しうるか　78頁
　　大澤によれば，「抑圧身体」が投射されることによって，それに論理的に先行する水準（原身体，「過程身体」）は否定され，隠蔽されて観察されないものとなるのだが，「抑圧身体」が「過程身体」からは実体的に独立したものではなく，「過程身体」に依存して成立している。「抑圧身体」は，同調する身体の行為の直接的な部分契機となるかたちで規範的効力を及ぼすという自己準拠的な連関の中にあり，「過程身体」の変容した形態であって，独立したものとして外部から到来するものではない。それゆえ，身体は自らが構成したもの（「抑圧身体」）によって肯定されると同時に，その同じものによって否定もされることになる（身体の基底的自己準拠）。このような「抑圧身体」とそれに従属する身体との関係性は「嘘つきの逆理」と同じ構造のものである。そうだとすれば，「抑圧身体」が「過程身体」の準位から切り離されて独立した審級性を維持することは容易ではなく，不安定なものである。「抑圧身体」と「過程身体」の関係が，相互に依存的な関係にあるということは，「抑圧身体」の作用圏内の意味的な同定の困難を生むことになる。というのは，作用圏内の身体が肯定されると同時に否定もされるので，「抑圧身体」が規範としての実効性を有しているときに，それに従属する身体は意味的な同一性を獲得できない（意味の本源的両義性）。このような意味の本源的両義性は，意味論的な振動を生み出すことになる。つまり，作用圏内の身体は，「自らの同一性を，規範的な正性（肯定性）と負性（否定性）との間の振動によって決定しなくてはならない」のである。この振動は，「ある時点において「自己」をなす空間（「抑圧身体」の作用圏）に備給された意味は，次の瞬間において「他者」をなす空間－外部の空間－に備給される意味であることになる」ようなものである。このような振動こそが，伝達あるいは贈与であり，それは次の3つのレベルで生じる。その第一は「狭義の身体」であり，これは原始共同体におけるような女の身体の贈与に見られる。第二は，超越化された身体（言語），第三は「他在化された身体」（物）である。以上の点は，大澤真幸　前掲書　1990　145－193頁を参照のこと。
㊽　本田和子「花一匁－子買いと歌垣－」『子どもの領野から』人文書院　1983　53－62頁

㊾ 西郷信綱「市と歌垣」『古代の声』朝日新聞社　1995
㊾ 西村清和『遊びの現象学』勁草書房　1989　122－132頁
㊿ クラ (kula) は，南太平洋マッシム地区の島々の間で行われている財の贈与交換であり，ファーラヴェラヴェ (falavelave はサモアで行われている贈与交換である
㊾ 以下における大澤真幸の贈与についての論は，大澤，前掲書および『身体の比較社会学Ⅱ』　勁草書房　1992によるものである。
㊾ 大澤　前掲書　1990　167頁
㊾ 大澤　前掲書　1992　135頁
㊾ 同上書　141－152
㊾ 同上書　153－179

㊾ 同上書　129頁
㊾ 大澤　前掲書　1991　129頁
㊾ 本田　前掲書　60－62頁
⑳ 受け手は，身体を贈与された直後に「勝って嬉しい〜」と歌い，与え手は「負けてくやしい〜」と歌う。
㊽ 大澤　前掲書　1992　166頁

㊽ 大澤　同上書　137頁
㊽ 大澤　同上書　120－140頁
㊽ 大澤　前掲書　1990　139頁
㊽ 西村　前掲書　99－100頁
㊽ この事例は，別稿で用いた事例を必要に応じて加筆修正したものであるが，分析，解釈の視点は別稿とは異なる。岩田遵子「遊びの援助における『みる』ことと『関わる』ことの相互規定の要請－当事者性と第三者性の統合を求めて－」『保育の実践と研究』Vol.11 No.2　29－40頁
㊽ このような読み取りあるいは観察は，科学的な観察とは異なる。教師の身体に蓄積された，子どもとの〈遊動〉の共有の記憶が判断の「基準」となるのであり，観察するまなざしは潜在的な〈遊動〉の共有を前提としている。岩田遵子「遊びの援助における『見る』ことと『かかわる』ことの相互規程の要請－当事者性と第三者性の統合を求めて－」保育の実践と研究　Vol.11 No.2　相川書房　2006　29－40頁

最終章

教授-学習の一方向的コミュニケーションを克服する試み
－教授-学習活動と学級活動の連続性の視点から－

第1節　教授活動における相互コミュニケーションへの参加を促す試み

　近代学校における教授－学習過程は，そのシステムにおいて一方向的コミュニケーションを基本としている。しかも，教授者一人に対し学習者が多数であるという特性は，この活動が効率性を志向するかぎり，結果として，学習者の活動は教授者の目的とする路線に従うことでしか成果を得ることはできない。学習者の学ぶ動機は学習成果の外的報酬によってしか保持されず，学習者の主体的動機が促進される機会が奪われていくことの方が大きい。学力テストによる学力の評価とそれによる序列化は，勉強嫌いを増大されるだけでなく，今や学校教育の拒否を生みだしている。こうした感情は，同一年令の児童を同一学年や学級に配属することで一層増大している感がある。我々の研究は，この問題を克服する手だてを，現場の優れた実践例を分析することで模索してきた。それは，教授－学習活動と学級活動の連続性を確立することである。それは，教授活動への積極的参加を可能にする手だてであり，教授活動の一方向性を相互方向性に変える努力であり，これは学級を児童の「居場所」にする重要な手段である。なぜなら，教授活動は学級で最も重視されているからである。

1　近代教授学の思考法

　近代教授学は，ヘルバルト以来，教授と訓育を機能的に分離する思考を展開してきた。教授は教育的教授すなわち陶冶（人間形成機能）をもつ教授であり，訓育は，直接的人間形成機能であるとされた。この考え方は，欧米の教育方法論においても，学習指導論と生活指導論という二分法で教育活動が考えられてきたこととも共通している。この二つの教育活動を有機的に結びつけた実践が野村芳兵衛らによって始められた生活綴り方運動であり，戦後，実践として花開いたのが無着成恭の「山びこ学校」の実践であった。

この「山びこ学校」の実践は、綴り方教育であるために、教科「こくご」ともかかわりをもち、作文でとりあげられるテーマが子どもたちの村の生活であり、それ自体、社会科的内容を含むがゆえに、総合的学習の側面をもっていたと考えられる。そしてこの実践は宮坂哲文らによって学習集団による生活指導概念として展開された。言い換えれば宮坂の場合、学習指導と生活指導という区分は機能的なものであり、学習集団は学習指導にも生活指導にも係わりのある集団としてとらえられた。

　これに対し、小川太郎や大西忠治、竹内常市らは、学習指導（教授）とは区別される独自な独自な領域としての「生活指導」を考え、学校づくりや学級集団づくりの理論を構築しようとしてきた。しかし、文部省は学校教育を高度経済成長に合わせ、教授活動を中核にすえ、この教授活動の展開に伴って、児童生徒一人一人の発達を保障し、学級秩序を維持し、より健全な学校生活を保障する指導上の処置として「生徒指導」という概念を導入した。しかし、この概念は機能概念で特定の領域ではない。それゆえ、特定の活動期間を「生活指導」に当てるという考え方が薄められ、このことによって、それまで、領域概念として考えられてきた「生活指導」や「集団づくり」といった教育運動は、基盤を喪失していったのである。特にこの「生徒指導」という概念の中核は、個を対象とする個別指導やカウンセリングであり、領域概念としての集団づくりや班活動といった教育実践は、教育要領に基づくカリキュラムや時間割を遵守する限り、実践を展開する余地を喪失していったのである。もちろん、現行の指導要領の区分の中に教科指導、道徳、特別活動、総合的学習の区分があり、それまで、集団づくりといった活動に該当する分野としては、特別活動があった。それは別称「教科外活動」といわれ、「自治的集団的な活動を通して、個性と社会性、自主的実践的態度と人間としての生き方を自覚することを目標とする」とあることから、ここに、学級づくりや集団づくりの基盤がおかれることが考えられたが、この時間も年々学校行事など学校主導の活動が中心になり、自治的要素は縮小の一途をとげ教師の言語的指導による児童の行動統制という形になっている。その結果、集団づくりや学級づくりの実践を領域的に保障するカ

リキュラム上の基盤は喪失していったと考えられる。

2 現代の学校における教授−学習活動

こうした近年の学校の教授を中核とする体質への変貌は，近代学校のもつ基本的な社会機能からすれば，必然であると考えることもできる。なぜなら，フーコーが指摘するごとく，近代学校は，地域社会に様々な出自をもっていた未成熟世代を，地域社会から分離し，識字力や計算力といった近代社会に必要な能力の点で，無垢な存在として子どもを位置づけ，画一的に均一化し，学校という同一空間に拘束し，教化し，その結果を評価し，序列化するという基本的役割を持っているからである。こうした近代学校の機能性は，学校が経済や社会の発展と不可分であることが自明になるにつれて，益々純化されてくるだろうからである。教育学者の中にも，学校機能を学力テストによる学力向上に特定し，単純化し，学校に多様な人間形成機能を期待する幻想性を拒否すべきだと主張する研究者も少なくないからである。

現在，中学校や高等学校においては，学級という集団はほとんど拘束力をもっていないところも少なくない。ホームルーム担任は，各教科指導の教師の提供する生徒のテスト評価を集約し，進路指導のガイドをする程度の役割しかないといわれている。筆者が私大の大学院修士の非常勤講師を勤めていた，今から20年程前，10人内外の受講生の多くが，現職中等教育教員で一級免許を受けるために大学院に入学した学生であった。彼らの話から見えてくることの一つは，中高の教師の場合，教科の専科で教師になっているため，大学時代の専門は歴史だったり，化学だったりして，教職課程で学んだ教育学や心理学に対する興味関心や関連する知識や教養については，全く無知であるだけでなく，そのことを全く恥じていないこと，二つは，生徒に対する関心は教えている教科の成績に係ったものだけで，生徒のパーソナリティにほとんど関心をもっていないということであった。但し，クラブ活動の顧問として生徒に日常接している教師の場合は例外であるということであった。このことは，中学校・高等学

校における「いじめ」による殺傷事件などに対する学校当局者の反応の鈍さ，責任感の欠如があるという印象と無関係ではないと思われる。

そして現在，この現象は小学校段階に及んでいる。学校教師の力量を向上させるモデルとして塾教師を招いて研修会が行われるという現実は，教師の力量が学習指導面に限定されていることを意味している。それは，教師として望ましい資質の内容が教え方の技術という点に収斂してしまっている現実を物語っているといえるのである。学校経営者や地方自治体の教育委員会が学力テストの成績を公表すること，それによって学力格差や学校間格差が顕在化することに一喜一憂している現実があることとも密接に関連している。教師のこうした児童への関与のあり方は，学校の機能の近代化（ゲゼルシャフト化）を反映したものであるが，同時にそれは，以下のべる子どもの社会の変化と係るものでもある。

3　現代の子どもの実態

現在，子どもたちは，子ども同士，他者との関係において濃密な関係をもつことを回避しているように見える。その一方，他者から無視され孤立することを極度に恐れる感覚も働いている。もちろんここには，日本人の伝統的な世間体を大切にするという観念が残っていることは疑いはない。それは積極的に好きな人を選ぶというのではなく，だれからも後指さされたくないという被害者意識に基づく防衛機制である。こうした意識は本音をかくして表層的な親しさのパフォーマンスを八方美人的に振りまくことによって，だれにも嫌われたくない，孤独になりたくないということを示しているのである。そして，この意識は，学校空間のように拘束された環境の中で日常的に他者と出会わざるをえない状況の中では増幅されるため，学校へ行くのがしんどいという感じから，やがて，不登校に至るという意識が他者をうとましく思い，特定の子どもをスケープゴートに仕立てることで「いじめ」を招来することも少なくない。それゆえ，一度匿名で返信できるブログなどでは，赤裸々な他者への誹謗中傷や，「死

ね」とか「くたばれ」といった呪詛までもみられるのである。

4　現代の学校の子どもへの対応

　こうした現代っ子の人間関係にみられる二重性に対し，教師も簡単に介入することは，困難になっており，また，この子どもたちの教師になる青年層も，既に現代の子どもたちと類似した環境に育った世代であり，子ども世代と密度の濃い接触をもつことを嫌う傾向も増加しているのである。

　また，学校側もこうした背景から，学級経営面に教師の個性的パーソナリティが反映する傾向を回避しようとする動きをこの20年来してきている。それは，担任教師の学級を受け持ち年限を多くて2年，ふつう1年に短縮するようになっているからである。それゆえ，教師の児童への主たる関心は学校の体質から結果的に児童一人ひとりの学力向上であり，学校生活における集団的な視点が教育要領の中で強調されはするものの，それとても集団的形成に対するより積極的意識づけというより，学力形成のための教授活動を補完するための役割を負わされているに過ぎないといえよう。

　そしてそれは，学校業務（校務分掌）の複雑化に伴って教育活動を分業化するという傾向と無縁ではない。学校生活の中で「いじめ」「不登校」などの事例が多発する中で，教育当局（教育委員会）に対する父母や市民からの異議申し立てが増加する傾向にあり，結果として教育業務の遂行責任のアカウンタビリティのために過失を未然に防ぐ目的で，指導監督機関への報告，伝達責任が現場に求められ，学校経営者の指導監督が強化される傾向にある。またモンスターペアレントという言葉に象徴されるように，父母の教育要求も多様化し，教師の業務を煩瑣にしている。さらに学力向上という名目で中学校進学や中高一貫教育という動向から小学校でも高学年には，教科担当の授業が増加している。特に英語教師として非常勤教師の採用も多い。また総合的学習のための多様な人材による特別授業も少なくない。こうした教育業務の分業化は，教師の多忙化を招来し，従来のように，教師の学級経営の有り方を変貌させている。

教師が事実上，日常的に児童と共に過すことが少なくなっている。学校側も，教師と児童とが日常的に親しく学校生活を過すということの形成的意義を高く評価する傾向も失われつつある。前述のように，学級担任を担当する年限も年々短縮されており，今や毎年，担任が変わる学校も少なくない。このような学校側の分業的対応は，現代の子どもたちが，濃密な人間関係に対し拒否的傾向を示すことと，表面上では対応しているかのように見える。事実，子どもたちは家庭でも家族と共有する時間が少なく，各自子ども部屋に籠って過すことも多く，前近代的な共同体的集団を敬遠しているように見えるからである。そうした集団性を重視するより，学力遅退児には，学校指導員（教員志望の大学生）による個別対応，学校生活上の「問題児」には学校カウンセラーによる個別指導といった形で個別的に児童にスタッフを配当することで，問題に対処しようとしている。こうした対応は，学級の児童全員に対する指導責任感が希薄化する傾向を生みだし，担任の学級経営についての守備範囲に対する責任意識を縮小させ，児童を学級という人為的に（強制的）に共通の時空間の枠組に拘束しているという教育する側の責任意識を制度的必然性のゆえにマンネリ化させ，不可抗力のものとし，かつ無自覚化する論理を用意することになる．

5　現代の学級担任制の制度的矛盾

　では，カウンセラーや学校指導員は，学級で起ってくる問題にうまく対処できるのであろうか．個別のケースで有効な成果を生むケースが皆無であるとは，断定できない．しかし，現状において原理的に次のような矛盾があるかぎり，その有効性を考えることはできない困難である．

　学級は，同一学齢期の子どもを同一の時空間に拘束し，共通の教材を提供し，同一空間の中で過すことを制度的に拘束しておきながら，そこで生起するヨコの人間関係に全く関与しないという態度からトラブルが生じたとすれば，その責任は，拘束した側にある．数十年程昔の話であるが，シベリア鉄道で長旅の場合，同じコンパートメントで食事をする機会が生ずる．それは，お互い

が限定つきの空間の中で生活しながら，最もプライベートな側面を晒し合わざるを得ない時間を持つことを意味している。その時，多くの人がお互いを自分は何者であるかを自己紹介するのだという。例えば，"I'm Japanese"，"I'm Chinese" というように。この意味は，自分が意味不明な存在であるとみられることで，相手に緊張を与えることを避けると共に，自己存在を明確にすることで，限られた空間の中で自分の安定した「居場所」を確保したいとする思いがあるからである。我々は，人間としてお互いに意味不明な存在でありつづけるわけにはいかないし，そうしてはいられないのである。それはお互いを緊張関係におくからである。自己紹介は，お互いに他人同士が同一空間で長い時間を共有するための最も基本的な「居場所」づくりのマナーである。つまり，自分が平和的な存在であると思われたいとともに，相手のこともそう思いたいという心情から生れた行為である。

同一の学級に配属した児童たちも普通は同じ気持ちになるはずである。担任の教師は少なくともこうした児童の「居場所」感覚を平等に保障する役割を持った存在として立ち現われる必要がある。なぜならもし，この集団の中で，特定の児童たちだけが既知関係にあれば，その集団は群をつくることで，お互いの共通項（例えば，同一言語を使う）をもって，それを自分の群のアイデンティティとし，他の不明な個人に対し，同質性を誇示することになる。そしてそのことでこの群が他の個人に対し，優位性を示す可能性も大きい。結果的にその群が他に圧力となることも生じやすい。しかし，こうした場合，担任教師の存在は，各自がこの時空間で生きることを認知し，承認する存在として，個々の児童にとっては，そこに存在することを正当化する意味を付与してくれる役割を持っているのである。

しかし，学校は教授－学習活動を通して，長期的には，「学力」という基準で次第に，序列化を顕在化することを実現していく。教師もまた「学力」という評価のものさしを通して，児童一人ひとりを序列化するまなざしを潜在的にときに顕在的に形成していくことは必然である。その際，前述の学級のメンバーとしての児童一人ひとりの教室空間に存在する意味（重さ）を教師が自覚しな

ければ，前者の学力のものさしで見るまなざしのみが存在することになる。しかもこの「学力」による評価のまなざしは，序列化の進行と共に，児童たちの間にも普遍化する可能性は大きい。また児童の親たちの子どもの学力向上を期待するがゆえに，児童たちの学力上の序列意識を自覚化させる力として作用するであろう。この学力上の評価による価値づけが，児童たちの対人関係の力関係に影響を及ぼすにつれて，学級生活における児童たちの「居場所」感覚は微妙な変化を遂げることは避けられない。もしこうした学級空間の変化を自覚せず，当然視したり，こうした状況の中で発生する問題行動や学力遅退を特定の児童の生来の特質に帰因するものとして（「問題児」とする），その対応を学校指導員やカウンセラーの役割にしてしまうとすれば，かれらの対応がいかに懇切であったとしても状況の改善は期待できない。なぜならこうしたスタッフの援助自体，負の評価を前提としているからである。

　一つのエピソードを紹介しよう。ある幼稚園の実践である。幼稚園の幼児の遊びは，12月〜1月にかけて，昔の伝承遊びの歳時記の影響もあり，コマまわしが流行する。保育者の環境設定だけでコマまわしが行われたのか，それとも保育者の導入があったのかは明らかではないが，私が訪問した一月の中旬，5歳児のコマまわしが盛んに行われていた。ところが，幼児たちは，コマの囲りに紐を回して，紐の端をもってコマを投げることでコマが床を回転し，成功した幼児は，壁に貼ってある成績表のグラフに成功の印を記入しにいくのである。この表によってだれが一番成功率が高いかがわかるようになっている。自由な活動が20分位，続いた後，保育者の提案があった。A君はコマまわしが，まだ成功していないので，今，皆んなでA君を応援してA君のコマまわしを成功させよう。皆んなはすぐ賛成し，保育者の指導と特訓でA君のトライが始まる。肥満児のA君は最初はずかしそうにしていたが，皆のガンバレという応援を受けて特訓が始まった。先生のモデル提示や，持ち方の指示が懇切に行なわれて，トライが始まったが，肥満のため動きがぎこちなく，はじめ，元気よく始ったトライも失敗を重ねる度に，次第に，元気もなくなり，まわりの応援もマンネリ化し，遂に，保育者の激励もむなしく，表情も固くなり，ギブアッ

プしてしまった。A君は二度とコマをさわることもしなくなってしまった。仲間の応援さえもうとましく感じているようにみえた。保育者も収拾がつかず，あやふやに終ってしまった。A君の無能さだけが印象づけられてしまった。

一見すると，暖かそうにみえる応援や，親切な保育者の特訓も，終ってみれば，クラスのコマまわしのグラフの成績表序列だけが目立つこととなった。このコマまわしの特訓は，コマまわしの能力について負の評価を前提にしてのはげましであり，特訓であり，特訓が失敗するたびに，やっぱりだめだという自己評価はトライを重ねるたびにA君にプレッシャーを与えていたとも考えられるのである。学校指導員やカウンセラーの学力遅退児，「問題児」への対応は，基本的にこのコマまわしの指導の枠を超えられるか否かが問題なのである。

6　本庄実践における学級担任の特質

現在の学校教育における教授－学習活動は，制度的枠組として一方向的コミュニケーションによって成立しているという前提が我々にある。学習指導要領によって学年のカリキュラムは規定され，教科の単元目標は教科書に沿って設定され，年間の授業日数と時間割によって教師が果すべき授業活動の内容は決定されており，学級の児童の定員もその範囲が決定されている。教師は，複数の児童を対象に指導内容を教授し，その都度，児童一人ひとりの理解度について一応の把握はするものの，児童一人ひとりの教授内容の理解度を精査し，不十分な理解水準を確認し，それをクリアーして次の授業内容に到達したといったプロセスを児童一人ひとりにたどらせることは，不可能である。それゆえ，学力テストによって児童の理解のレベルを点数化するとしても，それは，成績の正分布曲線を目安にすることからも明らかなように，学級全員の標準的理解レベルを測ることで，次の単元に進む目安とするにすぎない。一人ひとりの認識水準を精査して，自分の教え方を反省とするといった形で，学力テストを使うことはほとんどない。このことがとりもなおさず，教授－学習活動の一方向コミュニケーションの所以を証明している。このことは，教授－学習活動

が児童の学習動機を，特に内的動機づけを高めているかどうかという点に，教師が配慮する余裕など皆無であるということである．結果として児童を受身的存在にしてしまう．

本庄実践はこうした現状に対し，一つの実験的試みを実践する．それは，本庄教諭の人間観や子ども観に基づいて展開される児童一人ひとりに対する，またクラスに対する関係づくりである．それは，「問題児」への対応としてあらわれる．

本庄実践に出会って驚くのは，学校に来て問題行動を起こす児童や学力遅滞児が本庄クラスに預けられるということである．過去5年間本庄クラスを訪問しているが，毎年，そういう児童がクラスに入って，最初多くの問題を引き起こすが，一学期の終わりには，その児童がクラスに適応して，クラスのメンバーと楽しく交流する姿に出会うのである．多くの場合，学力遅滞は簡単には解決しないが，そのことが授業の展開に障害になることはないのである．本庄教諭も短期間で学力を改善するには限界があるという認識をもっている．しかし，そのことを一人の人間としての児童への扱いとを区別しなければならないという強い信念をもっている．それゆえ，その児童と組んで何かをすることを嫌ったりする児童がいると，「あんた根性はババ色（うんち色）やね」といった発言をすることを憚らない．しかし強度の情緒障害の児童がかんしゃくを起こした時など，その児童の要求に逆らったりせず，受容的態度を持ち続けることをクラスの児童に手を取るよう説得する．その種の児童は親や教師，周囲の児童から常に負の評価の雨を浴びているので，私はそれをしないという信念をもっている．障害をもつ児童や「問題児」といわれている児童を徹底して受容しようとする強い決意と行動が児童たちのモデル（規範）になる．朝，情緒障害児が遅刻してくるとき，誰か迎えに行ってくれるとクラスに問えば，多くの児童が進んで挙手をする．

こうした本庄クラスにおける教師の行為は強いモデル性を発揮し，教師の行動を規範とするに至る．これは，本庄クラスに所属するクラスの一人ひとりが学力による序列化を超えて一人の存在として認知されるという状況性を生み出

す。学力の差によって序列化される秩序とは異なる「雰囲気」が教室空間に醸成される大きな要因である。この教室空間には人として立派なこと，正しい行動をとることに必要な規範が，本庄教諭の行為に示されているという感覚を皆が持っているかのようである。それゆえ，本庄教諭が日頃，皆に迷惑をかけない，他人を思いやるという集団規範は本庄教諭の率先垂範を通して，また本庄教諭の指導言によっても徹底されていく。このようにクラスの学級経営に対する本庄教諭のモデルとしての役割は強いインパクトを児童に与えている。児童はイデアールでイマジネール自己を本庄教諭のモデルに見出しているように思われる。これが本庄実践の第一の特色である。

このように述べると極めて教師主導のクラスのように思われるが，こうした関係を前提として，本庄教諭は学級生活への児童の積極的参加を促す手だてを提供する。それは学級生活における相互コミュニケーションの機会を提供するということである。具体的にはどういうことであろうか。本庄実践の第二の特色は，学校の教育活動に児童を主体的に参加させるということである。言い換えれば，学級活動の遂行の範囲をできるだけ広くとり，そこに児童を積極的に参加させ，この場を児童と教師，児童同士の相互交流の場とするということである。教授活動の中核は教師の一方向コミュニケーションの場である。しかし，教授活動を成立させていくための生徒指導的側面も高学年になるにつれて，命令監督的な場となっているケースも少なくない。なぜなら，学級崩壊の危機が叫ばれるがゆえに，児童の行動を統制しなければ授業は成立しないと信じている教師も多いからである。

本庄教諭の学級経営のポリシーは，給食当番などの教授－学習活動とは異なる教育活動の当番も，教授－学習活動に付随する活動にも当番を配置し，児童の参加を求めるのである。例えば，所用のため授業開始時に教師が教室に来られない時，当番の二人が教壇のところで，宿題として出されていた問題の答合わせをする。教師が来る前に，その時間にやるはずのテキストの黙読を指示する，黒板に毎日記載する日付の書き換え，教師が出張のため自習しなければならない時間を当番の二人が授業の進行を努めること（音楽の時間で，教科書の

中の好きな歌を挙手で聴取し，その歌の楽曲の CD をカセットでセットし，皆に歌ったり，楽器を演奏することを指示したりする）。

　第三の特色は，授業の中で，相互応答的コミュニケーションを活性化するための手だてとして，授業に限らず，日常生活上の問題について，本庄教諭は，児童の答えを求めるのである。この本庄教諭の問いかけの内容は，学校内の日常生活上の習慣化し，無視しがちな事柄に気づかせる問いかけである。その際本庄教諭自身が日常身辺雑事の小さな変化に敏感でありたいという本庄教諭の生き方がある。例えば，一月の授業参観のとき，教諭は，授業の冒頭で，今日，私はとても感動したことがありましたという表出から，何に感動したかを児童に求めるものであり，それに応じて児童もその日の新たな変化を反省的に探求しはじめ，姫路の山々に初雪が降ったという事実にたどりつかせる会話が相互に展開するのである。このように，日常雑事の中に気づきがあり，その気づきは教師に認知され，評価されるからである。学びは日常生活の中にあるというわけである。そしてそれは児童が学び方を手に入れるということでもある。

　第四の特徴は，相互コミュニケーションを円滑化するために，定型的発言パターンを決めておくこと，いつも意見を言うときは，「意見をいっていいですか」児童自身が「〜さんを指名します」とか，「私が説明させてもらいます」といったパターンを守っていることである。話し合いの中では，本庄教諭自身，「先生がお話してもいいですか」と許容を求めることもしばしばである。このパターンは一見煩瑣にみえながら，実は意見表出に対してもしっかりと聴き取ることというルールをしっかり確立するという本庄先生の考え方を反映している。本庄先生や話者が語っているとき，皆の聞く態度が成立していなと感じたとき，本庄教諭は「お話聞けていますか，心が入っていませんね（心に染みていますか），はい，背筋伸して」といった注意を促すことに通じている。こうした手だてによって本庄教諭の教授－学習過程の中で，教師と児童，児童同士の間の相互コミュニケーションの実践が実現するのである。こうした本庄教諭の実践の特色は，岩田の分析する授業の実践例の中により解明に，具体化されている。岩田はそれを詳細に明らかにしてくれるはずである。　　　　　（小川博久）

7 事 例

1 教授−学習活動が，教師と子ども，あるいは子ども同士の応答性によって展開している事例

次に示すのは，本庄富美子教諭（担任）による小学4年生の理科の授業であり，形態としては一斉教授形態をとっているが，教授−学習活動が，教師の一方向的な働きかけによってではなく，教師と子どもの応答性，子どもの主導的な発言や活動によって展開していると思われる実践例である。

【事例4−1】 一斉教授活動において子どもが主導する発言や活動が多く見られる理科の授業 （事例中のＴは，担任の本庄教諭）

ア 教室の状況を子どもたちと整える

　小学4年生，2月下旬の4時限目の理科の授業時（黒板には2限の授業の記述が残されたままの状態❶。3限は体育），授業開始のチャイムが鳴り，着替え終わった子どもたちが各自席に着くが，まだざわついている❷。Ｔが黒板の前に立ち，「これ，消していい？」と皆に訊く。「はい」と数人の子が答えるが，その後Ｔは黙ってじっとしている。しばらくして，Ｔが「先生が何を欲しているか分かる人？」と言う❸と，子どもたちは，え？というように一瞬驚いた様子だが，このようなこと（Ｔが「先生が，今のどうしたいか分かる人？」「今の先生の気持ちが分かる人？」というようなこと）はよくあるので，すぐに二人の子どもが手をあげる。Ｇ男が「外に出て，あの，冬の，，，」といつか理科の授業で行った内容に関係することを話し始める。するとＴは，そのような理科の授業の前のことなのであり，さきほどの「消していい？」に続くことであることをほのめかす。すると，また数人が手をあげ，Ｂ男「(僕たちが) 自分で消す」という❹と，Ｔがにっこり微笑んで「そうやね」と言う。Ｇ男，Ｂ男，Ｋ男，Ｆ男，Ｙ男，Ｃ男が前に出て，黒板を消し（黒板消しが人数分無いのでＹ男とＣ男は手持ち無沙汰になり席に戻る❺，）Ｔも黒板のチョークを整えたりする❻。Ｔは「そしたら，切り替えましょ

か[7]。理科の方へ」と言い，まだ，自分の机の上に教科書やノートが出されておらず，落ち着かない子どもがいるのを見て，「1分の間に切り替えてね[8]」と言う。

■イ 本授業のテーマを子どもたちに思い起こさせる

「（先生が）理科室へ行くって言うと，『何するん？』と，こうきました。みんなの頭の中で準備ができていないということが分かりました」と，今学んでいる単元を，子どもたちが想起していないことを指摘し「ちょっと巻き戻してみてよ。テストみたいなものが入ったんで，恐らくね，頭がストップしているんやないかと思うんやで。こないだの『鉄の使われ方』は終わって，新しい単元に入ってるんです。そこら辺の話,,,」と思い起こすように言う[9]。すると，2，3人が口々に「あ！」「水の！」「水！」と言う[10]。他の子どもたちは聞いている[11]。Tが嬉しそうに「そうやったね」と言う[12]と，K男が「コンクリートに,,」と言いかける[13]ので，Tが嬉しそうに「おーちょっと言ってみて，どんどん」と，K男の発言をうながす[14]と，K男が立ち上がり「土は染みこむとか，コンクリートは滲み込む,,,」と言って座る[15]。Tは頷いて微笑みながら，「課題が戻ってきた？頭は戻りましたか？」と言うと，クラスの半分位の子どもが「はい」と口々に言う。

Tは黒板に「水」と書き，子どもたちの方を振り向いて「どない書いたらええやろ？」と訊く[16]。「水の○×△」「水は何処に行く」などと数人の子が口々に答える[17]。Tはそれを復唱して，「水は何処に行くのか。水はどうなるのか。どう書いたらいい？」と訊く。数人の子どもが，「水の正体」と口々に言う[18]。Tが「水の正体？」と聞き返す[19]と，H男が「水はどうなるか」，それとほぼ同時にL男が「水の行方」，と言う[20]。Tが「水の行方？」と聞き返す[21]と，S男が「水の姿」と言い[22]，Tが「水の姿？」と問い返す[23]間にも，Y男が「水の行方でいいじゃん」と言い，その発言が終わらないうちに「姿！姿！」とS男が言う。このように子どもたちの発言は重なることもあるが，皆が喋り出すようなことはなく，聞いている子どもたちは，他の子どもの発言とTのやりとりをよく聞いている[24]。Tは再び黒板の方を向き，「水は」と言いながら，先ほど書いた「水」の字の横に「は」を書き足し，また「何て書いた

らいい？」と言う。「どうして，なくなる，，，」と言う子がいるが，Tは黒板に「どこ」とゆっくり書き（それを見ながら，子どもたちは「どこへ行くのか」「どこへ行くか」と口々に言い，少し場が盛り上がる㉕），「行ってしまうか」と書いて㉖，それを口に出して「水はどこへ行ってしまうか」と読む。

ウ テーマ内容を具体的に現前するうちにいろいろな発言が出てくる

Tは，教卓の横にあった机に水が少しこぼれているのを発見し，「ちょうどよかった」と言って，机を持ち上げて，それを子どもたちの方に傾けると，水が下に少しこぼれ始める㉗。そのとき，突然Tは大きな声で「ああ〜〜」と言いながら机を元の位置に置く。同じことを再び繰り返しながら「ああ〜〜，落ちてもた。水は落ちて，これからどこへ行く？」と子どもたちに尋ねる㉘。「乾く㉙」「乾かない」と数人の子が答えている。Tは再び同じ質問を発する㉚と，今度は発言する子どもが増えて㉛「乾く」という声に混ざって「上」「上がる」という声が聞こえる㉜。Tが「上がる？」と言うと，「滲み込む㉝」という子がいて，子どもたちは口々にいろいろと言い合う㉞。

Tは再び机の上の水と黒板の文字を指しながら「えー，この水（机の上を指す），この水はどこへ行ってしまうのか（黒板に書いてあるテーマを指す）」と再び子どもたちに訊く㉟と，先ほどより多くの（7，8人の）子どもたちがいろいろな意見を言う㊱。その中に「蒸発」と言う子どもの声が聞こえる㊲。T「明日になったらどないなっとる？」，子どもたちが皆（クラスの半分以上）口々に「乾いとる」「蒸発」「蒸発して，上にあがる」などと言う。

Tが「蒸発するってどないなること？」と訊くと，子どもたちから「気体になる」「液体が，，」「気体に変わること」「気体」と声があがる。Tが「分かった？今ので」と言うと，ある子どもが「気体って何？」と言い㊳，それに対して他の子どもたちが「目に見えないもの」「アイスが，，，」「アイスの，，，」などと説明している㊴。Tは「ちょっと，ずうっと繋いでくれるかな？㊵蒸発するって，蒸発するってどうなること？」と再び蒸発について尋ねる。すると，二人の子どもが口々に，「上，上がる」㊶，T「上，上がるん」㊷，子ども「空気」㊸，T「空気になるん」㊹，子ども「雲になる」㊺，T「雲になるん㊻。え？雲，雲になる？」，子ども「窓から出る」㊼，T「窓から出るん

㊽。窓閉めとくで,今日は」,口々に「それやったら,○×」「下のところ(窓)から出る」「窓閉めとこ」,T「え?じゃ,そこも閉めとくわ。今日」,子ども「隙間?」,T「え?」というように,Tと子どもたちがかけ合いのようなやりとりを展開しているうちに,皆が口々に意見を言い,騒然となる㊾。そのうちG男が「このまえな,水をまいとったらな,,」と少し大きな声で話し始める㊿。すると,それを聞きつけたTが,G男に「え,ちょっと立って言って。皆の方向いて。はい」と言い㊶,G男は立ち上がって身体の向きを変え皆の方を向いて㊷「この前,カブトムシがおって,水をまいていたら,砂が乾いていて,でも,その中を掘ってみたら,湿っていて,それで,当分して(しばらくたって),下にカブトムシおるんかな〜と思って下を見てみたら,下に水が溜まっていた」と言う㊸。Tは「それなら,上がったんと違うな。どないなってん」と訊くと,口々に「滲み込んだ」「下」という。Tは,「なら予想や,予想をたててみてごらん」と言いながら,黒板に「予想」と書く。子どもたちは,一斉にノートに向かう。

■エ 子どもが自発的に行った行為と発言から活発な質疑応答が始まる

Tが黒板の「予想」の文字に続いて「上へあがる」「滲みこむ」と書きながら,「今出ているのは,上へ,あがるんやな。これをみんなは蒸発と言ったけど,意味が先生も分からないから,,」と言う㊸と,B男が「先生」と言う㊹。T「はい?」,B男「蒸発って辞典で調べたん(だけど)」㊺,Tは微笑んで,どうぞ,という身振り(手を出す)をする㊻。他にも辞書を引いている子どもたちがいる㊼。B男は立ち上がって「液体が,その表面で気体になること」と辞書を声に出して読む。その間に,「蒸発って何か分かる?」「気体が分からない」などという子どもたちがいる㊽ので,それを聞いたY男が「はい,気体」と言いながら挙手する。しかし,B男は「気体」の意味も辞書で引いており,「で,気体が,空気のように,決まった形や大きさがないもの,と書いてありました」と発言を続ける㊿。

Tが「分かった人?」と訊くと,Y男が手を挙げる。「分からへん人?」と訊くと,ほとんどの子どもたちが手を挙げる。そこでTは「なら,分かるように説明して」と言い,挙手したY男をTが指名して㊶,Y男が「まず,

蒸発を説明する前に，気体について説明します」と発言を始め，気体について説明した㉒後，水蒸気が集まると雲になると言って発言を終える。Y男の発言が終わると，Tはしばらく黙っていたが，「質問していいからね㉖。で，当ててあげて㉔」と言うと，C男がすぐ手を挙げる。Tが「Y男さん，当ててあげてよ」と言うと，Y男がC男を指名する㉕。C男「んと，外だったら蒸発しても雲になるけど」と言い，風呂だったら上（天井）に水滴が付き，雲にはならない，という反論を述べる。すると，Y男が「はい」と挙手する。C男がY男を指名する㉖と，Y男が立ち上がり「湯気は気体じゃなくて液体なので，水滴になったんだと思います」と答えて座る。すると，C男が「はい，Y男さんに質問」と言いながら挙手し，N男も挙手をする。Y男がN男を指名すると，「言おうと思ったけど，C男さんに譲ります㉗」と言って座るので，C男が「はい」と言って立ち上がり，「湯気は，気体の気なのに，なぜ液体なんですか」と質問する。Y男が「はい」と挙手すると，C男が「Y男さん」と指名㉘し，Y男が「それに答えます。湯気というものは，なぜ，気が書いてあるかというと，水蒸気が冷やされてたら湯気に変わるので，気がついていると思います」と発言する。すると今度は，B男が「ちょっと質問」と挙手する。Y男がB男を指名する㉙と，「俺もY男さんに質問なんですけど，湯気は蒸気と書いてあるのに，何で液体なんですか」とB男が質問する。それを聞いて，C男が「そうだそうだー」というように拳を数回振り上げる。Y男はちょっと驚いたように，「え？湯気？」と聞き返し，B男が再び「何で液体なんですか」と繰り返して訊くと，Y男はあわてて教科書の頁をめくる。

オ Tがテーマに戻す

Tは，それまで子どもたちの質疑応答の様子を見ていたが，「良い勉強をしているね。だけど，観客席，ゲストさんたち，観客席」と質疑応答を黙って聞いている子どもたちに呼びかける。するとM男が，「おもろい！」と言い，S男も「聞いとったら，おもろい」，再びM男が「うん，勉強になる」と言う。Tは面白そうに「あ，面白い？聞いとったら，ええ？」と言うが，「難しいことが飛び交い始めたから，ちょっと待ってね。元に戻してええ？」

と言う。そして、水が液体であることを確認してから、水は何処へ行ってしまうか、という課題に戻し、「上へ上がる、というのと、滲み込む、という、二つの考えが出たわけです」と、整理する。それを繰り返して発言しているときに、C男が突然「先生」と発言し⑩、Tが「はい？」と答えると、「その予想は、土が下の場合か、コンクリートが下の場合か、どっち？」と訊く⑪。Tは、へえ、というように「違うんですか？」とC男に尋ねると、C男「土やったら、滲み込むし、上にもあがる」、T「ああ、そう」。他の子どもたちが口々にいろいろ言っているときに、G男が、「はい」と手をあげる⑫ので、TがG男を指名すると、「先生, その滲みこんだ水はどうなるん？」と訊く⑬。他の子どもたちが、「実験方法書くん？」と言うので、Tがその言葉を遮って、「ちょっと待って。今ね、土やったら、コンク,,,,リートやったら、それから、コンクリートでもない、何や」と言いながら、黒板に表を書く。「その他」、「鉄板」などと言う声が聞こえ、Tは苦笑しながら「その他って。滲み込まない何か」と言う。

　Tは黒板から振り向いて、教卓の横の机の上の水を指しながら「これ、滲み込む？滲み込むんやろうか」と言う。すると数人が口々に「うん」、「木, 木やから」と言う。T「あ、滲み込む？」と言って頷き、「これは、木やね」と言いながら黒板の表に「木」と書き入れる。そのとき、C男が「先生」と言う⑭ので、Tが「はい？」と答えると、C男「鉄板の上」⑮、T「鉄板の上？」、C男「うん（頷く）」、T「ああ、そう（苦笑）」。

　Tは、水が蒸発するには、温度が関係することを確認し、黒板に「温度」と書きながら「温度が関係するのは何がある？」と呟くように言うと、C男が「太陽」と言う⑯。それを聞いたTが「あ、太陽が当たることと、当たらないことは、（水の蒸発の仕方に）関係している？」と言い、続けて「太陽が当たっとうところに、水を滲み込ませるのと、陰ったところに水を滲み込ませるのと、同じ？違う？」と訊くと、子どもたちが口々に「違う」「違う」と首を横に振る。T「水が,,,, どっか、行ってしまう行き方は、ちが,,」、子どもたち（ほぼ全員）「う！」（唱和）。Tが「違うってことは、温度ってことは、どんなん書いたらいい？太陽が当たっとうと所はどない言う？」と訊くと、子どもたちが口々に「日なた」「日なた」と答える。Tは黒板に

「日なた」と書き，「では」と日なたと書いた下の段を指で指し示す。すると D男が「日陰」と言うので，Tはそう言いながら書く。

カ グループごとに実験方法を考える活動に入る

「あなたたちが今言ったことを，先生は表にしてみました」と言って，黒板に書かれた課題（「水は何処へいってしまうのか」）と予想（「上へあがる」「滲みこむ」），表の横段（「土，コンクリート，木，鉄」）を読み，「上へ上がるのと下に滲みこむのとあるんやね」と確認したのち，滲み込まない物を付け加えることを提案し，何があるかを訊くと，「金属」「紙」「プラスチック」「ガラス」「下敷き」などと声が上がる。Tはそれらの発言に応じ（「紙って，滲み込まへんか？」と言ったり，水の入ったペットボトルを見せて「これは滲み込む？」と訊いたりするなど），ガラスとプラスチックは滲み込まないことを確認し，黒板の表に「ガラス」「プラスチック」を書き加える。「○×は？滲み込む？」「分からへん」などの声が聞こえるので，Tは滲み込むか滲み込まないか分からないものも表に加えて実験することを伝え，グループごとに実験方法を考えるように言う。子どもたちは，グループごとに机を向き合わせ，相談を始める。

事例の **ア**〜**オ** は，一斉授業の形態をとってはいるが，一般の一斉教授活動における言語的コミュニケーションとは異なり，子どもたち主導で展開されている。

一般に，一斉教授活動において，子どもの発言は，教師によって統制され管理されている。教師が発問すると，それに対する回答を発言したい子どもが挙手を行い，それに対して教師が指名することよって指名された子どもが発言し，その発言を教師が評価する（「Ｉ－Ｒ－Ｅ」[1]）。つまり，子どもの発言の機会は教師の発問によって設定され，発言の権利は教師の指名によって与えられ，発言の内容は教師によって評価されるのである。このように教師が子どもの発言を統制し管理することは，授業におけるコミュニケーションが教師によって統制・管理されているということである。

しかし，事例の授業は，次の点で教師が統制・管理するのではなく，子ども主導になっている。

第一に，子どもの発言する機会を子どもが自発的に創り出すことが多い。Tが発言の機会を設定していない場面で，子どもたちが発言することが非常に多いのである。例えば，「蒸発」の言葉の意味を辞書で調べて述べるB男の発言（下線⑤⑥）や，C男の質問（予想は，土とコンクリートのどちらについて立てるのか：下線⑩⑪），G男の質問（「先生，滲み込んだ水はどうなるん？」：下線⑫⑬），C男の発言（「鉄板」：下線⑭⑮）は，いずれも，Tが発言の機会を設定していない場面で，子どもの方から先生に呼びかけ，発言の許可を求めて発言している。

　第二に，子どもの発言権が，教師の指名によって管理されていない。Tが子どもを指名することによって子どもが発言することはごく僅かであり，多くの場合は，子どもが教師に指名されないままに発言したり（例：下線⑩⑬など），また，子どもの質疑応答（事例エ）が教師の指名行為を介在せず，子ども同士で指名を行いつつ進行する場面がある。この場面において，子どもの発言権を管理するのは子どもたち自身であり，質疑応答は教師の管理下にあるのではなく，教師からは独立的に行われている。

　第三に，活動が子どもたちの自発的に行う発言や行為によって方向付けられ，展開する場面がある。一般の一斉教授活動において，授業におけるコミュニケーションを教師が統制するということは，活動の方向性も教師が与えるということである（言語的指示によって行われる（「辞書を引いてごらん」など））。しかし，事例のエにおいて，「蒸発」の言葉の意味を調べたり，調べた意味を発言したりすることは教師が指示したのではなく，子ども（B男）が自発的に行っている（下線⑥）。また，男子3人（Y男，C男，B男）が繰り広げる議論の視点，「湯気」が気体か液体かという，液体，気体の概念についての視点は，Tが設定したものではなく，子どもたちの質疑応答のやりとりの中で自発的に生まれたものである。Tは，Y男に質問をしてもよい，と言っているに過ぎない（下線㊳）。

　このように，形態としては一斉活動であるにもかかわらず，子どもが発言の機会を創出し，子どもが発言権を管理して意見交換を行い，子どもが活動の方向性や学習内容を創出するような授業展開は，いかにして可能となるのだろう

か。

　それは，事例の授業が，一般の一斉教授活動とは異なって，教師と子ども，子ども同士の応答的なノリの共有と活性化によって展開しており，また，一般の教授活動において教師の有する集権性を子どもに一部譲渡することによって，ノリの主導権を教師と子どもが分有しているからである。そのことを，次に示そう。

8　事例分析

　別稿[2]で述べたように，「一望監視型システム」（フーコー）である近代学校教育制度においては，教師は「生－権力」の媒介者として子どもを監視する役割を担っており，教師と子ども，子ども同士の間のノリの共有は制度的には排除されている。ノリが共有されるということは，「触れる＝触れられる」に典型的に見られるような主体と客体の相互反転，交換という根源的な関係にあるということ[3]だが，近代学校教育制度においては，教師と子どもは非対称な関係にあり，主客の相互反転，交換の根源的関係は切り離され，一方が監督する側に，一方が監督される側として固定される。子どもの発言が教師によって管理・統制されるのは，そのことの表れである。

　一斉教授形態における教師と子ども，子ども同士の発話は，日常の発話コミュニケーションと異なっている。茂呂雄二[4]は，授業における談話の「参加枠組み」には二つの型があると言っている。ひとつは，公式性（公共性）の高い発話であり，発言権が教師によって管理され，子どもが教師を媒介として教室の皆をアドレス[5]とするものである。いまひとつは，公式性の低い「集団的自由発話」であり，発言権が管理されず，近くにいる子どもをアドレスとするものである。「集団的自由発話」は，たとえ教師の発する問いに関連するものであっても，私的な「おしゃべり」「はなし」「私語」として教師から否定的に評価されることが多く，前者とは対立的である。

　茂呂のあげる二つの「参加枠組み」は，一斉教授活動における発話コミュニ

ケーションの構造を表していると考えられるが，必ずしも充分とは言えない。というのは，一斉教授形態において，教師は子どもの発言権のみを管理するのではなく，発言の機会や内容といった子どもの発言の全てを統制し，管理しているからである。そこで，茂呂の論を敷衍して，子どもが教師を媒介として教室の皆をアドレスとし，機会，権利，内容が教師によって管理されている「参加枠組み」を，ここでは「教師による管理型発話」と呼ぶことにしたい。一斉教活動における談話の「参加枠組み」は，このような公式性の高い「教師による管理型発話」と，発言権を管理されず近くにいる子どもをアドレスとした公式性の低い「集団的自由発話」の二つがあると考えられる。活動展開の主軸を担うのは「教師による管理型発話」であり，それゆえ「集団的自由発話」は否定的に評価される。

　一斉教授形態における以上のような「参加枠組み」は，ノリの視点から言えば，次のように言うことができる。まず，「集団的自由発話」は，子ども同士の発話によるノリが共同に生成されることによって展開するものと考えられるが，それは否定的に評価される（前述）ので，子ども同士あるいは教師と子どものノリは生成されても，それが深められたり，活性化することはほとんど無く（例えば教師が「はい，はなしやめ」と注意する），沈滞化に向かうことが多いだろう。また，「教師による管理型発話」は，教師と子ども間にノリを生成する可能性は低い。なぜなら，ノリを共有することは，互いにノリ合うことであり，それは対等な二者関係に生成するものだからである。両者がノリを共有するには，教師のノリに子どもがノリ，そのノリに教師がノルことが必要である。「I－R－E（発問－回答－評価）」は，非対称の関係にあるのでこれを行いにくい。ノリが共有されることは，発話のリズムが共有されることだが，教師は，子どもの回答に対する思考をもとに発話するので，その発話は子どもの回答の後に間をおいて（僅かだが）なされたり，子どもとは異なるリズムで行われることが多いからである。

　「参加枠組み」とノリの視点から見た以上のような一般的一斉教授形態に対して，事例の授業は，次のように異なる様相を呈している。第一に，事例の ア

～**オ**は，前述したように，子どもが発言の機会を創出したり，発言権を管理する場面が少なくないのであり（このように，主に，あるいは部分的に子どもによる管理，統制された公式性の高い発話を「管理型発話」と呼ぶことにする），「教師による管理型発話」の教師の集権性（発言の機会，権利，内容を教師が管理統制すること）を子どもが分有している。第二に，「集団的自由発話」に常に教師が参加し，公式性は一般の一斉教授形態より高められており（ある子どもや教師をアドレスとしているが，教室の皆が聞くことも前提としている），授業活動は，教師が参加する「集団的自由発話」のノリを中心に展開されている（**イ**～**エ**）。事例において，子どもの発言権が教師によって管理されていない発話が多いのは，それゆえである。第三に，「教師による管理型発話」も子どもが教師の役割を分有する「管理型発話」も，「集団的自由発話」のノリ展開の過程の中で生成しており，この意味で，両者は連続的である。

そこで以上のことを分析によって示したい。事例**ア**～**オ**は，参加枠組みとノリの視点から捉えると，おおよそ次の３つの段階に分けることができる。第Ⅰ段階（事例**ア**）は，授業開始のチャイムが鳴っても，未だ授業への構えではない子どもたちが，環境構成によって，構え（ノリ）を共同に形成してゆく段階である。第Ⅱ段階は，Ｔの主導によるＴと子どもたちの「集団的自由発話」の応答的なノリが生成され，このノリによって授業が展開し，その過程で子どもたちの学習単元への構えが共同に想起され（事例**イ**），子どもたちの思考が具体化する（事例**ウ**）段階である。そして，「集団的自由発話」のノリが活性化した状態にある第Ⅲ段階では，「集団的発話」のノリの展開過程の中に，子どもが発言の機会を創出し，発言権の管理はＴが行ったり，Ｔが発言の機会を設定し，子どもが発言権の管理を行うというような一斉教授における教師の集権性を教師と子どもが分有する「管理型発話」が出現している。

以下，詳述する。

● **第Ⅰ段階　環境構成による学習への構え構成の準備（事例ア）**
授業開始のチャイムが鳴るが，着替え終わっていない子どもがいたり，黒板

には2限の国語の授業の記述が残されたままなど（下線❶❷），4限の理科の授業を行う雰囲気ではなく，子どもたちの構えは理科の学習への構えではない。そこで，Tは朝の会の開始時や授業開始時にいつも行うように，子どもたちが環境を整えることを気づかせるような発話（「先生が何を欲しているか分かる人」：下線❸）を行う。それを契機として，子どもたちが教室環境を整えることを想起し，数人の子どもが前に出てきて黒板を消し（下線❺），Tも黒板の周囲を整えるなどして（下線❻），教室の環境を整える。こうして，Tと子どもとが教室環境を授業にふさわしいものに構成することを共同に想起する。

　このような環境構成は，身体的あるいは心的構えが，身体の置かれる状況と不分離であるがゆえに，子どもたちの学習の構えの形成に重要な意義を持つ。チャイムが鳴った時点では，子どもたちはまだ前の授業時（体育）の構えをひきずっているだろう。また，黒板に国語の授業の記述があれば，子どもたちは国語の授業時の構えを想起してしまっていると思われるからである。2限の国語の授業時の記述が消され，真っ新な黒板になり，黒板の周囲の整理がなされることによって，新しい授業への構えが形成されるだろう。Tが「切り替える」ことを子どもに要求している（「切り替えましょか」「切り替えてね」：下線❼❽）のは，前の授業時の構えから，新しく開始される学習に対する構えへと切り替えることを要求しているのである。さらに，このような環境構成の行為が，朝の会開始時や授業開始時などの新しい活動の開始時に常に行われているとすれば，このような行為の身体的記憶は状況と結び付いているがゆえに，環境構成の行為は新しい活動への構えと結び付いているので，このような行為を想起すること自体，自ずと新しい構えを形成することになる。

　このように，子どもたちの構えが新しいものへと変換されることは，ノリの生成にとって重要である。構えとは「『他者』との関係の網の目の中にある，関係態の一項としての身体のあり様」のことであり[6]，ノリとは，そのような関係的存在としての身体の行動の基底にあるリズムおよびその顕在の程度，すなわちリズム感，また，身体と世界との関係から生み出される調子，気分である[7]ので，構えはノリの一部を構成的に担うものだからである。つまり，環境

構成を教師と子どもたちが共同に想起するということは、授業におけるノリを、教師と子どもたちが共同に身体的に想起する（身体的共同想起[8]）ということなのである。

● 第Ⅱ段階　「集団的自由発話」のノリが活性化する（事例 **イ** **ウ**）

　イ では、Ｔの言葉を契機として、子どもたちとＴが学習単元を共同に想起する。

　ここで注目すべきことは、子どもたちの発話が、Ｔによって必ずしも機会を設定されてはいないことである。子どもたちの発言の契機となっているＴの発話（下線❾）は、単元を思い起こして欲しいという要請と、その授業で学習する単元の時系列的な位置づけであり、子どもに何か発問したり、発言するように指示するものではない。Ｔのこの言葉を聞いた子どもたちが、自由に発話を始め（下線❿）、Ｔがその発話を肯定する（下線⓬）。これらの自由発話は、一見Ｔをアドレスとしているように思われるが、他の子どもたちもそれらの発話を聞いており（下線⓫）、Ｔをアドレスとしつつもクラスの皆が聞くことを前提としており、その意味では一般の一斉教授活動における「集団的自由発話」よりも公式性は高い。その発話の中のＫ男の発話（下線⓭）をＴが捉え、改めて発言の機会を設定し、発言権を与えている（下線⓮）。つまり、「集団的自由発話」がＴによって肯定的に評価され、公式性をより高められることによって「教師による管理型発話」に変換されているのである。ここにおいて「教師による管理型発話」は「集団的自由発話」の延長線上にあり、両者は連続している。

　続いて、Ｔは「集団的自由発話」の中にあった、単元のキーワード（水）を文字として現前させ、続く言葉を子どもたちに問い、発言の機会を設定する（下線⓰）。この発問に対して、子どもたちが自由に発言していくと（下線⓱⓲）、Ｔがその発言を復唱しつつ聞き返し（下線⓳）、それに対して子どもがさらに発言し（下線⓴）、Ｔがまたそれを復唱しつつ問い返す（下線㉑、下線㉒㉓も同様）。こうして、Ｔが子どもと同じ言葉を反響させ、リズムを反復させつつ異化することによって、新たな言葉が紡ぎ出されるというかたちで、応答的な

ノリが展開される。ここにおいて，子どもたちの発話は，発言の機会が下線⑯のTの発問によって設定されてはいるが，その後は，子どもの発言は他の子どもと重なることもあり，Tが発話しているときにも子どもたちの発話は行われている場面があること，また，Tは子どもの発言に対して価値的判断を交えずに（下線⑳の「水の行方」という発言は，単元のテーマであり，Tが評価する構えを持っていたら，肯定的に評価する発言を行うはずである）単純に反復していることから，Tと子どもが自由に発話をしていると言える。しかし，それは，一般の一斉教授における自由発話とは異なり，子どもたちの発話のそれぞれを他の子どもたちもよく聞いている（下線㉔）。つまり，ここにおけるTと子どもによって共同に生成されるノリは，「集団的自由発話」のノリだと言うことができるだろう。このような「集団的自由発話」のノリが活性化したところで（下線㉕），Tによって単元の言葉が文字として視覚的に現前化される（黒板に書く：下線㉖）。こうして，単元が，Tと子どもたちによって共同に想起される。

ウ では，Tが，一般的な問いとして抽象的位相にある単元の言葉を，眼前の具体的事象と結びつけ（机の水を床にこぼすふりを演じる：下線㉗），その言葉を自らの構えに受肉させ（「この水は何処へ行ってしまうのか」と問う：下線㉘），それによって眼前の具体的な事象についての問いとして具体的な位相へと変換する。この発問によって，子どもたちの発話が始まる。初めのうちは，子どもたちとTの発話は応答的ではない。子どもたちは口々に発問に対する答えを発しており，正解に近い回答は出されている（「乾く」：下線㉙，「上がる」：下線㉜，「滲み込む」：下線㉝）にも関わらず，Tは発問を繰り返したり（下線㉛），同じ意味の問いを言葉を変えて発問にしたりしているのである。このような「集団的自由発話」におけるTの発問によって，子どもたちは一層，口々にいろいろな意見を言い（下線㉛㊱），ノリが活性化してくる。Tのこのような態度は，Tの構えが子どもの発話を意味的に評価するものではなく，子どもたちを挑発することによってノリを活性化させようとするものだと解釈できるだろう。回答に対して，同じような発問が繰り返されれば，その回答は正解ではないということを暗示するので，子どもたちは違う答えを見つけようとして，新しい言

葉を紡ぎ出す努力をするだろうからである。実際に，Tのそのような構えによって，子どもたちの発話のノリは活性化し，「蒸発」というキーワードが生み出されるに至っている（下線㊲）。

このキーワードについてTが発問を行い，子どもたちがそれぞれ口々に発言する。ここにおける「集団的自由発話」において注目すべきことは，それまでの子どもたちの発話がTに向けられていたのに対して，ここでは，子ども同士のやりとりが生まれていることである（「気体って何？」という発言に対して，答える子どもがいる：下線㊳㊴）。言い換えれば，「集団的自由発話」のノリが，それまではTと子どもたちの応答的なノリの生成（子ども同士は同型的）であったものが，ノリが活性化することによって，子ども同士の応答的なノリが生成されるようになっているのだと言えるだろう[9]。

その後に展開されるTと子どもたちとの「自由発話」は，Tと子どもの「かけ合い」であり，先ほどと同様に，Tが子どものノリにノリながら，それを異化しつつ，緊張を孕んだ応答的なノリが展開される（下線㊶〜㊽）。このノリの緊張感は次第に増し，子どもたちの発話のノリが急激に活性化してゆき，最大に活性化したとき（騒然となる：下線㊾）に，それまでとは異なる新しい回答（水は「土に滲み込む」：下線㊿）が生みされ，さきほどと同様に，それをTが「教師による管理型発話」へと変換させている（下線㉕〜㉝）。

こうして，**イウ**の活動は，Tと子どもによる「集団的自由発話」のノリによって展開し，その過程において，学習単元が言語的に共同に想起され，続いて，単元への構えが同に想起され，活性化していくのである。

● 第Ⅲ段階　集権性を教師と子どもが分有する「管理型発話」が生成する（事例**エ**）

エでは，発話に関する集権性を教師と子どもが分有する「管理型発話」が出現する。

子どもたちは，**ウ**で話題になっていた「蒸発」という言葉の意味についてのやりとり（意味が分かるかどうか）を契機として，意味の分からない言葉の辞書を引くという行為を共同に想起しているのだと思われる。というのは，4月

からの授業の中で教科を問わず，言葉の意味の（子どもたちにとって）曖昧な言葉や不明な言葉は自発的に辞書を引くようにすることがTによって指導されることが繰り返し行われてきたからである。辞書を引くことを想起したB男は，Tがそれまでの子どもたちの発言を整理する発話（下線㊹）を行っている最中に，それを遮るようにして，発言の許可を求める（下線㊺）。ここで行われる発言の機会を創出するのはB男だが，発言権はTが管理している（発言の許可はTが与えている）。つまり，「管理型発話」における教師の権限（子どもの発話の機会を設定し，発言権を管理し，発言内容を評価する）のうち，発言権の管理は教師が担っているが，発言の機会設定は子どもが行っているのである。

さらに，ここで注目すべきことは，第一に「蒸発」という言葉の辞書的な意味という発言内容や辞書を引くという活動は，教師と子どもとの共同想起であるが故に，教師の指示によって統制されずにB男によって自発的に行われている（下線㊽）と同時に，Tの意図していたことでもあるということである（Tが嬉しそうに微笑んでいるのは，Tの意図を子どもたちが先取りする形で実現しているからだと思われる：下線㊼）。辞書を引くことは，この場面において教師にとっても子どもにとっても必然的なことであり，その意味で活動の方向性は，教師と子どもが共同に生成しているのだと言える。

第二に，B男は，辞書に書かれている「蒸発」の意味を発言した後，「気体」の意味も発言している（下線㊿）ことも注目すべきである。というのは，B男が「管理型発話」を行っている最中に発せられている「集団的自由発話」の中の疑問（気体が分からない：下線㊾）に，B男は「管理型発話」の中で答えているからである。このようにB男が，「管理型発話」を行いながらも「集団的自由発話」に応じているのは，B男が「集団的自由発話」のノリを潜在的に共有しているからである。そして，その後の活動の流れが，その方向性に沿うものである（気体についてY男が説明する：下線㊻）とすれば，ここにおける「管理型発話」は「集団的自由発話」によって方向付けられているということである。つまり，この場面における「管理型発話」は「集団的自由発話」のノリから分化するかたちで生成されているのである。その意味で，事例エにおいて，子ど

もが教師と発話における集権性を分有した「管理型発話」は，それまでの「集団的自由発話」のノリの発展形なのである。

その後に展開するY男，C男，B男によって繰り広げられる「湯気」をめぐる気体と液体の概念についての議論は，子どもが教師と集権性を分有する「管理型発話」によって進行する。まず，Y男の気体と水蒸気についての発言は，Tが発言の機会と発言権を管理しているが，その評価は子どもたちに委ねている（「質問してよいからね」：下線❻❸）。Tのこの発言は同時に，質問（発言）の機会を設定しており，続けてTは発言権の管理を譲渡すると言う（当ててあげてね：下線❻❹）。それによって，その後に展開する質疑応答の発言権は，子どもたち自身が管理することになる（次の発言者を子どもが指名する；下線❻❼〜❻❾）。この議論が一段落すると，Tはこれらの発話を肯定的に評価する。

その後は，「集団的自由発話」の展開過程の中で，子どもが発言の機会を創出し，発言権をTが管理する「管理型発話」が出現する（C男：下線❼⓿❼❶，G男：下線❼❷❼❸）。

9 　教師の集権性を子どもが分有する「教授－学習活動」はいかにして可能となるか

以上に見たように，事例の授業は一斉教授形態でありながら，一般には否定的に位置づけられる「集団的自由発話」のノリによって活動が展開し，そのノリが発展し分化するかたちで，集権性を教師と子どもが分有する「管理型発話」が生成されている。つまり，子どもが主導的である発言や活動が生み出されるのは，活動が「集団的自由発話」のノリによって展開し，そのノリが活性化し，教師の役割を子どもに一部譲渡されることによってである。

そうだとすれば，子どもが主導的な発言や活動はいかにして可能になるか，という問いに答えるために考察すべきことは，次の二つである。第一に，一斉教授形態でありながら，いかにして「集団的自由発話」を中心とする授業展開が可能なのか，いうことであり，第二に，発話の管理・統制における教師の集

権性はいかにして子どもに譲渡されるのか，ということである。

1 「集団的自由発話」による一斉教授活動の展開はいかにして可能か

　一般の一斉教授形態では「集団的自由発話」は非公式なものであり，否定的に扱われ沈滞化されるので，それを中心として授業活動が展開することはほとんどない。それに対して，Tは，「集団的自由発話」を活性化し，公式性を持たせることによって，「集団的自由発話」のノリを沈滞化せずに，活性化していき，それによって活動が展開してゆくことを可能にするような「方略」があると思われる。その「方略」とは次の三つである。

　一つには，子どもが気軽に発言できる教室空間を作ること，である。一般に，教師が発する授業中に行う発問とそれに対して求められる回答は，普遍的な知に関するもの，あるいは，論理的妥当性の高いものであることが多い。このことは，子どもたちの発言の意欲を，必ずしも高めることには繋がらない。なぜなら，子どもたちの答えを教師が評価（「その通り」「それはどうかな」などの言葉，あるいは無視するなど）することが繰り返されることによって，学業の優劣が顕わになり，否定的に評価される子どもは，あまり発言しなくなる可能性が高いからである。

　Tの発する問いは，そのようなものもあるが，それとは異なる質のものが大変に多い。朝の会では「今，何か言いたいことがある人？」「今日，何か気のついたことのある人？」「これについて何でも言いたいことを言ってごらん」「今の先生の気持ちが分かる人？」など，正解が一つのみではないもの，正解が特に存在しないものや，普通では正解できないもの（例えば，前日にTに悪い出来事があり，Tが悲しい気持ちである，というような「正解」を，子どもたちが言えるはずがない）が少なくない。このような問いは，学業の優劣とは関わりなく誰でも答えることが可能であり，発言者がいない場合は（1学期にはときどきある），Tが挑発することもある（例えば「え，何もないのあなたたち？へええ」というように）。たとえ正解できなくても，序列化には繋がらないので，

子どもたちは「当てっこゲーム」のように，気軽に発言することができる。

また，普遍的知に関する発問や論理的妥当性の高い正解を求める発問を行う場合でも，正解できない子どもに対して，Tは否定的な態度を示さない。むしろ，誤答を，誤答してしまった原因を探る新たな問いに変換し（例：「○○さんが，なぜこう考えたか分かる人？」），考えるプロセスを問題にしたり，答えられずに困っている子に温かい笑みを見せながら一緒に困ってみせて（「難しいね」と言ったりしながら）共感的態度を示したり，他の子どもに答えられずにいる子どもを援助するように言う（「助けてあげられる人？」）など，学業の優劣の序列化によって劣る子どもが排除されるのを極力避けている。

このような発問や答えに対する関与のあり方が，4月からの学級活動（朝の会など）や授業において積み重ねられた教室空間であれば，子どもたちは発言に対して気後れすることなく積極的になると思われる。それゆえに，事例において，子どもたちが学習単元を思い出す場面で，Tの問い返しに対して，正解とは思えないような言葉を思いつくままに発していたり，水がどこへ行くのか，という問いに対して，Tの言葉をなぞったり面白がったりしながら，次々に発言が紡ぎ出されるのだと考えられる。

二つには，Tが「集団的自由発話」の一員となり，その応答的なノリを活性化するようなコミュニケーションを頻繁に行っていることである。例えば，朝の会や授業において，そのとき展開されているテーマや話とは無関係な話題でも，Tと子どもとの間に「集団的自由発話」の応答的なノリが活性化する兆しの見える場合は，Tは積極的にそのノリを維持し，展開させようとする。このように日常的に教師が「集団的自由発話」の一員として，そのノリが活性化されるようになっていれば，授業において「集団的自由発話」のノリの生成を中心として活動を展開されていくことも可能だろう。

三つ目に挙げられるのは，Tの発問に対して小さな声で呟く子どもの発話や，発問に関する「おしゃべり」を，非公式なものとしては扱わず，アドレスを皆に変更するように促すことである。4月頃の年度当初における授業や学級活動では，小さな声で独り言のように発問に答えている子を見つけると，「つぶや

きは大事な意見や考えであることが多いから，皆に聞こえるように大きな声で言ってごらん」と促す場面が，学級活動（朝の会や帰りの会）においても授業においても頻繁に観察されている。

2　「管理型発話」における教師の集権性の一部を子どもに譲渡することはいかにして可能か

　発話における教師の集権性（機会，発言権，内容評価）を子どもが分有するのは，主に，次の4つの「方略」によっていると考える。

　第一に，「管理型発話」における子どもの発言の公式性が，教師の媒介を経ることによって教室の皆をアドレスとするのではなく，教師の媒介を経ずに直接に教室の皆をアドレスとするような構えを子どもたちが習得することである。その構えとは，一つは，身体の向きと声量であり，教師の方を向いて発言するのではなく，皆の方を向いて，皆に聞こえるように発言することである。1学期中は，黒板に「大きな声で，はっきりと」と書かれており，4月，5月には，朝の会や帰りの会，授業において，毎日，毎時のように，助言がなされる（例えば，Tの方を向いて発言したり，Tにしか聞こえないような小さな声で発言している子がいると，「大きな声で〜」という黒板の文字を声に出して読ませ，クラスの皆の方を向いて，皆が聞こえるような大きな声で発言するように指導される）。二つには，直接に教室の皆に語りかけて公式な発話をする場合の発言の仕方や定型的な発話パターン「○○さんに質問があります」「僕が説明します」「これでよいですか」や，次の発言者を指名するための言い方「○○さん」，それへの応じ方「はい。僕は○○○だと思います」とそれらの用い方を子どもたちが習得することである。これも，4月，5月の毎日の学級活動や授業において，機会あるごとに，Tがモデルを示して模倣するように助言したり，前年度も本庄クラスに所属しており，既にこのような構えを身につけている子どもがモデルとなり，それが観察学習されることによって，子どもたちに習得されてゆく。特に4月，5月は，毎日の授業や学級活動において，Tがモデルを示して助言する場面が見られる。次に示す事例4−2，事例4−3

の下線はその例である。

> 【事例4－2】 公式の発言の仕方を助言する
>
> 　算数の授業中,「0.02」の2が何の位かを問われて,M男は自信なげに「100分の1？」（尻上がりのイントネーション）で答えると,すかさずそれに続けてTが「～～ですか」と言い,黒板に「ですか」と書き,M男を見ながら優しい声で「不安なときは,『～～ですか？』と聞いたらいいのです。あるいは『僕はこう考えたんだけど,どうですか』と聞いたらいい。そしたら,みんなが必ず答えてくれると思うからね」と言う。

> 【事例4－3】 公式の発言の仕方のモデルを示して助言する
>
> 　国語の授業で,Tは,黒板に貼られている紙に書かれた言葉（学校,時計,教科書,靴,美しい,悲しい,嬉しい,教科書,遊ぶ,歩く,走る）を分類するように子どもたちに言う。指名された子どもは,黒板の所に出てきて,言葉をグループにまとめて発言する。S男が,「時計」,「教科書」,「靴」をひとつにまとめて「これは物の名前」,「美しい」「悲しい」「嬉しい」をまとめて「これは気持ち」と,Tに向かって比較的小さな声で言う。すると,Tが「ひそひそ話をしてささやいています。先生には聞こえるけど」と言って,「僕は,これは気持ちだと思うんです。○○さんはどう思いますか」と演じてみせ,「こういうふうに言ってごらん。電波が届いていない（聞いていない）人をつついてよ」と言う。すると,S男が照れたようにしながら,それでも大きな声でTの口調を模倣して「僕は,これは気持ちだと思うんです。△△さんはどう思いますか」と言う。

　また,子どもたちが発問に対する答えの部分「○○」だけを言う（1学期には,このような発言が多い）のではなく,「私は,○○だと思います」「私は,○○だと思いますが,いいですか」というような,公式性の高い発言が見られる場合には,それを肯定的に評価する（「今の言い方はすばらしいね」）姿が,1学期にはしばしば観察される。

このような定型的な発話のパターンを習得することは，単に子どもが公式な発話の仕方を習得することにとどまらない。まず，このような発話パターンの応答が定型化されることは，その応答形によるノリがクラスの子どもたちの集合的記憶となり，学級活動においても授業においても，クラスの活動における「いつものノリ」となり，「管理型発話」においても，ノリが生成されていくことが可能になる。事例■におけるY男たちの議論における発言の「まず○○から説明します」「○○さんに質問です」という言葉は，このクラスの定型化された発話パターンであり，「いつものノリ」にノルことによって，意見のやりとりが進められていくのである。また，定型化された発話パターンのうち，自分の発言内容についての評価をクラスの皆に問う発話パターンによって，発話についての教師の集権性の一部を子どもたちが担うことになる。というのは，発言の最後の「これ（発言者の回答）でいいですか」「どうですか」という問いは，発言の評価を教師に求めるのではなく，子どもたちに求めるものだからである。Tは，定型的な発言の型を教えながら，同時に，教師の役割を子どもに譲渡しているのである。それゆえ，子どもが評価を問う定型的なパターンを発したときに他の子どもたちの返事（「はい」「いいです」）があまり聞こえないときは必ず，返事をするように促す（例：「いいなら，いいです，と言ってあげてね」）のである（事例4－2の波線も間接的には聞いている子どもたちに向けられたものである）。聞いていない人を注意する（「つつく」：事例4－3波線）ことをモデルとして示し，それを子どもに模倣するように言うのも，同様である。

　発言における集権性が子どもたちにも分有されるための「方略」の第二は，日常的に発言権の管理を子どもに委ねる機会を作ることである。例えば，教師の発問に対して挙手する子どもが複数いる場合，最初はTが指名するが，指名された子どもが答えると，次の発言者を指名する行為を子どもに委ねる。Tはしばしば「（発言を）繋げる」ことを子どもたちに要請する（例えば事例4－1の下線⓰）が，それは発言した子どもが次の発言者を指名し，子どもたちが発言権を管理することを要請しているのである。ときには，Tが話をしようと

する際に「話しても，ええ？」と子どもに尋ねることがあり，教師自身の発言権の管理も子どもたちに委ねられることすらある。

　以上のように，教師を媒介とせずに子ども集団内で公式性の高い発言を行ったり，発言権の管理が子どもたちに委ねられたりすることは，教室の発話における権限が子どもたち自身に委ねられることであり，このことが積み重ねられれば，子どもたちが教師からは独立的に自ら自分たちの発話を管理しつつ議論や意見交換を行っていくことが可能になるだろう。

　第三に，第1章[10]で論じたように，Tは言語的トポスや子どもたちの身体的構えを共有する行為を日常的に行っており，それによってTと子どもたちとのノリの共有を高めていることである。事例においてTと子どもたちが共同に想起する場面が多いのは，そのことを表している[11]。事例🅴において，教師が意図する方向性と子どもが自発的に行う活動（辞書を引く）とが一致するのは，辞書を引くことを共同に想起しているからであった。この場面は，いわば，TとB男が「ツーカー」の関係なのであり，それは，ノリの共有度が高いことによって可能となると考えられる。教師が発話について持っている集権性を子どもたちが分有するのは，前述のように教師がそれを指示するからだけではない。教師の行っていることがモデルとなり，それを子どもたちが身体的行為として模倣しているのである。この模倣の基盤にあるのは，身体的なノリの共有であり，ノリの共有度が高ければ，モデル性も高くなる。それゆえにこそ，Tが示す発話のパターンを子どもたちがモデルとして模倣し，習得していくのである。

　第四に挙げられるのは，教室の環境構成を，教師の直接的な指示によらずに，非直截的な示唆によって教師と子どもたちが共同に想起し，子どもたちの判断で行うこと，である。これは授業中の発話とは関係ないように思われるが，そうではない。学級活動として環境構成をこのような形で行うことは，教室空間における教師の集権性を子どもと分有することへと向かうからである。そのことを説明しよう。

　事例のクラス（本庄クラス）は，毎日，朝の会が始まるときに，教室の環境が新しい1日を始めるのにふさわしくない場合，必ずTと子どもたちで環境を

整える。それは，たいてい次のように行われる。教室環境が整っていないことを，Tがその言動によって示唆するのである。例えば，筆者らが参観したある日は，その日が何日かを尋ね（4月24日），「今日は4月23日です」と繰り返し，子どもたちが「え？」という表情を見せ，数人の子どもたちは教室内をきょろきょろと探す。Tが続けて，「あなたたちが間違っています。今日は23日です。あなたたちは，23日に舞い戻って24日をしようとしています」と言っていると，すぐに2，3人の子どもが，黒板に書かれている日付が23日のままであることに気づき，前に出て黒板の日付を書き直す。するとTは「日付が直ってよかったね」と言いながらも，すぐに「まだまだ」と言う。すると，また，周りをきょろきょろと探す子もいるが，数人がすぐに黒板に出て，前日に貼られた当番活動表やTが教室に入ってくる前に子どもたちが黒板に書いた文字を消し，Tもそれを一緒に片づけ，新たに朝の会が始まる。あるいは，また別の日（6月のある日）は，Tが教室に入って来るなり，「ちょっと悩んでいることがあるのです」と繰り返すと，子どもたちは教室内を見回していたが，そのうちに7，8人の子どもたちが床に落ちているゴミを拾い，ゴミ箱に捨て，別の子どもたちは机の列を整える。

　このように，Tは環境が整っていないこと，また，それゆえに整える必要があることを，直截には表明したり指示したりしないにもかかわらず，子どもたちがすぐに気づくのは，毎朝学級活動において環境構成を行うので，そのことが子どもたちに状況と結び付いた記憶として共有されており，同じ状況（朝の会の開始時）が記憶を喚起させる装置となり，たとえ教師の非直截的な言葉によってでも，子どもたちはその記憶を共同に想起することができるからである。

　このように，教師の直接的な指示命令によらずに（非直截的な示唆的な言葉のみによって），子どもたち自身が環境を構成することを想起し，何をどのように整理するかを自らの判断で行うことは，教室空間を子どもたち自身の手によって管理し運営する方向性へと繋がるだろう。そのことは，当番活動（小川が前述）によって，担任のTが居なくても，日直が朝の会を開始して運営したり，授業のチャイムがなると，教師が居なくても教科の係が教卓の所に出てきて教

科書を皆で読み合わせ始めたり，宿題の答え合わせを始めたりすることと関連している。ここに見られるのは，本庄クラスにおける授業運営は学級運営の一つとなっているということである。このように学級運営において教師の集権性が子どもたちに分有されることによって子どもたちの自治性が高められていれば，授業中に教師が発言の機会を設定しない場面でも，子どもたち自身が発言の機会や活動の方向性を創出することも可能となるだろう。実際，事例において発言の機会を創出している子どもたち（B男，Y男，C男，G男）が，授業開始時の教室の環境構成を積極的に行っている子どもたちである（下線**5**）ことは，教室空間に対する自治意識（もちろんそれを肯定的に評価するTのまなざしがある）の高い子どもが，言い換えれば授業への構えの想起の度合いが他の子どもよりも高い子どもが，授業の活動のノリを自分たちで創出することに寄与していることの表れだと言えるのではないだろうか。

　以上のように考えるなら，事例の授業において見られた，発言権を子どもたちが管理し，教師の介入無しに自分たちで議論を進めること，発言の機会を子どもたちが創出すること，活動内容の方向性を子どもたちが創出すること，というような，授業における子どもの主導性は，授業や学級活動の区別無く，教師の持つ集権性の一部が子どもたちに譲渡され，教師と子どもがその集権性を分有することによって，子どもたちの自治性が高められているからだと言うことができるだろう。

（岩田遵子）

10　本庄実践を支えるもの

　本庄教諭の上述のような教育実践はどのようにして成立しているのであろうか。その一つは本庄教諭自身が表明しているように，大学において幼児教育を専攻したという点にあり，もう一つは，本庄教諭のこれまでの教職暦の中で，生活科や総合的学習に関心を寄せてきたことが背景にあるといえよう。したがって本庄実践の根幹につらぬくものは，子ども主体の教育実践であり，それ

を成立させる条件として,まず第一にあげられる点は本庄教諭が,授業を展開する教授者という側だけでなく,幼稚園教育要領で唱われているように,環境による教育という視点である。それは岩田の分析の第Ⅰ段階環境構成による学習への構え－構成の準備に示されている。

第二に岩田の分析の第Ⅱ段階に見られる。学習活動への積極的参加できる。クラスの学級生活の役割への参加を自主的に促すことも,児童たちがそうした役割を見て真似られるように,様々な機会を提供するのである。幼児の遊びなどと同様,教師だけでなく,まわりの児童の役割行動を見て真似ることで,学級活動に積極的に参加するのである。この児童の役割の増大化は,児童の有能感を高めるに違いない。なぜなら,この役割を果たすことで,あこがれる先生に評価されるからである。

第三に岩田が「集団的自由発話」を授業の中にとり入れていることを指摘している点と関連する。それは自覚の日常の気づきを大切にしている点である。日常生活への気づきへの教師の問いかけも,幼児教育において学習内容はテキストの中にあるのではなく,毎日の保育の中で経験する出来事にあるからである。教科書の内容を扱う場合,教育内容が未知であれば,教師の発言が中心になりがちである。しかし,幼児が日常で経験する内容であれば,教師の問いかけに幼児からの気づきが語られることも多くなる。前述の初雪の事例などはその一例であり,児童の感性の気づきを開発することで,児童からの発信を豊かにすることが可能である。

第四の特色である定型的発言パターンの習得も幼児教育において,さらに生活科や総合的学習において使われるものである。広義でいえば,それは学び方の技能を身につけていくということである。本庄教諭は,国語などでわからない言葉が出てきたとき,児童たちが即座に辞書を引いて意味を明らかにするということがしばしば行われる。このように情報を交換したり,調べたりする手だてを児童一人ひとりが手に入れることは,教師と児童,児童同士のコミュニケーションを児童自身が自主的に獲得するのに役立つのである。

しかし,いかに児童たちが自主的な学習活動を展開できたとしても,他愛の

ないおしゃべりではなく，学びが成立するようなコミュニケーションを成立させることは，教師の介入がなければ不可能である。教師が望ましい教育内容を教師の発話を通して一方的に伝えることは，これまで行われてきた。しかしそれでは，教師の発話に児童の思考がどう参加し，かかわっているかは不明である。一方，児童と教師との相互的コミュニケーション，さらに，児童同士のコミュニケーションが教育内容の面で豊かな内容を含んでいるか，かつ，より豊かな内容へと発展するかを見極めるには，教師の力量が求められる。それには，子ども理解が必要とされる。これまで，子ども理解は幼児教育においては，主として特定の児童，特に問題行動をもつ幼児に対し求められてきたのに対し，授業一般において児童理解が求められることは少なかった。しかし，本庄教諭は違う。本庄実践の特色は，特定の児童だけではない。本庄教諭は，授業時間が始まっても，所用で教室に行けず，遅れて教室に入るとき，教室の後ろの入口の所で室内の様子を観察することが多い。そしてしばらくして，後ろから入って教卓のところに来て，児童に話しかける。このように児童が教師の管理下ではなく，当番の児童によって学習活動が進められるときは，児童たちの行動を見守ることが多い。こうした態度は，児童たちの自主的な活動がどのようであるかを見極め，必要なときには介入したり，逆に，自主性が十分に発揮されているときには，自分の位置を児童たちから後に引いて，観察者の立場に立つこともあるのである。言い換えれば，それは児童を俯瞰したり，児童を見る見られる関係に中で交流してノリを合わせたり，時に援助したり，活動によっては，一時的に仕切ったりする役割を果たせるのである。

　最後に，本庄教諭の個性的特質は，前述のように本庄教諭が人としてあるべき態度において，強い規範性を発揮することを指摘したが，他方で，時として児童の行動に同調したり，共鳴したりする場合，本庄教諭自身が笑いの対象になることができるのである。こうした本庄教諭のリーダーシップとその対極にあるズッコケ体質は，児童と共に行動しつつ，モデルとなり，あるときは観察者の立場から援助者となる。こうした幼児教育における保育者の役割を学校教育においても実践しているといえる。

こうした本庄教諭の役割は，幼児教育おいて教師はモデルでなければならないという幼稚園教育要領の規定と通底するのである。教師は，幼児の遊びにおいてみてまねる対象であり，子どもがあこがれることで，みてまねたいという動機を誘発する根源である。本庄教諭は，教室を舞台空間として見たてているように，教室に現前する自らの身体のすみずみまで，児童にみられる存在としての自らを自覚しているかのようである。そしてそのことが，すべての児童の行動規範としての役割を児童を自らに課してみるように見える。問題行動と向き合い，障害をもつ児童と向き合う，その一挙手一投足が，児童の行動規範となり，教諭がいないときは健常児は本庄教諭を真似て障害児をケアするのである。そして，本庄教諭自身が児童にとって教室内行動の規範としての役割を果してるかにみえるのである。

教授－学習の一方向的コミュニケーションを克服するための理論的枠組みを構築したという我々の研究は，本庄富美子教諭という優れた実践家の教育実践に対するエスノグラフィックな研究として出発した。5年間にわたる実践研究は，事例の分析と解釈によって行われてきた。とはいえ，研究する側にとっての優れた実践であるという先入観から出発する解釈は，そこから想定される理論的枠組みを構築する上では，多くの課題を残さざるえない。実践上の一般理論として構築するためには，教授者の実践上のパーソナリティを含む力量を前提にしている点を克服しなければならないからである。我々としては，そうした前提を今後できる限り，理論的枠組みに変換する試みをするつもりである。その点でこの後本庄教諭の実践について考えるべき解釈視点としては，次の二つが考えられる。

その一つは，今回の理科の授業に見られるとうに，教師と児童，児童同士のコミュニケーションの間で，教育内容（水の蒸発，液体⇔気体）等の観念がどのように展開し，共有されていくかを教師が教材解釈論の点から診断し，コミュニケーション過程にどう介入していくかという問題，もう一つは，教授－学習活動と学級活動の連続性を確立するために，本書が明らかにしたように，教授－学習という教師中心の枠組みの中で，教師の役割を様々な形で児童に共有さ

せることで，教師→児童という一方向的コミュニケーションを相互コミュニケーションに変換し，児童の主体的役割が果たせるような機制（システム）があることを明らかにした。しかし，この役割の共有や変換をなぜ児童が喜んで享受しているのであろうか。この点での解明がなされていない。しかも，教師の指導的な役割が保持されたままで実現しているのである。このカギは，本庄教諭の指導力の中に，本庄教諭のパフォーマンスのドラマ性があると見ている。これが，児童に共有されていると仮定している。その点を次の課題としたい。

(小川博久)

【注】
① よく知られているようにメハン（Mehan）は，初等教育における授業には「I(Inquiry)－R(Response)－0E(Evaluate)」の構造があると言っている。Mehan,H. Learning Lessons: Social Organization in the Classroom Harvard University Press.
② 岩田遵子『現代社会における「子ども文化」生成の可能性－ノリを媒介とするコミュニケーションを通して』風間書房　2005　88－95頁
③ 同上書　116－119頁
④ 茂呂雄二「発話の型」『対話と知　談話の認知科学入門』茂呂雄二編　新曜社　1997　47－75頁　及び「具体性と実践の抽出」茂呂雄二編『状況論的アプローチ3　実践のエスノグラフィー』金子書房　2001　22－57頁
⑤ 発話の向く先のことを，ここではバフチンにならって「アドレス」と呼ぶことにする。バフチン，M　佐々木寛訳「ことばのジャンル」『ことば対話テキスト』新時代社　1988
⑥ 岩田遵子「共同想起としての歌－一緒に歌いたいという動機はいかにして形成されるか」小川博久編著『「遊び」の探究－大人は子どもの遊びにいかにかかわりうるか』生活ジャーナル社　2001　212－240頁
⑦ 同上書
⑧ 身体的共同想起については，岩田遵子「音楽的な遊びの再生はいかにして可能か－動機形成としての『集合的記憶』と『身体的協同想起』」『音楽教育の研究－理論と実践の統一を目指して』東京芸術大学音楽教育研究室三十周年記念論文集　音楽之友社　1999　27－42頁　岩田遵子「保育における長期指導計画とは何か－集合的記憶としての生活の流れ－」『音楽教育学研究2』日本音楽教育学会30周年記念論文集　2000　160－174頁　岩田　前掲書　2001
⑨ 市川浩（『精神としての身体』勁草書房　1975）によれば，応答的なノリ（市川の言葉では応答的同調）は同型的なノリ（同型的同調）の深められたものである。子ども同士の同型的なノリの共有が深められると，そこに子ども同士の応答的なノリが生成されるのだと解釈できる。
⑩ 第1章第2節④本庄教諭の「方略」の総括を参照。
⑪ 共同想起は，身体のノリの共有によって生起するからである。文献は注⑧に同じ

■■ おわりに ■■

　本書は『学校の余暇時間における子どもの遊び－児童の居場所を求めて』平成14～16年度科学研究補助費基盤研究(B)研究成果報告書（研究代表　小川博久，研究分担　神田伸生，杉山哲司，岩田遵子他，研究協力　松永愛子，木村学他）をもとに，その内容をさらに発展させ，教育哲学会，教育方法学会において小川と岩田が共同発表した内容を，大幅に加筆修正してまとめたものである。
　いじめ，学級崩壊・学校崩壊といった現象は，本来規範を内面化する「主体」を形成する役割を担う近代学校が，規範を内面化できない子どもを生み出しており，子どもたち一人ひとりにとって「居場所」があるような学校あるいは学級は，もはや不可能であることを示しているかに思わせる。しかし，学校教育制度から逃れることができない以上，教育研究者として教育実践に関わる者としては，学校教育制度の限界を指摘するのみに止まるわけにはいかない。学校が，規範を内面化した「主体」を育成し，子どもたちの「居場所」となるような場として再生するためには，私たち大人はどうすればよいか，という，近代学校再生への期待を捨て去ることはできない。
　本書は，その期待を実現する方向の一端を示したものである。もちろん，課題は未だ山積している。しかし，現在の幼稚園教育や小学校教育の現状を克服したいという願いの一端は示し得ていると自負している。本書は，教師と子ども，子ども同士のノリの共有が，集団における「内的秩序」感覚や「居場所」の形成の基盤にあり，また，小学校教育における講師－子どもの一方向的な関係性を双方向へと組みかえる基盤でもあることを論じているが，それは振り返ってみれば，近代学校教育が本来的に排除しているノリの共有を復権させることが幼稚園教育から小学校教育への連携にとって必要であることを示していることになっている。
　このことに気づかせてくれたのは，私たちに研究のフィールドを提供して下

さった本庄富美子教諭を初めとするの幼稚園や小学校の諸先生方のおかげである。近代学校教育制度の中で真摯に悩み，様々に工夫し，ときには制度に抵抗し，闘いながら教育を展開しておられる先生方の実践は，制度の限界ばかりでなく，再生の可能性を示してくれるものであり，私たちは近代学校への期待する思いをより強く持つことができ，論考を深めることができた。諸先生方に心から感謝している。本当に有り難うございました。

　無論，私が近代学校教育の再生への期待という視点を持ち続けることができているのは，共同執筆者である小川博久先生のおかげでもある。先生は，多くの教育現場に通われて実践を「変えて」こられた方である。先生の思考は常に抽象的な思考と具体的な実践とが結び付き，ともすれば抽象論に走りがちな私の思考の軌道を修正して下さった。先生との議論の際，私は生意気にも先生に強い反論を述べることが少なくないが，先生は生意気な弟子を常に対等に扱って下さり，ときには厳しく対立しながらも，議論を最後まで続けて下さった。議論の途中で，私が自分の理解不足に気づいたり，先生がご自身の再解釈をレポートされることもあり，そのようにして，私は自分の思考を拡げ，深めることができた。先生との議論の結果を1冊の本にまとめることができたのは，先生の忍耐による部分が大きい。小川先生には，心から感謝している。

　また，出版を快く引き受けて下さり，出版の話が持ち上がってから2年以上経過しながら，その間辛抱強く待って下さったばかりでなく，私たちのわがままな要求を全て聞き入れて下さった長渡晃氏には，心より謝意を表したい。この本が，何とか出版にこぎつけたのは，長渡氏の誠実な仕事のおかげである。

　願わくは，この書を読み，忌憚のない意見をお寄せ下さる読者がいてくださることを願いたい。

　2009年5月

岩田　遵子

■■ 著者紹介 ■■

小川 博久（おがわ ひろひさ）

- 1936年　東京都生まれ
　　　　東京教育大学大学院博士課程満期退学
　　　　北海道教育大学釧路分校を経て東京学芸大学教授退官。その後
　　　　日本女子大学教授を経て，現在，聖徳大学教授（通信教育課程
　　　　大学院博士課程担当）
　　　　東京学芸大学名誉教授，日本保育学会会長，野外文化教育学会
　　　　会長，中央教育審議会幼児教育部門専門委員，日本学術会議
　　　　子どもを元気にする環境づくり戦略・政策委員
- ■著　書　『保育実践に学ぶ』建帛社
　　　　　『年齢別保育実践シリーズ 遊びが育つ 1歳から5歳』フレーベル館
　　　　　『「遊び」の探求』生活ジャーナル社（共著）
　　　　　『保育援助論』生活ジャーナル社

岩田 遵子（いわた じゅんこ）

- 1962年　宮崎県生まれ
- 1988年　東京芸術大学音楽学部大学院音楽研究科音楽教育専攻修了
- 2004年　日本女子大学人間生活学研究科人間発達学専攻博士課程後期
　　　　単位取得修了
- 2005年　日本女子大学人間生活学研究科博士（学術）学位取得
　　　　小田原女子短期大学講師，県立新潟女子短期大学助教授，
　　　　東横学園女子短期大学准教授を経て，現在，東京都市大学
　　　　人間科学部児童学科教授
- ■著　書　『現代社会における「子ども文化」成立の可能性』風間書房
　　　　　『「遊び」の探求』生活ジャーナル社（共著）

子どもの「居場所」を求めて　子ども集団における連帯性と規範形成

2009年5月20日　第1版第1刷発行
2013年4月 1日　第1版第2刷発行

●編著者	小川博久／岩田遵子
●発行者	長渡　晃
●発行所	有限会社　ななみ書房
	〒252-0317　神奈川県相模原市南区御園1-18-57
	TEL　042-740-0773
	http://773books.jp
●絵・デザイン	磯部錦司・内海　亨
●印刷・製本	協友印刷株式会社

©2009　H.Ogawa, J.Iwata
ISBN978-4-903355-13-9
Printed in Japan

定価は表紙に記載してあります／乱丁本・落丁本はお取替えいたします